应用型学前教育专业系列教材

丛书主编 蔡迎旗

本书是国家卓越幼儿园教师培养计划改革项目"中澳合作办学——国际性卓越幼儿园教师培养模式探索"的研究成果

家庭与社区教育

主　编　夏　征
副主编　赵　雁　吴云州
主　审　郑晓边

武汉大学出版社

应用型学前教育专业系列教材

编写委员会名单
（按姓名音序排列）

丛书主编

蔡迎旗

编委会成员

蔡　艳	江汉艺术职业学院
陈　虹	开明出版社教育与心理分社
段晓娅	郧阳师范高等专科学校
邓霁岚	江汉艺术职业学院
黄胜梅	淮南师范学院
姜　华	荆州教育学院
姜　勇	华东师范大学
金晓梅	湖北省幼儿师范高等专科学校
李炳顺	襄阳职业技术学院
李玉鸽	襄阳职业技术学院
刘明华	广西幼儿师范高等专科学校
刘晓红	河南师范大学
龙明慧	长沙师范学院
秦振飙	湖北师范学院
王小英	东北师范大学
王　雯	华中师范大学
王　莹	华中师范大学
汪媛媛	信阳师范学院
肖全民	广西幼儿师范高等专科学校
邢莉莉	沧州师范学院
杨　进	武汉城市职业学院
杨　宁	华南师范大学
张玉娥	江汉艺术职业学院
郑晓边	华中师范大学
赵红霞	荆楚理工学院
周立峰	仙桃职业技术学院
周端云	湖南民族职业学院
朱　楠	华中师范大学教育学院
卓　萍	武汉城市职业学院
杜燕红	洛阳师范学院

总 序

　　幼儿教师是幼儿学习与发展的支持者、促进者与引导者。幼儿教师的素质直接决定着我国幼教机构的办学水平，也是保障我国适龄儿童接受基本而有质量的学前教育的关键性因素。而高质量的幼教师资来源于高水平的学前教师教育。为顺应我国学前教育事业发展的迫切需求，2011年至2012年，我国先后颁布了《教师教育课程标准（试行）》和《幼儿园教师专业标准（试行）》，幼儿园教师资格制度和聘任制度也随之进行了系列急剧变革与转型。

　　我国教师职前教育倡导育人为本，要求准教师们树立正确的儿童观、学生观、教师观与教育观；奉行实践取向，引导未来教师主动建构教育知识，掌握必备的专业知识与技能，发展实践能力，学会发现和解决实际问题，形成个人的教学风格和实践智慧；要求他们终身学习，树立正确的专业理想，养成独立思考和自主学习的习惯，加深专业理解，形成终身学习和应对挑战的能力。

　　我国学前教师教育课程改革既具有一般教师教育所具有的共性，也具有鲜明的学前教育特色，这彰显了学前儿童的年龄特征和我国独树一帜的学前教师教育的传统与积淀。当前，我国学前教师教育课程已呈现如下五种趋势。

　　第一，生动多样的师德与理念教育。除必要的公共政治课程以外，国家要求各级各类幼师院校突出师德修养教育，采取多种生动活泼的教育教学方式，提升准幼儿教师的师德修养。如开设幼儿园教师专业特点与道德规范、中国名师风采录、幼儿教师生涯讲座、学前教育政策法规、现代幼儿园教师职业风范与专长成长等课程。

　　第二，保教相融的课程体系。依据幼儿园教师专业标准，遵循教师培养和发展规律，以加强专业理想、专业基础、实践能力、反思与研究能力为核心，构建保育与教育相融合、幼儿园与家庭和社区教育相结合、幼儿生活与游戏和学习于一体的课程体系，用以培养准幼儿教师的保教一体化的能力。

　　第三，全面平衡的课程结构。我国正通过幼儿园教师资格制度、聘任制度、评优评先制度等的改革，倒逼各级各类幼师院校与专业，促使其纠正以往过分偏重艺术技能而相对忽视人文科学类课程、教育素养类课程的倾向，注意课程结构中的师德理念、人文素养、科学素养、信息素养、教育素养、艺体素养、科研素养等的协调与平衡。

第四，实践取向的课程内容。为培养准幼儿教师的教育教学能力，许多幼师院校与专业开设了大量务实的实践取向课程。如幼儿园五大领域的活动设计和案例分析类课程、幼儿园环境布置与玩教具制作、动漫画设计技术、音乐、美术、戏剧等方面的课程。

第五，模块式的课程设计。我国各类幼师院校与专业正竭力打破学前教育学、学前心理学、幼儿园各科教学法"老三门"的课程结构体系，开设模块化的、开放的、专题性的学前教育课程。基于学前教育专业各类人才培养目标，合理配置各课程模块，如音乐教育模块、美术教育模块、健康教育模块、特殊教育模块等。通过设先行课，将学生导入不同模块课程，引导学生多样化、有个性地发展。

以上学前教师教育课程改革已对我国原有的传统意义上的大中专学校的教材和教辅资料提出了严峻挑战，要求学前教育同仁务必更新教学资源观、教师教育观和学前教师观，依据我国幼儿园教师专业标准和教师教育课程标准，遴选课程并合理设计教材。

本套基于《教师教育课程标准（试行）》的应用型学前教育专业系列教材，正是应我国学前教师教育改革的时势而生，充分体现了以上提及的学前教师教育课程改革的五种发展趋势。适用于大中专学校的课程与教学，也可作为学前教育爱好者、相关工作人员的专业拓展学习。本丛书涵盖了学前教育大中专学校绝大多数专业课程；内容具有一定的理论性，更具有实践应用的特征；编写规范与设计务实活泼，知识点和案例穿插其中；丛书的编委遍及全国；作者主要来自华中和华南地区的本、专科院校，他们均具有丰富的教学经验和较好的研究基础。

在丛书的编写过程中，我们参阅、借鉴和引用了国内外许多同行的观点与成果。各位同仁的研究奠定了本丛书的学术基础，在此一并感谢。另外，受水平和时间所限，书中难免有疏漏和不当之处，敬请读者批评指正。

最后，我谨代表丛书的所有编委和作者，衷心感谢本丛书的策划者谢群英编辑和武汉大学出版社有关领导。他们对学前教育满腔热情，对丛书的未来充满信心，极度地敬业与审慎。出版丛书虽是一项浩大而艰苦的工作，但有谢群英编辑和武汉大学出版社相伴而行，相信梦想终会成真。

蔡迎旗

2015 年 5 月

武汉桂子山・华中师范大学教育学院

前　言

  该书是由夏征校长和赵雁、吴云州等园长以及她们领导的团队教师们共同合作完成的。虽然编者众多，但她们来自教学一线，熟悉家庭教育和社区教育的理论、方法和实务，有丰富的管理经验，取得了很多成果，保证了该书的科学性、趣味性和实用性特色。

  良好的家庭教育和社区环境能促使孩子健康成长。但什么样的家庭和社区教育环境才算好？仁者见仁，智者见智。在笔者三十多年来的心理咨询、家长学校培训工作中，接待过数以千万计的家长，他们所困惑的是：孩子有吃、有穿、有玩、有人呵护，为什么还不满意？为什么出现行为问题？看起来，这里面的关键问题是，家长还不知道孩子的身心需求，还不懂得怎样为他们创设高质量的家庭与社区教育环境。

  幼儿年龄虽小，但身心需求却不容忽视，使其"不患病、睡得安、吃得饱、长得高"的保健目标已不能适应现代幼儿的发展要求。除了物质上的、生理上的需求以外，幼儿心理上也有多层次的需要，他们需要"睡得香甜、吃得有味、长得健美、玩得潇洒"，他们更需要一个宽松、和睦、满足心理需求的家庭和社区教育环境。

  现实生活中，父母为孩子提供的是一个什么样的家庭教育环境？笔者做了多项抽样调查①②③，其结果发人深省。调查结果显示：家庭教育环境质量差，家长的不良教养方式多，父母教育观念偏重"应试"取向，家庭缺乏和睦气氛，对孩子的期望水平过高，忽视孩子个性的培养和健康、主动发展。家长们反映：孩子的主要问题前三位是"贪玩、注意力不集中、依赖"；希望他们做"有用的人、全面发展的人、积极上进的人"；家教最大的困难是"没有时间、不懂方法、家人意见不一"。

  家庭与社区教育环境质量评估，是心理、教育专家们关注的课题。上述调查选

---

  ① 郑晓边，等. 武汉市39户小学生家庭教育环境调查［J］. 中国学校卫生，1999，2.
  ② 郑晓边，等. 湖北省家庭教育现状调查报告［C］. 中国青少年心理卫生专业委员会第十二届全国学术大会报告论文. 北京，2013.
  ③ 王坤，郑晓边，孔令丽，刘文雯. 农村留守儿童家庭教育问题及干预对策——基于湖北省11市调研报告［J］. 教育与教学研究，2013，2.

取家庭教养方式、心理环境和教子期望值三个主要方面进行质量化分析，是想引导家长正视家庭教育中的问题，从而积极参与儿童保教过程，优化家庭与社会教育环境。调查结果至少有三点启示：

一是家长要建立素质教育观念，改善教养方式。从心理学的观点出发，素质教育是一种个性教育，孩子良好个性的培养是从家庭开始的，家长有着不可推卸的责任。家长们的教育观念亟待更新，必须把孩子的身心健康素质培养和主动发展放到家教的首要位置，正确看待孩子们"贪玩"的特性，努力改善教养方式，少一些干涉与过度保护，多一点温暖与理解，让孩子从小学知识，学做人，自理、自强。家人对孩子的要求和教养态度要一致。只有这样，才能使孩子健康发展，成为社会有用的人和全面发展的人。

二是家长对孩子要建立合适的期望值，创设良好的家庭与社区环境。对孩子的未来充满希望，是父母的平常心。但期望值要适合孩子的特点和实际能力，还要考虑家情与国情。"孩子成绩总能名列前茅"和"多多获奖"的期望近乎苛求，使孩子为了分数和奖励斤斤计较、疲于奔忙、自负或自卑、身心素质发展失衡。因此，家长要根据孩子的实际情况，建立合适的期望值，重在创设良好的家庭心理环境，为孩子树立学习的榜样。调查结果间接说明，经济收入可能不是家庭教育环境的决定因素，金钱不是万能的，家人只要注重情感的维系，相互提供心理支持，善于学习，就能够克服下岗、收入少、文化低的不利影响，优化家庭教育环境。

三是努力办好家长学校，是提高家庭与社区教育环境质量的重要途径。家长学校是家园同步保教的有效方式。本调查反映出家庭教育环境存在一定问题，"没有时间"、"不懂方法"、"家人意见不一"已显示出父母目前面临的主要困难，这些都可以通过开办家长学校的途径来解决。以往家长学校的实践表明，接受过培训的父母，并不需要为孩子投入很多时间，而是把健康成才的钥匙交给孩子自己掌握。这里面既有教育观念问题，又有家教原则和方法学问题，通过家长学校的系列培训，可以较快地提高家教水平，改善家庭环境和教养方法，加强家园联系，从而促进孩子的健康发展。办家长学校是幼儿园与社会加强联系的重要途径，是一项艰巨的系统工程，需要方方面面的关心和投入，广大的幼儿教师将在家长培训和家园联系工作中担负重要的任务。

如今，《家庭与社区教育》终于要走进学前教育课程，走进促进幼儿全面发展的教育主阵地，我们感到无比欣慰！

无论是作为教师、心理学者，还是家长，我们深深感到，早期的生活经历对孩子一生的影响和发展太重要了！尤其是3~6岁的幼儿，他们从家庭走进幼儿园，用自己特有的方式探索这个色彩缤纷的世界，他们时时刻刻承受着生活环境中的各种压力——父母的喜怒哀乐、教师的奖惩、社会环境的潜移默化……孩子的身心能否健康发展牵动着每位幼儿教师、家长和千家万户！为现代幼儿教师撰写一部家庭教育与社区教育的实用教材，无疑是一项极有意义且具挑战价值的工作。由于本教材是依据现代幼儿园课程设计理念和学前教育专业大专以上学生学习以及幼儿园教师职后培训的目标来撰写，且家庭教育与社区教育系统研究成果偏少，本书的编写具有一定难度。

2015年春节前夕，习近平主席强调，家庭是社会的基本细胞，是人生的第一所学校。要注重家庭、注重家教、注重家风。不论生活格局发生多大变化，我们都要发扬光大中华民族传统家庭美德，促进家庭和睦，促进亲人相亲相爱，促进下一代健康成长。今天的儿童是明天的主人，儿童的自下而上保护和发展是提高人口素质的基础，是人类发展的先决条件。儿童的健康成长关系到祖国的前途命运。提高全民族素质，从儿童抓起。

有幸的是，今天我们有机会从理论到实践上对家庭教育和社区教育领域进行探索。作为本书主审和主编，我们欣慰地看到社区家长学校的校长和示范幼儿园的园长教师们精诚合作、共同打造的学术成果！《家庭与社区教育》是"应用型学前教育专业系列教材"之一，本书内容符合新的幼儿园课程标准和学前教育专业大专以上学生的学习目标，作者对家庭与社区教育活动进行了系统、翔实的论述，从宏观到微观，从理论到实践，内容丰富，层次分明，结构合理，操作性好，实用性强，适合学前教育专业的本、专科生和中专生作通用教材，也适合学前专业工作者研究和幼儿教师职后教育培训参考。本书的编写宗旨是源于实践、用于实践，重在为基层幼儿园教师、保育员和家长提供工作指南，为基层幼儿教师分享心得提供机会。本书内容分四篇八章，穿插【知识链接】、【案例分析】等，汇集了专家学者的多年教学科研学术成果和一线教师的工作案例，按照现代教材体例，每章前有【学习目标】（导读、重难点、课时），后面有【本章小结】、【思考题】和【推荐阅读】，以便学习者学习。

本书出版得益于一批专家学者和幼儿教师相助，体现出家庭教育与社区教育事业的兴旺发达。衷心感谢作者团队为本书所做的贡献，感谢华中师范大学蔡迎旗教授将本书纳入"应用型学前教育专业系列教材"，感谢武汉大学出版社给予的支持与帮助。

郑晓边　夏　征

2015年5月

目 录

第一篇 家庭教育与社区教育概论

第一章 现代家庭教育 …………………………………………… 1
第一节 家庭教育概要 ………………………………………… 2
一、家庭教育的特点 ……………………………………… 4
二、家庭教育的作用 ……………………………………… 6
三、家庭教育的原则 ……………………………………… 7
四、父母教养方式 ………………………………………… 8
第二节 家庭教育与幼儿园教育的关系 …………………… 12
一、家庭教育与幼儿园教育的区别 …………………… 12
二、家庭教育与幼儿园教育的联系 …………………… 13
第三节 家庭教育调查研究 ………………………………… 13
一、家庭教育现状 ………………………………………… 14
二、家庭教育的外部环境与社会支持 ………………… 18
三、家庭教育的问题分析 ……………………………… 20
四、家庭教育的对策 …………………………………… 22
五、中、西方家庭教育立法述评 ……………………… 24

第二章 社区教育发展 ……………………………………… 34
第一节 社区学前教育 ……………………………………… 34
一、社区教育的特点 …………………………………… 34
二、社区教育的实施措施 ……………………………… 35
三、社区学前教育存在的问题 ………………………… 36
四、社区学前教育的对策 ……………………………… 37
第二节 幼儿园与社区的教育互动 ………………………… 38
一、普及教育互动理念 ………………………………… 39

二、促进教育互动制度化 …………………………………………………… 39
三、增强教育互动效果 ……………………………………………………… 40
第三节 社区资源开发与利用 …………………………………………… 44
一、认识社区资源的作用 …………………………………………………… 44
二、开发与利用社区教育资源的要求与原则 …………………………… 45
三、利用社区资源对幼儿进行教育的方法 ……………………………… 47
四、网络教育的挑战 ………………………………………………………… 49

第二篇 家庭与社区教育活动

第三章 亲子教育与亲子活动 …………………………………………… 54
第一节 亲子教育 …………………………………………………………… 55
一、互动的亲子教育 ………………………………………………………… 55
二、亲子阅读 ………………………………………………………………… 55
三、引导家长满足幼儿成长需要 ………………………………………… 58
第二节 幼儿园亲子活动 ………………………………………………… 64
一、幼儿园亲子活动的作用 ……………………………………………… 64
二、幼儿园亲子活动的实施条件 ………………………………………… 65
三、教师在亲子活动中的指导方式 ……………………………………… 66
第三节 亲子活动的组织形式 …………………………………………… 67
一、亲子春游、秋游活动 ………………………………………………… 67
二、亲子运动会 ……………………………………………………………… 71
三、亲子募捐、爱心义卖活动 …………………………………………… 74
四、亲子沙龙、节日活动 ………………………………………………… 77
五、专门教育设计下的亲子活动 ………………………………………… 82
第四节 幼儿园亲子活动要求 …………………………………………… 86
一、幼儿园亲子活动存在的问题 ………………………………………… 86
二、幼儿园亲子活动实施建议 …………………………………………… 87

第四章 亲师教育与社区教育活动 ……………………………………… 91
第一节 亲师教育 …………………………………………………………… 91
一、亲师教育的作用 ………………………………………………………… 91
二、亲师沟通的问题 ………………………………………………………… 93
三、亲师沟通的类型和要求 ……………………………………………… 94
第二节 教师的家访 ………………………………………………………… 95

一、家访的作用与价值 ………………………………………… 95
　　二、家访任务、形式和途径 …………………………………… 96
　　三、教师如何做好家访工作 …………………………………… 98
　　四、家访中需要注意的问题 …………………………………… 99
　　五、面对单亲家庭 ……………………………………………… 100
　第三节　家长参与幼儿园管理 …………………………………… 101
　　一、家长参与幼儿园管理的要求 ……………………………… 101
　　二、家长参与幼儿园管理的方法 ……………………………… 102
　第四节　社区教育的整合 ………………………………………… 109
　　一、社区教育整合的模式 ……………………………………… 110
　　二、社区教育整合的原则 ……………………………………… 110
　　三、社区教育整合的途径 ……………………………………… 111
　　四、社区教育整合的活动 ……………………………………… 112

第三篇　家庭与社区教育环境建构

第五章　家庭环境创建 …………………………………………… 116
　第一节　家庭环境与幼儿发展 …………………………………… 117
　　一、家庭环境概要 ……………………………………………… 117
　　二、家庭环境对个体发展的影响 ……………………………… 117
　　三、家庭环境与家庭教育的关系 ……………………………… 119
　第二节　家庭物质环境 …………………………………………… 123
　　一、家庭物质环境概要 ………………………………………… 123
　　二、家庭的居住环境 …………………………………………… 124
　　三、孩子的自由生活空间 ……………………………………… 125
　　四、家庭经济与消费观 ………………………………………… 126
　第三节　家庭心理环境 …………………………………………… 128
　　一、家庭心理环境概要 ………………………………………… 128
　　二、营造和谐幸福的家庭氛围 ………………………………… 129
　　三、家长对孩子的合理期望 …………………………………… 132
　　四、促进留守儿童的心理健康 ………………………………… 136
　第四节　家庭文化环境 …………………………………………… 140
　　一、家庭文化环境概述 ………………………………………… 140
　　二、家庭文化设施 ……………………………………………… 140
　　三、家庭生活方式 ……………………………………………… 140

四、信息化的有效利用 …………………………………………………… 141

第六章　教养方式与教育资源优化 …………………………………………… 145
第一节　家庭教养方式 …………………………………………………… 146
　　一、家长的教养态度 ……………………………………………………… 146
　　二、父母教养方式相关研究 ……………………………………………… 150
　　三、教养方式的类型 ……………………………………………………… 153
　　四、正确的教养方式 ……………………………………………………… 161
第二节　教育资源优化 …………………………………………………… 167
　　一、教育资源的分类 ……………………………………………………… 167
　　二、教育资源的特点 ……………………………………………………… 168
　　三、教育资源的配置 ……………………………………………………… 169

第四篇　家庭与社区教育工作实践

第七章　幼儿园家长工作管理 ………………………………………………… 175
第一节　家长工作目标 …………………………………………………… 176
　　一、帮助家长转变观念，提高育儿水平 ………………………………… 176
　　二、家园协作，形成家园合力 …………………………………………… 177
　　三、充分利用家庭资源，为课程建设服务 ……………………………… 177
　　四、促进教师自我成长 …………………………………………………… 178
　　五、提高幼儿园声誉 ……………………………………………………… 178
第二节　幼儿园家长工作要求 …………………………………………… 179
　　一、幼儿园家长工作的意义 ……………………………………………… 179
　　二、幼儿园家长工作任务 ………………………………………………… 180
　　三、幼儿园家长工作管理和指导 ………………………………………… 181
　　四、幼儿园家长工作的形式 ……………………………………………… 182
第三节　幼儿园家长工作建议与案例 …………………………………… 185
　　一、幼儿园家长工作建议 ………………………………………………… 185
　　二、家长工作案例 ………………………………………………………… 187

第八章　幼儿园与社区教育工作范例 ………………………………………… 199
第一节　幼儿园服务社区教育 …………………………………………… 199
　　一、社区教育对于幼儿发展的作用 ……………………………………… 199
　　二、幼儿园服务社区教育工作的意义 …………………………………… 200

三、幼儿园服务社区教育应具备的条件 …………………………… 201

第二节　幼儿园与社区教育的互动 ……………………………………… 203

　　一、幼儿园与社区教育合作制度 …………………………………… 203

　　二、幼儿园与社区教育合作的内容 ………………………………… 204

　　三、幼儿园为社区服务的措施 ……………………………………… 205

　　四、幼儿园服务社区教育的方式 …………………………………… 205

第三节　家长学校的工作范例 …………………………………………… 229

　　一、办好家长学校，促进幼儿健康发展 …………………………… 229

　　二、因材施教的教养模式 …………………………………………… 231

　　三、美德在我家活动 ………………………………………………… 234

后记 ………………………………………………………………………… 241

第一篇
家庭教育与社区教育概论

第一章　现代家庭教育

 学习目标

1. 本章导读：通过本章学习，未来的幼儿教师要掌握家庭教育的特点、作用和家庭教育的原则；了解家庭教育和社区教育的关系，还要通过家庭教育调查研究实践，熟悉家庭教育的问题与对策。
2. 教学重难点：家庭教育和社区教育的关系，家庭教育调查研究方法。
3. 教学课时：教学6课时，实习2课时。

　　家庭教育一直受到社会的关注，也是学前教育大学生学习的重要课程。人的教育是一项系统的教育工程，这里包含着家庭教育、社会教育、集体（托幼园所、学校）教育，三者相互关联且有机地结合在一起，相互影响、相互作用、相互制约，家庭教育是一切教育的基础。

　　家庭教育一般是指家庭中的父母及其成年人对未成年孩子进行教育的过程。其教育目标是：在孩子进入社会接受集体教育（幼儿园、学校教育）之前保证孩子身心健康地发展，为接受幼儿园、学校的教育打好基础。家庭教育的重点是以品德教育为主，培养孩子良好的道德品质和养成良好的行为习惯，包括生活习惯、劳动习惯、学习习惯等，教会孩子如何学"做人"。家庭教育的目标与学前教育的目标高度一致。学前教育专业大学生掌握了家庭教育的工作方法，对今后的职场发展和社会服务有重要的作用。

第一节　家庭教育概要

家庭教育，是大教育的组成部分之一，是学校教育与社会教育的基础。家庭教育是终身教育，它开始于孩子出生之日（甚至可上溯到胎儿期），婴幼儿时期的家庭教育是"人之初"的教育，在人的一生中起着奠基的作用。孩子上了小学、中学后，家庭教育既是学校教育的基础，又是学校教育的补充和延伸。家庭教育是对人的一生影响最深的一种教育，它直接或者间接地影响着一个人人生目标的实现。

家长工作三件宝[①]

从事幼教工作12年了，我越来越感觉到"家长工作"的重要性与必要性，正如《规程》所言，"做好家长工作是我们每一个幼儿教师的职责"。下面谈谈我十几年中家长工作方面的一些体会。

坦诚。在与家长见面的第一次，在召开家长会的第一次向他们捧出你的心。每当孩子升入新的班级或者更换新的老师，家长最渴望的是与老师交流、向老师介绍自己引以为傲的孩子，让老师喜欢自己的孩子。他们会抓住老师每句关键的话语估摸老师对孩子的喜爱程度。为此，我总是抓住见面的第一次、家长会的第一次，坦诚地向家长介绍自己，介绍自己如何喜欢调皮的孩子，如何喜欢内向的孩子，又如何喜欢各方面都突出的孩子……并且举出具体事例让家长"对号入座"。一个叫鹏鹏的男孩，特别调皮好动，在别的班时总挨批评，弄得他对老师的批评也无所谓了。转到我班的第一天，有孩子对我说："他最调皮，老师不喜欢他。"我把他拉到身边，对全班小朋友说："杜老师喜欢他，所以专门让他升到我的班上了。"然后对他小声说："调皮的孩子都聪明，老师喜欢你。你一定记住，以后老师狠狠批评你的时候，也是喜欢你的。"在每次批评之后，我都与他坦诚交谈，告诉他"错在哪里，以后该怎么做"。他常问："你还喜欢我吗？"我慎重地点头肯定，说："当然喜欢！"再如一个叫莉莉的女孩，特

[①] 郑晓边. 现代幼儿心理保育与教育（下）[M]. 武汉：原武汉水利电力大学出版社，1999：413-415.

别胆小内向，我悄悄地注意她、关注她，发觉她说一口河南方言，头发乱，衣服脏，交不到朋友。我劝那些叫她"乡巴佬"的孩子教她说普通话，并主动给她梳头、洗脸，还高兴地请她教我们说河南话……这样不知不觉地引导她向活泼的一面发展。其他孩子也在我的带动下主动与她交往，使她在不到一个月的时间内，有了非常明显的进步。

沟通。主动利用早送晚接孩子的零碎时间与家长沟通，打动家长的心。家长常常希望了解"孩子一天过得怎样？""吃饱了吗？""快乐吗？""学到了什么知识？"当然，家长可直接通过孩子的表情，孩子的话语来了解，但如果此时此刻，我们老师能主动地去对家长说一说、叨一叨，效果该多么好呵！家长不仅能了解孩子一天的生活，更能感受到老师对孩子的关切与爱护！有这样一个例子让我更加重视"沟通"的价值：一个能说会道的小男孩，能一字不落地复述幼儿园一天的生活。在别班时，其家长与老师之间总有扯不完的皮、告不完的状，弄得家长与老师的关系十分不和……转到我班后，我总是在他"汇报"之前先与家长交谈一番，告诉家长孩子的"重大表现"，不到半个月，家长与我们之间的关系十分和谐，家长一再感激地说："还是这个班好，老师这么关心我的孩子，我无话可说了，只有感激。"仔细分析，并不是其他的老师不好，而是孩子站在自己的立场上"汇报"一天的生活，家长也听信了儿子的话，日子稍久，家长便以为老师与自己的孩子"过不去"。如孩子不爱吃青菜，老师软硬兼施地劝他吃下去，回家后他带着情绪说："老师硬要我吃不好吃的东西……"这件事在我手上也一样发生，只是我"抢先"一步告诉家长："孩子不爱吃青菜，我们为了他的身体发育，想办法让他吃了，他还有点不高兴呢。"时间稍久，家长理解了老师，也不再只听"一面之词"了。

自信。无论出现什么情况，都相信自己能赢得家长的心，只要自己喜爱孩子，认真负责，一如既往。有的老师，本来对孩子、对工作都非常好，却因为种种原因受到误解，此时若"以歪就歪"，不再努力，就会让家长的"误解"得到"证实"，形成"印象"……这就是缺乏自信的表现，连自己都不相信自己能赢得家长的心，还谈什么家长工作呢？是的，孩子们天真活泼、各具特色，家长更是形形色色、各行各业。要想赢得每一位家长的心，的确不易，但"为着孩子"是我们与家长的共同心愿与目标，只要有坚定不移的自信心，相信一定会得到家长的理解与配合，我们的幼教工作一定能成功！

（杜平凡，湖北省第二保育院）

专家点评

  不少教师害怕家长，害怕他们来园了解孩子的情况，害怕他们相互议论教师的好坏，害怕他们向园长反映情况。这样的害怕暴露出教师与家长之间缺乏坦诚与沟通，教师也没有自信。作者从12年的教学工作中，总结了三条有益的经验，坦诚、沟通、自信，这确实是一线教师做好家长工作的三件法宝。

  家园结合，关键在教师。哪位家长不是小心翼翼地听从教师的吩咐？哪位家长"胆敢"用工作忙的借口不来家长会？说孩子是"上帝"，教师则是"上帝的上帝"。在这样的背景下，教师的爱心与深情，教师的坦诚与主动，对每一位家长将是最珍贵的礼物。

（郑晓边）

  以上案例说明，未来的幼儿教师一定要了解家庭教育的特点、任务和原则，才能做好家园结合的工作。

一、家庭教育的特点

  家庭教育具有以下特点，这些特点使家庭教育成为教育人的起点与基点。

1. 家庭教育的早期性

  家庭是儿童生命的摇篮，是人出生后接受教育的第一个场所，即人生的第一个课堂；家长是儿童的第一任教师，即启蒙之师。所以，家长对儿童所施的教育最具有早期性。

  一般来说，孩子出生后经过三年的发育，进入幼儿时期，幼儿期是人生熏陶渐染化的开始，人的许多基本能力是这个年龄阶段形成的，如语言表达、基本动作以及某些生活习惯等，性格也在逐步形成。心理学研究表明，5岁以前是幼儿智力发展最迅速的时期，也是进行早期智力开发的最佳时期，如果家长在这个时期所实施的家庭教育良好，将成为孩子早期智力发展的关键。

  古往今来，许多仁人志士、卓有成效的名人都在幼年时期受到了良好的家庭教育，也是他们日后成才的一个重要原因。如古代以"父子书法家"著称的王羲之、王献之，有过1350多项发明的大发明家爱迪生，一代文学巨星郭沫若、茅盾等名人的成长过程，都说明了家庭教育对早期智力开发是十分重要的。

2. 家庭教育的连续性

  家庭教育具有连续性特点。孩子出生后，从小到大，几乎2/3的时间生活在家庭之中，都在接受着家长的教育。这种教育是在有意和无意、计划和无计划、自觉和不自觉之中进行的，不管是以什么方式、在什么时间进行教育，都是家长以其自身的言行随时随地地教育影响着子女。这种教育对孩子的生活习惯、道德品行、谈吐举止等都在不停地给予影响和示范，其潜移默化的作用相当大，伴随着人的一生，可以说是活到老学到老，家长称为终身教师。这种终身性的教育往往反映了一个家庭的家风，家风又反映了一个家庭的学风，学风的好坏往往延续几代人、十几代人、几十代人。这都与家庭教育的连续性有着很大的关系。

3. 家庭教育的权威性

家庭教育的权威性是指父母长辈在孩子身上所体现出的权力和威力。家庭的存在，确定了父母子女间的血缘关系、抚养关系、情感关系，子女在伦理道德和物质生活的需求方面对父母长辈有很大的依赖性，家庭成员的根本利益的一致性，都决定了父母对子女有较大的制约作用。父母的教育易被孩子接受和服从，家长合理地使用这一特点，对孩子良好品德和行为习惯的形成是很有益处的，对于幼儿来说，尤其是这样。

父母在孩子心目中的权威性决定着孩子如何看待和接受幼儿园学校及社会的教育。孩子与父母的关系，是孩子最先面临的一种重要的社会关系。在这种关系中，几乎体现了社会人伦道德的各个方面，如果这种关系中形成裂痕和缺陷，孩子之后走向社会，在各种人际关系中就会反映出来。因此，强调父母权威的重要，还因为父母在孩子幼年时代始终扮演着双重角色：即既是孩子安全生存的保护者，又是人生启蒙的向导。父母教育的效果如何，就看父母权威树立的程度，父母权威的树立必须建立在尊重孩子人格的基础上，而不是在封建的家长制上，明智的家长很懂得权威树立的重要性，更懂得权威的树立不是靠压制、强求、主观臆断，而是采用刚柔相济的方法。父母双方在教育子女的态度上首先协调一致，并相互配合，应宽则宽，应严则严，在孩子面前树立起一个慈祥而威严的形象，使孩子容易接受父母的教育。

4. 家庭教育的情感影响性

父母与孩子之间的血缘关系和亲缘关系的天然性和密切性，使父母的喜怒哀乐对孩子有强烈的情感影响作用。孩子对父母的言行举止往往能心领神会，以情通情。在处理发生在周围身边的人与事的关系和问题时，孩子对家长所持的态度很容易引起共鸣。在家长高兴时，孩子也会参与欢乐，在家长表现出烦躁不安和闷闷不乐时，孩子的情绪也容易受影响，即使是幼儿也是如此。如果父母亲缺乏理智而感情用事，脾气暴躁，都会使孩子盲目地吸收其弱点。家长在处理一些突发事件时，表现出惊恐不安、措手不及，对子女的影响也不好；如果家长处变不惊、沉稳坚定，也会使子女遇事沉着冷静，这样对孩子心理品质的培养起到积极的作用。

5. 家庭教育的及时性

家庭教育的过程，是父母长辈在家庭中对孩子进行的个别教育行为，比幼儿园、学校教育要及时。常言道：知子莫若父，知女莫若母。家长与孩子朝夕相处，对他们的情况可以说是了如指掌，孩子身上稍有什么变化，即使是一个眼神、一个微笑都能使父母心领神会，故此，未来幼儿教师应该协助父母，通过孩子的一举一动、一言一行及时掌握孩子的心理状态，发现孩子身上存在的问题，及时教育，及时纠偏，不让问题过夜，使不良行为习惯消灭在萌芽状态。家长对孩子进行正确的家庭教育，既可以使孩子在进入幼儿园之前形成良好的行为习惯，为接受集体教育奠定很好的基础，又可以弥补集体教育的不足。

二、家庭教育的作用

2015 年春节前夕，习近平主席强调，家庭是社会的基本细胞，是人生的第一所学校。要注重家庭、注重家教、注重家风。不论生活格局发生多大变化，我们都要发扬光大中华民族传统家庭美德，促进家庭和睦，促进亲人相亲相爱，促进下一代健康成长。

今天的儿童是明天的主人，儿童的自下而上保护和发展是提高人口素质的基础，是人类发展的先决条件。儿童的健康成长关系到祖国的前途命运。提高全民族素质，应该从儿童抓起。

家长们肩负着为国家造就人才的重任。能否把这一代孩子培养成为德智体美劳全面发展的人，这关系到国家是否后继有人的百年大计。福禄贝尔说过："国家的命运与其说是掌握在当权者的手中，倒不如说是掌握在母亲的手中。"这句话很有哲理性，它深刻地挑明了家长在教育子女中所起到的作用。

指导家长明确家庭教育的作用是学前教育专业大学生的重要职业工作。家长首先要明确教育方向与国家利益、人民要求相一致的原则，不能把孩子视为私有财产，要树立为国教子的思想，端正教育目的。现代人应该是具有良好的思想意识、高尚的道德情操、健全的心理品质、积极与他人合作的精神、较强的应变能力、吃苦耐劳的全面发展的一代新人。如果当代中国没有这样一批高素质的建设者，是很难完成建设大任的，具备这样的素质不是一朝一夕所能办得到的，而良好的家庭教育正是培养高素质人才的必备条件。

孩子从婴儿期步入幼儿期，随着年龄的增长，由家庭这个小环境终将步入大社会，接触家庭外的人群、事物。社会中那些真善美假丑恶不时地进入孩子的视野，家长采取隔离手法是行不通的，因为家庭中的电视录像和手机微信也会从不同角度不断地反映着当今社会的现实，问题既有正面的，也有反面的。儿童特别是幼儿缺乏理性辨别的是非能力，但有着比成人敏锐的感受能力。他们对身边发生的好的或者可怕的事物，敏感性强，而这种敏感性正是培养理性辨别能力的良好基础。家长应帮助孩子在这种感受能力的基础上，发展对社会生活的辨别能力和心理承受能力，过滤社会信息，优化孩子幼小的心灵。如果家长在日常生活中能针对孩子年幼、接受能力不太强的特点，抓住具体的日常琐事，帮助孩子认识辨别社会中发生的是是非非，让他们具体地感受到真善美光明的一面，也体会到丑恶的卑鄙，可以帮助孩子增强扬善除邪的正义感，从而抵制丑陋阴暗面对孩子心灵的侵蚀。

当今电视电脑和手机微信步入城乡居民中的家庭，孩子们几乎天天与它们打交道，可以说是不出自家门，便知天下事。从中可以接收到来自世界各地的各种信息。这里有政坛风云、科技进步、凡人俗事的各种内容，从中可以学习很多知识，了解国内外大事、家内外小事。但也不可避免地出现一些凶杀暴力、荒诞下流的镜头映入孩子的眼帘。家长要针对这些问题进行及时指导，提高孩子的鉴别能力，同时还要随时检点自己的行为举止，为孩子树立正面形象，优化儿童心灵，预防儿童犯错误，甚至违法违纪。家庭做好这方面的工作，有助于安定小家庭大环境。家庭是社会的细胞，有了健康的细胞，才能有健全的肌体，细胞有病，就会引起肌体发病。古人云："身修而后家齐，家齐而后国治，国治而后天下平。""齐家、治国、平天下"的观点正说明了这个道理。为此，家长做好优化儿童心灵的工作，对安定社会、安定国家功在千秋。家长要充分重视家庭教育的重要性，自觉地做好孩子的教育工作，尽好家长的责任与义务，为国家培养出合格的建设人才。

三、家庭教育的原则

未来幼儿教师要引导家长掌握如下的家庭教育原则。

1. 平等原则：心理学研究证明，孩子与父母平等地争辩，不仅是互爱的一种体现，而且能够帮助孩子树立信心，明辨是非，丰富想象力和创造力。要把孩子放在与自己平等的角度上看待。

2. 尊重原则：家长尊重孩子，孩子才会尊重家长。

3. 交流原则：孩子的成长不仅仅是物质，也有精神、情感的需要。家长忽略孩子的精神、情感需求，孩子和家长就没话说。长期下去，孩子和家长相处会变得越来越尴尬。

4. 自由原则：很多家长把孩子管得很严，却往往吃力不讨好，甚至引起悲剧。应相信孩子的能力，给孩子一个自由发展的空间。

5. 统一原则：家庭教育要和学校统一，否则孩子无所适从。

6. 榜样原则：家长是孩子第一个模仿的对象，家长一定要做好榜样，做好表率。

7. 信任原则：谎言是从不信任中来的。如果你从孩子小时候开始就很信任他（她），孩子就没有说谎的必要。

8. 宽容原则：人非圣人，孰能无过？孩子在成长的过程中，犯错误是正常的。家长应该宽容地对待，做好引导工作。

9. 鼓励原则：许多家长有个坏习惯，不懂得鼓励，在孩子取得成绩的时候，可能是随意的一两句话带过了。在家庭生活中，应该多鼓励孩子。教育方法要随孩子年龄的增大而不断改变。

四、父母教养方式

父母教养方式是影响孩子的最重要因素。学前教育专业的大学生应当学习、分析一般家庭中父母教养方式上常见的问题，协助父母优化家庭教养方式。以下是父母教养方式上常见的问题。

1. 过度保护：有时候，由于父母太注重孩子表面的需求，忽略了孩子看不见的心理需求，纵使孩子具有优秀的先天条件，却得不到应有的发展。当孩子想跑、想玩时，有的父母会害怕孩子受伤而禁止；如此的话，孩子便会养成不好动的习惯，身体变得迟缓、孱弱多病，心智的发展也必然受到阻碍，性格也会变得退缩胆小、缺乏自信、无法面对困难。父母必须明白，关怀是心灵上的沟通，并不是行为上的干预。过分的干预会妨碍孩子潜能的发展。

2. 过分宠爱：父母事事顺从孩子的要求，替他完成所有事情，孩子什么事情都不必动手，于是容易变得以自我为中心、任性、依赖、迟熟、不能忍让、也不懂照顾自己。即使表面看来柔顺温和，但当孩子长大，需要面对难题时，就可能出现性格突变。父母的包办代替是孩子形成性格软弱无能的重要原因之一。一些父母对孩子百依百顺，不让孩子做任何事情。这等于剥夺了孩子自我表现的机会，扼杀了孩子的能力发展。

3. 揠苗助长：有的父母不顾孩子的发育情况，强迫他提早学站立、学走路、学写字……造成孩子身心严重失衡，导致孩子出现脾气暴躁、焦虑、冷淡、退缩等问题，还可能会出现拒绝学习的问题，也不懂与人和谐相处。

4. 过分专制：经常以权威口吻规范孩子的举动、限制他的自由、否定他的想法，会使孩子长期处于恐慌之中，无法表达自己，只懂唯唯诺诺，并使孩子失去自信，失去尝试新事物的勇气。另外，为了发泄不满，孩子会欺负比自己小的孩子。当孩子长大，他更可能会对父母存有怨恨的心理，把以往积压的不满，发泄回父母身上。

5. 脸孔严厉：孩子无法在严肃当中感受到父母的爱，摆出严厉的脸孔，只会令孩子对父母却步。父母应避免用苛刻字眼责备孩子，即使孩子做得不够好，也应温和地给他意见，使他容易接受。许多父母对孩子期望很高，却又很吝啬赞美自己的孩子。他们常常摆出一副长者的面孔责备孩子，以为这样才是教育，其实却忽视了赞美所带来的奇妙的教育效果。

6. 忽略优点：觉得孩子没什么长处，就算有，父母也视之为理所当然。中国人比较谦逊，所以有些父母不习惯在人前称赞孩子，有时还会不经意地批评孩子。其实，父母对孩子的评价是孩子建立自我形象的依据，如果经常提及他的缺点，孩子会怀疑自己的能力，不仅影响其自信心，甚至会认为自己一无是处，则会不思进取。父母要及时、对应表扬孩子的良好行为。否则，孩子会弄不清楚为什么受到了表扬，因而对这个表扬不会有什么印象，更起不到强化好的行为的目的。表扬要具体，表扬得越具体，孩子越容易明白哪些是好的行为，越容易找准努力的方向。

7. 限制说话：孩子喜欢问问题，有的父母会觉得很烦，或打断孩子的话，或要孩子安静。当别人问孩子问题时，有的父母却经常替孩子说话。这样做，会剥夺孩子练习说话的机会，导致孩子自我表达能力差，并会渐渐不再跟父母说话，严重影响孩子的表达能力，不利于日后的社会交际。有的父母误以为多对孩子说几次，孩子就应该懂得如何做，即使在安慰孩子时，也是喋喋不休地指出孩子的过失，叮咛告诫他应该如何做，而忽略孩子的难处。父母这一做法会让孩子感到麻木，变得了无生气，没有自信。另外，唠叨还会使父母自己的脾气变得暴躁，情绪变得无法控制。假如你一定要重复地说，那么就改变一下说话的方式和语气，将唠叨的语气改为提醒。唠叨让人厌烦，易招致怒气，提醒的语气听起来则有帮助的意味，孩子会感到父母和自己是在一起的。

8. 嘲笑挑剔：父母挑剔孩子的过失，经常把孩子的缺点挂在嘴边，说话刻薄，用骂人的字眼嘲笑孩子"笨手笨脚"、"没用"等，甚至在别人面前斥责数落孩子，均会使孩子感到丢脸，严重损害其自尊，变得退缩、胆小、缺乏自信。须知道，孩子的自尊心一旦受到伤害，是需要很长一段时间来恢复，甚至永远无法重新建立起来的。另一种可能是，孩子会对父母产生怨恨，不但不会尊重父母，长大后还会找机会报复。

9. 乱发脾气：父母情绪不稳定、乱发脾气，会令孩子的性格变得扭曲、行为变得极端。孩子有可能变得反叛、是非不分、缺乏责任感；或是变得自闭、缺乏安全感；也可能同样爱乱发脾气。

10. 低估孩子：父母质疑孩子潜能，处处要求孩子跟随自己意愿行事。使得孩子不能从失败中学习，变得习惯于依赖、习惯于被命令，变得缺乏思考力。有的人智力过人，但意志薄弱、志趣低下；有的人是智力平平，但意志顽强、目标远大、百折不挠。任何一个正常的孩子，总有这样那样的优势或潜在的优势。因此，作为父母，应客观而清醒地分析自己孩子的特点，善于发现自己孩子的优点，让自己的孩子感受到成功的喜悦。

11. 以偏概全：父母用主观的情绪和期待去看待孩子，自以为是地认定孩子的发展，并以孩子的一个特点概括其全部性格，限制了孩子的发展方向。例如，有的父母经常指责孩子"你又给我惹麻烦"、"总是这样"、"没出息"等，暗示了不能改变，会让孩子也认定自己比别人差，因而放弃改正。慢慢地，孩子便会向被认定的方向发展，做个没出息的人。自以为是的认定，也容易变成偏见，导致父母经常错怪孩子，使亲子关系变得疏离，甚至使孩子变得反叛。

12. 漠不关心：父母对孩子表现出漠不关心，孩子为了引起父母注意，会做出种种叛逆的行为，这些行为有可能让孩子不幸误入歧途。另一可能是，孩子觉得父母不关心他，对生命感到失望，因而走上绝路。

家长教师协同，培养孩子睡眠习惯

家长反映每天晚上，要孩子上床睡觉不知有多难，喊他去盥洗多遍没反应，非得发脾气才动；好不容易刷牙了，还边刷边玩，磨磨蹭蹭；刷完牙没有紧接着洗澡的意思，又跑出来玩，就一个上床睡觉环节，每天要花很长的时间。家长感到困惑，来寻求老师的帮助。

教育者皆知"教无定法"，特别是对幼儿来说，幼儿的生活就是课堂，学习就是玩，玩也是学习。他们的活动是多姿多彩的，兴趣是丰富广泛的，好奇心是永无止境的，时时刻刻都在学习，增长新的知识。因此，对幼儿的教育采取随机教育还是课堂教育，教师应视具体情况，灵活掌握。在孩子们午睡的环节中，面对部分孩子由于磨蹭而导致感冒或上床时间冗长的现象，我发现"教无定时"的教育并没起到很好的作用，于是综合家长的疑惑，希望通过一节集体活动和三个区域活动让孩子们一起来探索、知晓正确的入睡方法，从而促进幼儿自我服务，初步培养幼儿做事高效、有条理的习惯，也让家长了解我们的教育初衷，争取家长的配合，告诉家长一些正确的引导方法。

集体活动开始前，我做了充分的前期物质准备，教具和学具的提供如同隐形的老师，让孩子通过操作体验学习。1. 预录的午睡前环节 VCD。2. 一日生活环节的提示。3. 图片 5 张（铺被子、脱叠衣裤、躺进被窝等）一套。4. "床"实物一套。5. 操作学具都是人手一份。知识经验准备包括"我的小手真干净"儿歌等。

集体活动通过几个环节让孩子层层递进：先复习上次健康活动的内容；再播放预录的VCD，小朋友看后讨论录像中的孩子依次在干什么？有什么感受？接着让幼儿操作学具，把自己有序上床的顺序粘贴在操作单上；再请孩子来说自己的操作结果，老师在黑板上展示相应答案，最后得出公认结果并推广经验；然后请个别幼儿再现讨论的结果情景，最后让孩子说说晚上回家睡觉环节该如何做。孩子们的已有知识经验与新增知识经验进行相互融合、相互迁移，最后能转变为行动，但行动的效果与否，还需要家长的大力支持和配合，孩子才行形成良好的生活习惯。

于是，我通过班级微信群，指导家长在家庭中开展有针对性的引导：1. 交待今天教学的重难点和目的，从大家的困惑出发，今天开展了"睡觉环节"的观察、讨论、操作、实践学习，促进孩子良好生活习惯的养成。2. 结合自身情况，在家实施可作适宜调整，初步培养幼儿做事高效、有条理的习惯。3. 请家长把孩子在家操作的照片配上文字讲解，发到群里共享或发到我的邮箱共同探讨。

分析评价

通过此次活动，让孩子们巩固了好的睡眠习惯，认识到自我服务的乐趣，不再什么事都依赖老师和家长了，能够做到"自己的事情尽量自己做"，而且知道有序做事情的必要性和重要性。

此次活动解决家庭教育困惑，结合孩子在园生活中比较常见和每天必须做的环节进行，通过该活动，给孩子留下了比较深刻的印象，还需要在以后的生活环节、区域活动和家庭生活中去逐步实施巩固。

有家长反馈：

昨晚按照老师要求，孩子在家里进行了"睡觉环节"的训练，我和孩子都觉得这个活动非常有意义，孩子在整个活动中非常积极，这个活动的效果可以说是"一石四鸟"：

1. 充分调动了孩子的积极性。回家复习本身就是孩子展示的一个过程，她非常乐意把在幼儿园学到的知识跟家长分享。在活动过程中，家长可以及时给予肯定和鼓励，这样孩子更有成就感，同时也对不足进行指导。

2. 寓教于乐，在生活中学数学。这个训练本身也跟数学中的"事件排序"相关。老师的创意非常好，如果单纯从课本中教给孩子们排序，孩子们缺乏一种感性认识，把它融入到生活中则大不一样了，孩子们慢慢会理解做事情都是有程序的，有先后顺序的。

3. 极大地锻炼了孩子的自理能力。整个活动都是孩子亲自动手完成，拖拉磨蹭的现象少了，从睡前盥洗到上床睡觉、再到第二天起床叠毛巾被，孩子的动手能力得到充分锻炼，思维能力也在这种有序活动中进一步提高。

4. 该活给我们家长也上了一课，相信孩子的潜力，减少包办代替，给孩子锻炼的机会，科学理智的教育可以更好引导孩子成长。

（张学英）

第二节　家庭教育与幼儿园教育的关系

传统的幼儿教师重视幼儿园教育，轻视家庭教育工作，不适合现代幼儿发展的需求。未来幼儿教师若能把握好幼儿园教育与家庭教育的关系，掌握两者的共同点，就能够创设最优的幼儿教育环境。

一、家庭教育与幼儿园教育的区别

1. 教育的目的性、计划性不同

家庭教育的进行贯穿于家庭日常生活之中，只要是与孩子有关的家庭长者，都客观上承担着教育的责任。家长可能有一些明确的目的，但随意性大，教育不系统不连贯，而且时常"三天打鱼两天晒网"。

幼儿园的教育活动有明确的目的，有详细的计划。教师有步骤地组织各种形式的活动，包括引导幼儿的主动活动。

2. 教育的内容不同

家庭教育的内容往往是家长随意确定。有些内容能够促进孩子的发展，有些却不利于孩子的成长发展。

幼儿园的教育活动是根据教育目的以及孩子的实际水平和兴趣，循序渐进地制定的，有专门的课程和教材供选择和安排，活动内容形式多样，方法科学合理。

3. 教育的形式不同

家庭教育的主要形式是家长的言传身教，家庭成员之间互敬互爱，与周围邻居和睦相处、互相帮助，以及家长的敬业精神和创设的温馨的家庭氛围，对孩子能起到积极的潜移默化的熏陶作用，这比枯燥的语言说教有效得多。然而，家庭因素的复杂性决定了家庭教育的效果比幼儿园教育更加多变复杂。

幼儿园教育主要以游戏的形式对幼儿进行教育。比如，教师以孩子玩伴的口气、形象化的玩具，跟孩子一起看看、摸摸、玩玩，使孩子学到知识、获得发展。

4. 教育者的专业程度不同

家长的文化层次参差不齐，即使是文化程度高的家长，也较少受过幼儿教育的专门教育。即使家长受过幼儿教育的专业训练，但因与孩子的血缘关系，也很难用幼儿教育的理论知识在家庭中对孩子进行专业的教育。

幼儿园教师受过幼教专业的训练，具有一定的教育能力，并且在就职后还要不断接受新的培训。

二、家庭教育与幼儿园教育的联系

不管是幼儿园还是家庭，都希望幼儿能得到全面和谐的发展，都希望幼儿能成为一个有用的人，体现了目标上的一致性。虽然在具体要求上存在不同，但总的说来都体现了共同的社会要求，都愿意尽可能地合理安排孩子的生活，关心孩子的身体健康，增强体质，培养孩子的学习兴趣，养成良好的学习习惯，促进智力的发展，培养活泼、开朗等良好的个性品质和初步辨别是非的能力，知道什么是真善美，什么是假恶丑。

幼儿园教育和家庭教育从时间上来看，幼儿园教育是阶段性的，家庭教育是终身教育的一部分；从形式来看，两者就像一双桨，只有共同努力，朝着一个方向，小船才会推波助澜，反之往往会事倍功半；从关系上来说两者是并列的，因此幼儿的成长，需要家园共育的金桥。

第三节　家庭教育调查研究

未来幼儿教师要做好家庭教育工作，必须学习一定的家庭教育调查研究方法。

家庭教育是与学校教育和社会教育紧密结合的、家庭成员之间相互教育和影响、促进家庭成员身心健康和全面发展的终身教育。重视和发展家庭教育是促进人才培养、建设社会主义和谐社会的必然要求。目前我国各地开始推进家庭教育建设，但在家庭教育的社会支持系统中，如家庭教育机构的设置与人员培训，家庭教育课程的设置与研发，政府的引导与资金支持等方面仍需要发展和完善。

为了解当前湖北省城乡家庭教育现状，探索家庭教育需求及影响因素，为家庭教育立法提供依据，我们通过省妇联《湖北省妇联家庭教育立法调研项目》立项，在全省实施了大样本的调研工作,采用了家长和学生问卷、重点人群访谈、教师调查、社会群体网络调查四种调研方式,编制了《家庭教育现状调查问卷——学生、家长、教师、网络版》;调研主要内容包括家庭教育基本情况,儿童的社区教育与支持系统,政府干预与经费投入,家庭教育立法意向与建议等。以下是调研报告主要部分。①

一、家庭教育现状

1. 本调查采用了综合实证调研方案,对象分布广泛,回收信息真实可靠,代表性好。

本次调研历时2个月,采取分层随机抽样(考虑地域、城乡、经济等因素)的方法,对湖北省11个市州的普通幼儿园、小学、初中、高中进行家长和学生配对问卷调查,学生年龄跨度5~17岁,总调查人数7700人,其中学生3300人,家长4400人(幼小学生只有家长问卷)。

组编《家庭教育现状调查表》(学生版、家长版、教师版、网络版),包括国内外流行的测量工具:家庭亲密度量表、父母监控量表、父母教养方式问卷、父母期待量表、父母心理控制量表、青少年问题行为筛查量表,这些量表都具有较高的信度和效度。

问卷调查内容包括:基本信息、家庭教育情况和社区教育情况三部分。父母问卷依托教育机构让学生带回家由父母填写,家长和学生问卷编号匹配,学生问卷当堂完成。在调查过程中由经过专门培训的调查员进行现场监督和回收问卷。回收家长问卷4070份(回收率92.5%),学生问卷3163份(回收率95.8%)。

问卷调查显示了全省家庭基本概况:完整家庭92%,单亲和再婚家庭8%;独生子女62%,居住在城市的47%,居住乡镇和农村的53%;父母的受教育程度高中以下占72%,专科和本科27%,硕士以上只有1%。

访谈调查采用小组集中访谈形式,围绕家庭教育管理和立法相关的问题,对7个市有代表性对象56人进行访谈,包括家庭教育工作管理相关部门工作人员、中小学及幼儿园从事家庭教育工作的老师、社区家庭教育工作人员、法律部门(青少年法庭、社区矫正和安置帮教、法律援助等相关机构)人员,现场做录音记录,访谈后填写半结构化访谈表格,再根据录音、访谈表格和该市补充的文字资料来分析数据。访谈资料是本调研总结经验和深入分析问题的主要依据。

教师调查是在省、市家长学校骨干教师培训班上进行的,共回收230份家长学校教师问卷。结果表明:半数以上家长学校的专兼职教师不超过5人;乡村家庭教

---

① 郑晓边,等. 湖北省家庭教育现状调查报告[C]. 中国青少年心理卫生专业委员会第十二届全国学术大会报告论文. 北京,2013.

育教师接受培训率低于50%；46.6%的家长学校每年开展家庭教育活动不超过3次；教师们认为儿童最需要的教育培养内容是社会公德教育、优良传统教育；半数教师认为政府和家长的重视参与程度不高。教师的回馈信息间接反映了目前家长学校的现状。

网络社会人群调查是在大楚网发布调查问卷，网挂20天，回卷3412份（户），其中97%的孩子生活在湖北省范围。参与网络调查的家长年龄段主要分布在20~29岁（10.27%），30~39岁（57.94%），40~49岁（29.07%）。居住地78%在城市，乡镇和农村的很少。家长受教育程度：高中以下32%，本科61%，硕士以上7.4%；网络调查的对象比问卷调查对象的受教育程度要高，来自城市的更多。其中家长职业为公司员工25%，教师22%，管理人员12%，公务员11%，个体经营者12%，无业或者下岗7%，其他职业都很少，显示了上网的主要职业群体。网络调查有三成家庭报告每月人均收入少于500元，但对孩子的经济投入过高，负担很重，反映了全省网络群体部分家长的经济状况。

2. 各地家庭教育工作取得一定成效，但发展不平衡。

各市州家庭教育工作取得了一定成效，各市州已经建立了由妇联牵头，宣传部、教育局、关工委等单位为成员的家庭教育联席会议制度，制定和完善了部门联动、监测评估、评比表彰等多项制度，推动了家庭教育工作向科学化、制度化方向发展，逐步形成妇联牵头、部门配合，齐抓共管的家庭教育工作格局。

各市州学校、社区都开办了家长学校，城区家长学校覆盖率在90%以上，远城区的家长学校也达到80%；各地针对农村和社区的特点，积极探索发展建立乡村家长学校、社区家长学校、企业家长学校、流动家长学校、机关家长学校等多种办学模式，同时对各类家长学校实行规范化管理。

各市州重视家庭教育工作队伍的建设和家庭教育教学研究，把队伍建设作为提高家长学校办学质量的突破口，狠抓管理队伍、师资队伍和工作骨干队伍的学习培训工作，建立完善了市、区、校三级培训体系。同时为了适应社会、学校和家长的需要，抓住家庭教育中的难点、热点问题进行研究，撰写了一些有理论深度和有普遍指导意义的家庭教育论文和调查报告，发挥了理论指导作用。

各地在宣传普及家庭教育知识上，充分利用网络、广播、电视、报纸等媒体和家庭教育工作队伍，广泛开展家庭教育"进农村、进社区、进学校、进机关"活动，普及"以德育人"、"为国教子"的教育理念，推广家庭教育成功经验。同时邀请国内知名家庭教育专家做专题讲座，组织家庭教育讲师团成员深入县区、山村、学校，传播家庭教育新观念、新方法。全省各市州家庭教育发展不平衡，中心城市发展比较好。

3. 广大家长重视家庭教育，对孩子期待很高。

问卷调查表明，大部分家庭的亲子关系良好，88%的家长在孩子婴幼儿时期就开始了早期教育，63%的家长是通过购买书籍的形式对孩子进行早期教育的，8%的家庭是通过早教中心进行早期教育，还有29%的家庭没有实施任何早期教育，表明目前家庭教育忽视了早教的指导，家长虽已意识到了早教的重要性，但缺少系统科学的早教知识。

家庭收入和孩子教育经济投入的比例也间接反映出家长家庭教育观念。调查表明，人均月收入在1500元以下的家庭占37%，但家庭每年对孩子的教育投入很多，数据显示38%的家庭投入3000~6000元，23%的家庭投入6000元以上，可见家庭教育负担很重。分析发现，家庭经济收入高低对孩子的问题行为不是主要影响因素。

家庭作为孩子成长的重要场所，在孩子的成长中起着无可替代的作用。家庭教育一直是家庭中的核心问题，受到广大家长关注。调查发现，家长普遍重视孩子的教育问题，无论是经济支出和时间投入、还是在为孩子营造一个良好的外部生活条件方面，家长都努力做到最好。家长都希望孩子能够接受良好的家庭教育，不要让孩子输在起跑线上，通过自家教育的努力，使孩子能够成才成功。同时父母对孩子的期待都很高，绝大多数家长都抱有"望子成龙、望女成凤"的心态，希望孩子学习成绩优异，得到周围人的认可，各方面能力全面发展，能够获得高学历，拥有一个美好的未来。

4. 家长的家庭教育理念有偏差，重智育、轻德育。

调查反映，家长普遍关心的是孩子的学习态度、习惯和方法，不重视德育。家长认为，目前孩子最需要的是学习习惯（59%）、方法、态度的教育、良好个性培养和智力的开发，严重忽视了对孩子进行美育（12%）、热爱党和社会主义的教育（18%）、集体主义教育（19%）和法纪教育（22%）等，反映了家庭教育的应试倾向。

家庭教育是一门科学，有着独特的发展规律，家庭教育应该随着时代的发展而同步发展，因此科学的家庭教育理念对孩子的成长尤为重要。本调查反映出家长在家庭教育理念上存在一定偏差。家长把很多精力放在孩子学习成绩的提高和能力的培养方面，热衷给孩子报各种学习班、兴趣班，却常常忽略了孩子身体健康和快乐成长的需求。家长认为孩子最需要的教育是学习习惯教育、学习方法教育和学习态度教育，而忽略美育、法纪教育、集体主义教育，片面追求学习成绩，家庭跟着学校走，在一定程度上，家庭教育已经成为学校教育的"附庸"。

5. 孩子问题行为与亲子关系和父母受教育程度相关。

对不同年级、城乡的学生的问题行为进行分析，发现学生问题行为随年级上升而增加，农村孩子的问题行为多于城镇学生，非独生孩子的问题行为多于独生孩子。

家庭亲子关系比较发现，母子间的关系明显好于父子间的关系，城镇家庭的亲子关系优于农村家庭，独生子女家庭的亲子关系好于非独生子女家庭，完整家庭的亲子关系明显好于单亲家庭和再婚家庭。

对家庭亲子关系与孩子问题行为相关分析发现，亲子关系越差，孩子的问题行为越多；亲子冲突频率越高，孩子的问题行为也越多。

调查研究发现，孩子在成长过程中会出现一些问题行为，如作弊、打架、盗窃等，而且问题行为呈现出一定特点。

首先，随着年龄的提高，孩子问题行为也越来越多。随着年龄的增长和步入青春期，孩子渐渐从家庭中游离，更多与同伴一起交流、活动，视友谊至高无上，甚至为朋友两肋插刀，但孩子自我控制和判断是非的能力较弱，易冲动和受不良环境的影响，孩子很容易养成吸烟、酗酒、网络成瘾、故意伤害等不良行为。

其次，亲子关系与问题行为相关。亲子关系好的孩子的问题行为明显少于亲子关系不好的家庭，亲子冲突多的家庭孩子问题行为也多。这一方面是由于孩子在成长过程中因为不良的亲子关系会导致其模仿父母的行为，将其行为模式应用到同伴以及社会生活中去，另一方面，不良的亲子关系会对孩子身心的发展造成不良的影响，所以导致了他们出现各种问题。

再次，调查中发现，父母受教育程度与孩子的问题行为也存在关系，父母受教育程度越高，孩子的问题行为也越少。这是由于父母受教育程度高，就能够利用自身的文化资源来为孩子创造良好的家庭环境，使孩子能够在更优越的家庭氛围中生活，父母也更愿意加大对孩子的教育投入；而学历较低的父母会把更多的精力放在谋生或者给孩子提供物质基础上，忽略了孩子的教育，致使孩子更容易出现行为问题。

最后，调查中还发现，父母的收入高低和孩子的问题行为没有直接关系，家庭收入高的孩子和家庭收入低的孩子都可能出现问题行为。孩子的问题行为更多是和家庭中亲子关系、亲子之间相处状态以及家庭教育的质量密切相关。

6. 父亲期待、母亲监控和父母心理控制影响孩子成长。

相关分析发现，父母对孩子若有比较高的期待，对孩子有约束要求，孩子的问题行为则比较少；父母越企图控制孩子的心理活动，孩子的行为问题越多。

进一步分析发现，父母心理控制、母子关系、母亲监控、父亲期待是预测孩子问题行为的影响因素。

父亲期待和母亲监控会影响孩子的成长。在家庭中，父亲对孩子教养起着重要的作用，父亲更多是对孩子思想上的影响，父亲对孩子期待多一些，孩子的行为问题就少一些。心理学"期待效应"认为，对孩子充满了希望，相信他能够不断超越自己，他就会按照期待的那样获得成功。作为父亲，对孩子的期待尤为关键，因此，在一个合理的范围内，对孩子充满期待，不断用鼓励、强化的方式去激励他，他就会克服困难，勇往直前。

家庭中母亲和孩子的相处时间相对较多，母亲会更多给予孩子生活学习上的照顾和管理，如果母亲能够加强对孩子的监控管理，孩子的行为问题会减少。

父母心理控制与孩子行为问题相关的结果提示孩子自主的重要性。在生活中，每个人都有一种自己支配自己的愿望和自己决定自己的能力，这种自主性使一个人不愿意接受别人的控制，心理控制必须以承认这种自主性为前提。承认一个人的自主性，就必须尊重受控制者的人格，只有尊重对方，才能进行有效的心理控制。父母在教育孩子的时候更多的是处于权威者和长者的地位，希望孩子按照自己的想法去行动，没有把孩子当做一个平等的个体去尊重，所以孩子行为问题增多。因此，降低父母对孩子活动的心理控制企图，将更有利于孩子的行为健康发展。

二、家庭教育的外部环境与社会支持

1. 家长获得教育知识的途径少，社区教育活动与设施欠缺。

调查表明，57%的家长主要通过书本杂志获得家庭教育知识，只有19%的家长是通过家长学校指导来获得家教知识，41%的家长靠自己摸索积累获得，表明目前家长学校还未真正做到为家庭服务，家庭教育工作还远远没有普及。

对社区教育了解情况的调查发现，52.1%的家长不了解或者仅听说过，说明社区教育工作宣传不够。

在孩子参加过的校外活动方面，家长评价与孩子自我评价具有较高的一致性，参加过社区早教中心、社区教育分校和社区市民分校的人数都很少，而参加过校外青少年教育培训机构的人相对较多，有相当一部分人参加的是各种学习技能辅导班，表明目前家长和孩子对社区教育重视程度较低。

在建设学习型社区而开展活动方面，家长更重视未成年人思想道德教育基地和社区学习中心的建设，而学生更关心开辟社区活动广场的建设。

在社区教育设施方面，家长和孩子普遍认为社区图书馆是最实用的设施，选择家庭教育指导中心的较少，一方面反映了人们对家庭教育的重视不够，另一方面也反映了目前家庭教育指导中心还没发挥应有作为，没有服务社区家庭，使人们忽略了其重要性。

2. 孩子课余时间安排和生活技能培养不够，家庭教育指导方式与内容单调。

在课余时间安排方面，42%的家长愿意让孩子在课余时间学习数理化等科技文化知识，很少有家长愿意投资让孩子在课余时间学习修理技术（4%）、手工制作（12%）、计算机（16%）等，表明家长非常重视学生的学习成绩，忽视了对孩子进行生活技能的培养。

在学校及社会指导家庭教育的方式上，多数家长认为家庭教育应该根据学生情况分类指导（58%）或以集体方式（专题讲座、家长会）为主进行指导（42%），很少有家长愿意以个别方式（家访、来校咨询）为主的方式接受家庭教育指导（19%）。

在家庭教育指导内容方面，绝大多数家长更重视实用的切实有效的指导内容，希望了解学生身心发展规律和年龄特点。

访谈调查表明，家庭教育缺乏法律支持，经费无保障；教育师资、教材等资源匮乏；政府疏于对家教市场的监管；社区家庭教育普及化程度不足。

教师们反映目前家庭教育存在的主要问题包括：社会变革影响家教；家庭教育培训不足；缺乏保障机制等。

3. 家庭教育的城乡差异和特殊儿童的问题凸显。

由于各地文化、社会环境、经济水平等因素的不同，家庭教育和家庭关系状况表现出明显的地域差异。城市家庭亲子关系明显好于农村，而孩子的问题行为也少于农村孩子。居住城市的家长，文化水平相对较高，对孩子的教育意识较好，更关注孩子的教育，能够有效地与孩子沟通交流，保持良好的亲子关系，注重孩子的成长环境，所以孩子出现问题比较少。农村家长较少接触到家庭教育方法培训，且大部分家长忙于生计，把对孩子的教育更多寄托于学校，导致了家庭教育的不足。本调查显示，单亲家庭、再婚家庭中的孩子容易出现行为问题。缺乏完整的家庭教育环境或多或少会对孩子造成不良的影响。父母的矛盾会伤害孩子的心灵，单亲以后家庭中缺乏父母的角色，会导致孩子人格的不健全、不完整。由于家庭的离异或重组，父母会过度满足或过分要求孩子，不懂如何正确教育孩子，原本想补偿孩子，反而最终使孩子成为受害者。所以这些家庭的孩子容易形成冷漠、压抑、逆反的性格，甚至有的走上违法犯罪道路。在访谈中也发现，留守儿童的教育问题已成为亟待解决的社会问题。父母外出打工导致孩子长期与父母分离，情感缺失、行为规范指导的缺乏使他们出现很多问题。外出务工人员在家庭经济状况好转后，常常过度满足孩子物质上的需求，而家庭心理教育严重缺失，致使很多孩子出现问题。单亲家庭、留守、流动等特殊儿童面临着更多的挑战，如何使他们能像正常儿童一样健康成长，接受科学合理的家庭教育，需要更多社会系统的支持和健全法律制度的保障。

4. 家庭教育指导需求很大，相关机构没有发挥应有作用。

父母虽然重视家庭教育，但缺乏正确的家教方法训练，半数以上的父母仅通过书本杂志来获取家庭教育的方法和知识。很多父母需要家庭教育指导，在面对孩子教育的具体问题时常常无所适从。调查结果表明，家长很重视家庭教育在孩子成长中的作用，非常渴望能够获得有利于解决孩子发展问题的具体指导。但家长对社区教育不了解，很少的家长是通过家长学校来获得家庭教育知识，家长和孩子也都没意识到家庭教育该如何有效科学的进行，反映出目前的家庭教育机构还没有发挥其应有作用。原因在于，目前在我国现有法律中，还没有一部系统的家庭教育法，家庭教育无论是在管理体制、组织形式方面，还是在家庭教育的具体实施、保障措施等方面，都未得到有效的法制保障。社会和家长对家庭教育重视不够，把家庭教育当做学校教育的附庸，学校也仅通过几次家长会或家访来应付家庭教育工作，经费短缺，制度不健全，家庭教育服务队伍缺失，这些问题都严重阻碍了家庭教育工作的顺利开展，使家长学校成了摆设。

三、家庭教育的问题分析

1. 家长家庭教育观念陈旧，教养方式不合理。

家长的家庭教育观念应与时代同步发展，应更强调科学家教观念，但是传统家教观念仍根深蒂固地影响着广大家长。在对家庭教育的内涵认识上，大多数家长还停留在传统的家庭教育内涵中，很多人仅认为家庭教育是家长对子女单方面的影响和教育，而没有认识到，家庭教育的对象是整个家庭成员，是家庭成员之间相互教育和影响。有的家长把家庭教育看做是私人的事情，忽视了家庭教育的双向影响作用和与社会的联系。在家庭教育的内容中，热衷于孩子的学习辅导，围绕分数指挥棒转，把课堂延伸到家庭，布置额外作业、聘请家庭教师、参加辅导班等。在一定程度上，家庭教育已经成为学校教育的"附庸"。家庭教育要与学校教育密切配合，但不是学校的"承包机构"。家长把主要精力倾注在孩子的学习和生活方面，忽视了情感与心理的需求和道德素质与独立生活能力的培养。家庭教育的对象仅局限于学前儿童，没把家庭教育看成是终身教育，导致与学校教育与社会教育脱节。

2. 家庭教育缺乏法律支持，相关系统法规待确立。

对家庭教育进行立法是社会发展的需求。由于缺乏家庭教育立法，家庭教育的法律地位长期得不到确认；家庭教育工作人员的选任与管理、家庭教育市场的发展与培育、家庭教育工作经费的投入与保障、家庭教育理论研究的深入等都受限，这些都阻碍了家庭教育向规范化、科学化方向发展。立法欠缺，已经成为制约家庭教育工作可持续发展的瓶颈。目前我国家庭教育的立法状况与其在现代国民教育和终身教育体系中的重要地位不相适应。有关家庭教育的法律条款散见于多部法律之中，不够系统，缺乏专门的家庭教育法。与学校教育和社会教育的法制进步相比，家庭教育的法制建设明显滞后。我国相关法律对家庭教育更多强调义务而非权利。如何增强父母的家庭教育责任意识？有必要通过家庭教育立法使父母认识到自己不仅仅是教育权的义务主体，更是权利主体。

3. 家庭教育经费无保障，缺乏社会资助渠道。

多数受访者认为家庭教育经费缺失，是影响家庭教育工作顺利进行的最大困难。目前家庭教育没有专门的经费，一般都是从妇联经费和国家教育经费中临时支出，开展家庭教育活动要重新申请，由财政拨款。还有的是通过与其他部门或单位的联合获得经费上的暂时支持。家庭教育既无明确的经费来源，又缺乏令人满意的社会资助渠道，致使家庭教育工作与家庭教育学术研究的开展处处捉襟见肘、举步维艰。目前家庭教育工作主要通过一年举行几次讲座、几场活动、几次访谈等来完成，这远远不能满足家庭教育长期与恒定的需求。有的学校和社区甚至是为了应付检查工作，才对一部分孩子的家长开展家庭教育工作。有的家长学校只是一个空壳，没有真正地发挥其应有的作用。家庭教育经费的缺失是因为社会与政府重视不够，家庭教育只被视为学校教育的附庸，处于极度边缘和薄弱的地位，在国民教育体系中远没有获得其应有的重视。

4. 家庭教育资源匮乏，各组织机构未形成合力。

家庭教育缺乏专业指导人员和系统的教材，各地家庭教育工作者主要是兼职，如学校老师、社区人员和妇联人员等，他们多数虽热心家庭教育工作，但缺乏系统的家庭教育专业知识。家教人员主要通过一些活动、讲座、家教沙龙、家访等形式，进行家庭教育知识的传播，而没有对家长进行系统的家庭教育知识的培训，导致家庭教育工作支离破碎，而不是一个完整的体系。家庭教育要实现专业化发展，必须拥有大量的专业性人才，构建规范性、合理性、实用性的家庭教育课程体系。家庭教育学目前还是一个新兴的、边缘的、分支的学科。专门从事家庭教育研究和人才培养的机构很少，研究力量薄弱；研究方法尚处于经验总结、理论探索阶段，缺乏高水准、系统化的实证研究；家庭教育的内容也主要是着眼于如何引导幼儿园和中小学学生家长更新教育观念、掌握教育方法、促进儿童发展等。高校作为培养家庭教育、咨询与管理人才的基地，对家庭教育专业课程的设计、教材开发、课程设置缺乏相应的研究。

5. 政府对家庭教育市场监管不够，缺乏组织支持系统。

多数市州党政部门目前还没有设置行使家庭教育管理职权的专门机构。家庭教育管理部门的受访者认为设立专门的管理机构是非常必要的。随着经济持续稳定增长，家庭规模逐步缩小，家庭负担系数相应降低，从而极大地改善了当代青少年儿童的生存环境，提高了他们的生存质量，家长对孩子的教育的重视程度也显著提高。家长对家庭教育的需求也愈来愈强烈，家庭教育市场的出现是必然结果。家庭教育市场的出现，势必会带来新的问题。如有些家庭教育机构教学是不完善和不规范的，若无政府专门机构出面监管，将会导致家庭教育市场的紊乱，给家庭教育带来不良的后果，危害家长和孩子的利益。政府有责任为家庭教育提供必要的政策支持，有责任建立家庭教育组织支持系统，有责任规范有关家庭教育的社会活动，有责任纠正家教领域的违法活动。只有在政府强有力的支持下，才能保证家庭教育市场健康可持续发展。

四、家庭教育的对策

1. 发挥政府主导作用，确立家庭教育的法律地位。

家庭教育是现代国民教育与终身教育的重要基础，是当代教育体系中的基础环节，是推动社会建设的一项重要内容。政府部门应充分发挥家庭教育上的主导作用，省、市妇联作为家庭教育的牵头组织，也应该充分发挥其优势作用，在政府主导下积极协调各职能部门，把家庭教育融入到经济社会发展规划和各部门工作规划中去，使家庭教育工作真正落到实处。各级政府应该制定与经济发展相适应的家庭教育财政预算，为家庭教育工作顺利开展提供保障，使家庭教育有关部门和家长学校充分发挥其应有的作用。还要支持非营利性组织介入家庭教育，体现家庭教育的公益性原则。要通过立法手段来确保家庭教育的法律地位，促进教育体系整体协调发展。通过法律进一步梳理和规范家庭教育工作，保障我国家庭教育工作健康发展；通过法律规范和引导，确立家庭教育的原则，明确家庭教育的主管部门、机构及职责，规范国家机关、企事业单位、社会团体、家长及其他监护人对未成年人家庭教育的共同责任，加强对现有家庭教育市场活动的监管，为家庭教育事业发展创造条件、提供保障，提升家庭教育的科学性，促进孩子健康发展。

2. 构建家庭教育指导服务体系，提高家庭教育科学水平。

家庭教育是提高国民素质的基础工程，应发挥政府部门对家庭教育工作的组织和服务功能，强化对家庭教育工作的管理和指导，将家庭教育纳入宏观社会管理系统和社会公共服务体系，不断完善家庭教育指导服务。要明确家庭教育的公益性原则，多渠道筹集资金，支持开展旨在促进家庭教育工作的社会公益项目。为满足广大家长和家庭教育工作者的需求，应建立家庭教育指导机构，搭建家庭教育服务平台，同时逐步建立和完善集诊断、治疗、咨询、指导、救助功能于一体的家庭教育服务体系，为提高家庭教育的科学水平提供全方位的技术支持。在巩固发展中小学、幼儿园家长学校基础上，积极创建社区家长学校、网络家长学校等，尤其要大力推进农村家长学校建设。通过多种手段与渠道满足家长的迫切需求，积极为学校与家长互动搭建桥梁。通过家庭服务体系，能够使家长更新育子观念，确立先进的教育思想，明确自身的责任和义务，使家长了解和掌握家庭教育的基本知识、科学育子的方法，提高家长科学教育的能力。

3. 深入家庭教育科学研究，发展家庭教育工作者队伍。

家庭教育作为一门科学，应有其基础理论、专业知识、研究方法和发展规律。家庭教育应以高校研究机构为依托，积极开展专业化家庭教育实务人才的培养，积极开展家庭教育科学研究。家庭教育研究不能仅停留在经验总结与理论思辨的层次，要尤为重视科学系统的实证方法在家庭教育中的应用，研究方法的科学化是推动家庭教育研究科学发展的必要条件。要完善全国家庭教育指导纲要和教育实施意见，加强家庭教育专业队伍建设，充实科研力量，促进家庭教育学科建设，推动有条件的高等院校、教育机构开设家庭教育专业和课程，培养家庭教育专业人才。要系统地对家庭教育指导者进行组织培训，提高其工作能力和指导水平，使家庭教育指导工作更加科学化、规范化、专业化。要不断壮大家庭教育志愿者队伍，广泛联系热心家庭教育事业的各界人士，充分发挥他们在服务与家庭教育事业中的积极作用。

4. 加强家长和监护人的指导培训，转变家长的家庭教育理念。

通过各类家长学校定期开设家庭教育课程，鼓励孩子家长和监护人接受家庭教育培训，还要要求适婚男女在婚前、孕前、产后接受一定时间的家庭教育训练，以此普及家庭教育知识，提高父母科学实施家庭教育的意识。同时，设置家庭教育指导中心，对家庭教育从业人员的培训和入职要求做出明确规定，为有需求的父母提供家庭教育知识和指导建议。父母或监护人是家庭教育的主要承担者、实施者，要求他们不断学习、掌握有关家庭教育的知识，形成科学育儿的理念，增强家庭教育的责任感，掌握科学的方法，解决教育中的疑惑。家长应全面准确地理解家庭教育的内涵，明确家庭教育的内容，家庭教育不是"超前教育"，也不是"智力教育"，家庭教育的核心应该是让孩子"学会做人"，养成良好的学习和生活习惯、优良人格和良好道德品质，使孩子有正义感、责任心、义务感，有良好的个性心理品质，勤俭节约、孝敬父母、诚实守信、遵纪守法。要从孩子的实际情况出发，根据孩子的特点来开发他的潜能，而不仅仅是提高学习成绩。父母在教育孩子中的角色定位上也需要转变观念，做孩子的知己，使孩子能够在一个健康和谐的家庭氛围中生活和成长。

5. 重视特殊儿童的家庭教育，促使城乡家庭教育统筹均衡发展。

随着特殊家庭数量的增多，要重视留守儿童、流动儿童家长学校的建设，提高这些家长教育子女的能力，要尽量为留守儿童、流动儿童创造良好的学习、生活环境，关注其身心的协调发展。对于特殊儿童要有更多的关注，特殊儿童不仅包括单亲、残障、智力低下的儿童，也包括智力超常的儿童以及留守、流动儿童和单亲子女，他们有特殊的需求，家长学校应注意满足这些需求，根据孩子在家和在校的表现，制定辅导孩子的策略，帮助家长促进孩子健康成长。家庭教育的全面协调发展是和谐社会建设的必然要求，要针对目前家庭教育地区发展、群体发展不平衡等问题，进一步加强研究，制定出相关政策法规，统筹规划，促进城乡家庭教育统筹协调均衡发展。还要积极创造条件，设立省市级工作重点项目，开展救助与支持，为全省的家庭教育提供有针对性的指导与服务。

五、中、西方家庭教育立法述评

纵观世界各个国家的家庭教育立法工作，发现支撑国民教育平台的三大形态中，现代的学校教育、社会教育都有法律的规范、科学的指导、现代技术的支持，而关于家庭教育的立法工作却远远落后于学校教育和社会教育。现如今，重视家庭教育立法已成为世界趋势。通过对中西方国家现有家庭教育立法的背景与现实基础、家庭教育内涵演变与立法思路进行总结，并分析当前我国家庭教育立法现状与困境，以期对我国家庭教育的科学化、专业化、规范化发展有些许启示。

1. 中西方家庭教育立法背景与现实基础

（1）教育权自由，西方"家庭教育运动"的兴起

当家庭教育在20世纪初于北美地区开始发展时，根据Kerckhoff的说法，家庭教育之兴起乃是因为当时的家庭在面对社会变迁时，产生了不适当的反应，而家庭教育早期的努力即试图改正这种不好的情况。20世纪六七十年代，家长们对公共教育日益不满，并纷纷寻求更多的选择进行适合自己孩子的教育，同时家长认为自己应该拥有选择和指导自己孩子教育的权利，兴起了家庭教育运动，这一运动在全球产生广泛影响。由于这一运动的兴起，美国各州以及加拿大等义务教育法令频频遭遇法庭诉讼，促使其政府进行基础教育改革，并推出了有利于家庭教育的立法。1974年，家庭教育隐私权法案（FERPA）通过与修订，本意为了改革学校教育弊端，促进机构与家长之间的交流，同时肯定了家长有教育孩子的责任与权利。1993年，美国各州父母自教自养的法案（HSLDA）在美国50个州均获通过，父母有对其子女的教育权利在法律上得到承认和保护。另外，家庭教育证书系统的设立，一系列相关支持家庭教育相关机构的设立，促进了美国家庭教育的发展。

另外，在欧洲许多国家也相继以法律形式确立了家庭教育的地位和作用，并制定了相关的法律和组织有关的机构支持家庭教育。如德国在《德国基本法》中规定照料和教育子女是父母的自然权利和首要义务，国家有权监督其履行情况；在法国，1998年通过的新法案规定了家庭教育的科目以及考察家庭教育的方式；在英国，有众多家庭教育联盟如"别样的教育"（Education Otherwise）、"教育之家"（Schoolhouse）和"家庭教育服务中心"（Home Education Advisory Service）等机构和团体为家庭教育提供支持和帮助。

（2）社会问题凸显，家庭文化与教育的复兴

20世纪五六十年代后，在东西方文化的交汇和碰撞下，使得东方传统的社会

结构和家庭结构发生了重大变化。由于西方民主、自由思潮的影响，不可避免地导致家庭结构的松散、父母权威的削弱、亲属关系的淡化、家庭教育功能的弱化等。由于父母沟通减少，亲子关系疏远，儿童由于缺乏良好的家庭教育和关爱产生了一系列问题，给社会与学校造成负担。家庭是青少年成长中的第一所学校，父母是青少年成长中的第一任教师，家庭对青少年成长的影响十分突出。社会问题的凸显，让人们认识到了家庭教育的重要性。在对未成年人犯罪的原因调查中，有研究表明其中87%的人是由于家庭结构不当或家庭教育缺陷造成的。

前苏联著名教育家安·谢·马卡连柯也曾说："现今的父母教育子女，就是缔造我国来来的历史，因而也是缔造世界的历史。"

因此，在如何融合东西方文化、振兴家庭教育方面，我国台湾地区掀起了家庭文化与教育复兴的热潮，家庭文化的重建和传统家庭教育的推行成为全岛上下共同努力的方向。利用传统文化强化亲子关系，改进教养方式，培养子女的良好品质，增强家庭教育功能，注重对子女"生而养"、"养而教"、"教而当"，促进了家庭教育立法的进一步完善和发展。2003年，我国台湾地区颁行了第一部系统的《家庭教育法》，并随后出台了《家庭教育法实施细则》、《家庭暴力防治法》、《防止儿童性交易条例》、《志愿服务法》、《志工伦理守则》等系列相关法律法规，引领着台湾地区家庭教育工作步入科学化、法制化、规范化的全新发展轨道。

2. 中西方家庭教育内涵演变与立法思路

（1）中西方家庭教育内涵演变

家庭教育日益受到重视，然而，什么是家庭教育？其内涵包括哪些方面？在对家庭教育的研究中，许多学者发现20世纪60年代以来，家庭教育内涵发生了重大的演变。

其中学者骆风在《简析当代家庭教育概念的演进》（2004）中综述了美国和我国众多研究和著作，认为当代家庭教育概念的演进及其重大意义主要表现在五方面：①从认为家庭教育就是家庭内部的私事，发展到家庭教育是关乎全社会的事情。②从认为家庭教育是一个封闭的系统，发展到家庭教育必须与学校教育、社会教育相联系和合作。③从认为家庭教育就是家长（父母大人）对于子女的教育，发展到家庭成员之间的互相教育和影响。④从认为家庭教育只是对学前孩子的教育，发展到终身教育，所有家庭成员在各个年龄段都受家庭教育。⑤从认为家庭教育的任务就是学习生活技能、处理家庭人际关系，发展到在各个方面促进家庭成员的身心健康和全面发展。

台湾地区学者劳贤贤在《家庭教育的内涵及其立法后之推展状况》（2007）中，从两个方面深刻论述了家庭教育内涵的演变：①以"场域"转为以"主题"为导向区分家庭教育内涵。即以前研究家庭教育传统上，将家庭教育定义为在家庭中的

第一章 现代家庭教育

教育，与学校教育和社会教育三足鼎立。后来演变为以"主题"区分家庭教育与学校教育和社会教育，即涉及家庭的主题而不是局限于家庭中实施，比如婚姻教育、亲子沟通等。②家庭教育的对象由强调父母对子女的单向教育和影响，扩展为"所有家庭成员"。因为涉及"所有家庭成员"，家庭教育不再仅仅涉及学前儿童，而扩展为终身教育。我国台湾地区 2003 年通过的《家庭教育法》第二条中明确规定："本法所称家庭教育，系指具有增进家人关系与家庭功能之各种教育活动。"

（2）中西方家庭教育立法思路

通常对家庭教育内涵的认识则深刻影响着家庭教育立法的理念与思路，甚至在某种意义上说，家庭教育内涵的认识决定了家庭教育立法的宗旨目的、教育主体与实施范围等。因此，正确认识当代家庭教育的内涵，是开展立法工作的重要前提。纵观家庭教育内涵的演变，我们可以看出当代家庭教育的内涵较传统家庭教育更为丰富。家庭教育变得既有私人性又有公共性，即家庭教育不仅仅是家庭问题，更是社会问题。家庭教育不再是家长可以随意处理的家务私事，而需要遵循一定的社会规范，因此家庭教育立法的必要性与迫切性势在必行。以下将结合当代家庭教育内涵，以 2003 年我国台湾地区通过的《家庭教育法》为例，对家庭教育的立法思路进行分析。

在家庭教育立法工作的宗旨目的上强调其家庭与社会意义。一方面，促进家庭教育的发展，提升家庭教育水平，提高社会成员的家庭生活知识和能力。另一方面，保障家庭成员身心健康和全面发展，促进家庭与社会安全与和谐。2003 年我国台湾地区通过的《家庭教育法》第一条指出"为增进国民家庭生活知能，健全国民身心发展，营造幸福家庭，以建祥和社会特制定本法"，充分肯定了家庭教育的家庭与社会价值，并将其上升为法律高度。

在家庭教育立法的内容与范围上，将家庭教育内涵构架为详细的主题，更有利于家庭教育法的实施和研究的深入有效。1997 年美国家庭关系会议（NCFR）在家庭教育的架构中包括了九大主题，即"社会中的家庭（Families in Society）"、"家庭动力（Internal Dynamics of Families）"、"人类发展（Human Growth and Development over the Life Span）"、"人类的性（Human Sexuality）"、"人际关系（Interpersonal Relationships）"、"家庭资源管理（Family Resource Management）"、"亲职教育（Parent Education and Guidance）"、"家庭法律与公共政策（Family Law and Public Policy）"、"伦理（Ethics）"。这一理念深刻影响了 2003 年台湾地区《家庭教育法》的实施范围。台湾地区吸取国际理念，并结合传统文化和当时"亲子关系疏远"的实际情况，其《家庭教育法》第二条规定的实施范围包括"亲职教育"、"子职教育"、"两性教育"、"婚姻教育"、"伦理教育"、"家庭资源与管理教育"。

在家庭教育立法主体问题上，明确规定家庭教育主体的权力、责任和义务。相对于传统家庭教育中所谓父母单方面对子女教育，当代家庭教育内涵扩展包括了全体社会成员。因此，做好家庭立法，提高家庭教育功能，需要动员全社会力量。一方面，需强化政府在促进家教事业发展中的责任，明确家庭教育主管部门及各相关部门的职责范围，使之能够责权明晰、分工合作、各司其职，提高家庭教育工作的绩效。另一方面，需要明晰优先推动家庭教育的对象。在台湾地区《家庭教育法》中，第三至第七条明确了家庭教育主管机关及其权责，第八至第十条明确了家庭教育的推展机构及人员进修事宜，第十一条明确了家庭教育推展方式，第十二条规定了家庭教育课程的制定与研发，第十三至十六条规定了优先推动家庭教育的对象，比如适婚男女的婚前教育，各级学校重大违规学生之家长等。

3. 我国家庭教育立法工作现状及启示

（1）我国家庭教育立法工作的现状与困境

现阶段，重视家庭教育已经成为世界趋势，在我国，关于家庭教育的立法也势在必行。王素蕾的《家庭教育需要立法》（2010）从现实必要性与法律必要性，论述了为了更好地发挥家庭教育的作用，需要建立起科学有效的法律机制。上海市妇联、上海家庭教育研究会的《家庭教育立法的探索》指出家庭教育与国家教育（公办教育）、社会教育（民办教育）一样，同是教育体制的三大支柱之一，对家庭教育进行立法也是有根据、合理的。姚建龙的《家庭教育立法的思考》中不仅论述了家庭教育立法的必要性与迫切性，并针对现有法律基础，提出制定地方性家庭教育法律条例的建议。

然而，当前针对我国家庭教育现状，我国家庭教育立法仍充满挑战。

在对家庭教育的内涵认识上，国民大多数还停留在传统的家庭教育内涵中。一方面提起家庭教育，很多人意识到的是家长对子女单方面的影响和教育，家庭教育属于私人领域，忽视了家庭教育的双向影响作用和社会联系；另一方面在家庭教育的内容中，侧重于家庭学习辅导，即在学习教育课堂之外，围绕知识学习给孩子"开小灶"，而忽视了家庭教育的其他主题，比如道德伦理，婚姻健康等。第三，家庭教育的教育对象局限于学前儿童，与学校教育与社会教育脱节，而没有认识到，家庭教育的对象是整个家庭成员，家庭教育是终身教育。因此，深刻认识家庭教育内涵，是当前立法工作展开的前提。

另外，随着社会生存压力的增大，职业妇女激增，父母与子女陪伴时间减少，亲子关系淡薄。外出务工人员增加，务工子女与留守儿童的家庭教育成为很多家长心有余而力不足的事情。家庭的教育责任推卸给学校，在应试教育大背景下，孩子的身体素质与心理素质受到挑战。家庭教育立法面临的不仅仅是家庭问题，而是一个社会问题。在家庭教育立法的宗旨和目的上，一些人大代表认为家庭教育立法是震慑那些有生无教的父母，还有一些人大代表则认为，家庭教育属于私人领域，立法工作更应倡导多于干涉，需要在大量调查研究的基础上，以谨慎、科学和理性的态度对家庭教育进行立法。

第三，在我国现有法律中，还没有一部系统的家庭教育法，但相关的规定早已零散地存在，如我国《宪法》第四十九条规定，"父母有抚养教育未成年子女的义务。"我国《教育法》第四十九条亦规定，"未成年人的父母或者其他监护人应当为其未成年子女或者其他被监护人受教育提供必要条件。未成年人的父母或者其他监护人应当配合学校及其他教育机构，对未成年子女或者其他被监护人进行教育。"还有婚姻法、未成年人保护法等涉及了家庭教育应有的内容，但家庭教育的责任主体没有明确。另外，我国相关法律中，对家庭教育更多强调义务而非权利。如何增强父母的家庭教育责任意识？有必要通过家庭教育立法使父母认识到自己不仅仅是教育权的义务主体，更是权利主体。

第四，随着2010年《全国家庭教育指导大纲》、《国家中长期教育改革和发展规划纲要（2010—2020）》的相继出台，我国各地开始推进家庭教育建设。然而家庭教育的社会支持系统中，如家庭教育机构的设置与人员培训，家庭教育课程的设置与研发，政府的引导与资金支持等仍需要发展和完善。

（2）启示与建议

①发挥政策法规的导向作用，提升家庭教育的社会价值。

随着社会的发展与进步，人们越来越认识到家庭教育是国民教育中不可或缺的重要一环。然而，在我国的教育体系立法工作中，学校教育与社会教育都有法律的规范、科学的指导、现代技术的支持，而家庭教育则几乎仍然停留在自然原始状态，缺乏科学指导。许多研究证明，好的家庭教育对提高家长家庭教育知能、提高家庭教育水平，促进孩子身心健康成长，降低社会犯罪概率有重要影响；同时，好的家庭教育导向，对传承传统文化、弘扬民族精神，推动社会文明与进步有不可替代的作用。

因此，加强家庭教育法律法规的规范与导向，不但有利于促进家庭教育向规范化、科学化方向发展，如家庭教育各个主体与机构权责明晰，家庭教育工作人员的管理与培育，推动家庭教育课程的研发及理论研究的深入，家庭教育市场的发展与成熟，家庭教育工作经费的投入与保障等，更有利于将社会健康价值观同家庭教育相结合，促进社会道德和伦理的健康、文明发展；有利于传承传统文化，弘扬民族精神，增强民族凝聚力并提升社会进步的重要推动力。

②发挥政府主导作用，深化认识家庭教育内涵。

纵观家庭教育内涵的演变历史，传统文化与当前凸显的社会问题是影响家庭教育内涵的重要因素，也是家庭教育立法工作开展的前提。在对家庭教育内涵的认识过程中，有些人观念滞留，仍停留在传统的家庭教育内涵与模式中，有些人则全盘西化，或者主张拿来主义。在传统文化价值观同西方价值观进行交汇与碰撞之期，如何学习国外先进经验，又能结合当今我国的实际国情，需要积极发挥政府的主导作用。

然而，这里政府的主导作用并非权力拍板、强制推行，而是倡导并支持社会各个机构沉淀研究我国当前的国情，并结合我国深厚的传统家庭文化，吸收国际理念，创新独特的家庭教育实施范围与内容。我们要学习同根同祖的台湾地区面临西方文化冲击时，结合自己现状进行的创新精神，而非简单的模式与推展方式。现如今，当前凸显的社会问题既有相似性又有特殊性，所以，家庭教育的对象既有一般性，即"所有家庭成员"，又具有家庭教育的特殊对象，如务工人员与子女家庭教育，留守儿童与监护人的家庭教育等。因此，在家庭教育的内涵认识中，需要发挥政府的引领和主导作用，倡导结合多学科和多元专业、多元机构的共同合作。

③遵循共同责任，建立家庭教育社会支持系统。

现如今，家庭教育不再是家庭内部的私事，而变成了关乎全社会的事情。家庭教育必须与学校教育、社会教育相联系和合作。家庭教育也需要多元学科和专业，如教育学、心理学、社会学、人类学、经济学、家政与法律等学科的参与；同时需要更多的机构共同合作，比如政府公共部门、学校教育机构、社会志愿服务机构、社区团体、社会私人企业等共同努力。因而，家庭教育法的核心内容是要建立政府教育部门主管、民间组织和社教机构广泛参与，学校、家庭、社区相互配合的组织管理运作体系。

然而在家庭教育立法的支持系统中，首先，发挥政府主导作用。李明舜认为，政府主导并非要求政府的公权力全面地介入家庭，包办家庭教育的一切，而是要解决家庭教育的政府支持问题，政府有责任为家庭教育提供必要的政策支持，有责任建立家庭教育组织支持系统，有责任规范有关家庭教育的社会活动，有责任纠正家教领域的违法活动；第二，应当提升家庭教育责任意识。父母要认识到自己不仅仅是教育权的义务主体，更是权利主体；第三，有一个规范化的家庭教育指导机构。帮助教育对象树立责任意识，提供方法指导，并提供平台解决教育中的疑惑，提高家庭教育指导的科学性与质量。

④以人为本，促进家庭与社会和谐发展。

在进行家庭教育立法工作时，应遵循以人为本的立法理念和原则。

首先，家庭教育的立法与实施方案应以个人和家庭的需求为基础。一方面，在主流价值观的引导下，呈现和尊重不同的家庭教育价值观。另一方面，也包含了社会保障福利的改善与提高，这涉及政府及社会机构资源支持。比如在北欧芬兰，政府和社会机构投入了大量资源保障家庭教育的实施。其中，芬兰政府有鼓励家长照顾孩子的制度，父母在家照顾儿童，政府给父母发放儿童照顾津贴，提供种种服务。另外，芬兰政府也制定法律提供优惠政策。1999年芬兰政府颁布儿童教育、照顾的施政计划，提出芬兰要成为一个知识、科技、专业、创新的社会，各部门应该协力合作帮助芬兰的父母，为孩子们提供一个完善的成长环境。

其次，因为家庭教育一定程度上属于私人领域，具有很强的私人行为的特殊性。因此，在家庭教育进行立法干预时，重引导而非强涉。其中我国台湾地区的《家庭教育法》中认为不应刻意追求强制性条款，可以规定一定的倡导性条款与原则性条款。这是因为，一方面，如果家庭教育法强制性条款规定得过多，很可能构成对私人权益的过度侵犯。这样不仅达不到教育的积极意义，反而可能造成民众对法律的抵触情绪，不利于教育改革的发展。另一方面，过强过细的法律条款不以个人和家庭的需求为基础，实施中会出现很多问题。

总之，在家庭教育立法工作与制定家庭教育方案时，应坚持以人为本的原则，不仅有利于更好地促进家庭教育向科学化、专业化、规范化发展，同时有利于促进家庭与社会的和谐发展。

本章小结

本章概述了现代家庭教育的含义、特点及家庭教育的作用，提出了家庭教育的原则和父母教养方式上的常见问题；探讨了家庭教育与幼儿园教育的关系，分析了两者的区别和联系；重点介绍了家庭教育调查研究的方法、结果与对策，以便学习者借鉴实践，学好本章知识技能对未来教师理解家庭教育、掌握幼儿保教的家园结合与调查研究的方法具有重要意义。

本章思考题

1. 论述现代家庭教育的特点和作用。
2. 论述家庭教育与幼儿园教育的关系。
3. 论述父母教养方式的问题与对策。
4. 写一份家庭教育研究综述。
5. 撰写家庭教育调查报告。

推荐阅读

1. 郑晓边. 现代幼儿心理保育与教育 [M]. 武汉：原武汉水利电力大学出版社，1999.

该书是中国学前教育研究会健康教育专业委员会的研究成果。全书分上、下两册，包含保教结合、心理卫生、一日生活、膳食保健、环境创设、教育过程、游戏活动、家园联系。全书以保教实例与专家点评为主体，500多篇实例精选自全国各地幼儿园教师的教育笔记。这些实例生动地记载了幼儿的成长过程，描述了孩子们面临的各种困难、原因和保教对策。全国40多位专家对实例逐一进行了点评，运用保教理论分析了实践工作中的问题，并提出了有前瞻意义的指导与建议。

2. 郑晓边，吴航. 幼儿园健康教育与活动设计［M］. 北京：高等教育出版社，2009.

该书是依据现代幼儿园课程设计理念和学前教育专业大专以上学生学习以及幼儿园教师职后培训的目标来撰写的专著教材，主要内容分别包括幼儿健康发展、幼儿园健康教育、幼儿园健康教育活动设计原理、幼儿园健康教育活动设计、幼儿园健康教育活动与其他教育活动的整合、幼儿园健康教育活动的实施等六章。作者们运用生物—心理—社会医学模式的观念，对现代幼儿园健康教育与活动设计进行了系统、翔实的论述，从宏观到微观，从理论到实践，力求内容丰富、层次分明、结构合理，使本书不仅适合学前教育专业的本、专科生和中专生作通用教材，也适合学前专业工作者研究和幼儿教师职后教育培训参考。

本章参考文献

曹玉兰. 关于家、园、社区教育资源整合研究的几点思考［J］. 扬州教育学院学报，2007（4）.

陈凤. 芬兰的家庭教育［J］. 家长学校，2007（22）：21-22.

段成荣，杨舸. 我国农村留守儿童状况研究［J］. 人口研究，2008（3）.

段成荣，周福林. 我国留守儿童状况研究［J］. 人口研究，2005（1）.

范先佐. 农村"留守儿童"教育面临的问题及对策［J］. 国家教育行政学院学报，2005（7）.

教育部教师工作司. 教师教育课程标准［S］. 北京：北京师范大学出版社，2013.

教育部教师工作司. 幼儿园教师专业标准［S］. 北京：北京师范大学出版社，2013.

劳贤贤. 家庭教育的内涵及其立法后之推展状况［J］. 台湾研习资讯，2007：111-118.

李明舜. 家庭教育立法的理念与思路［J］. 中国妇运，2011（1）：22-25.

李生兰. 幼儿园与家庭、社区、合作共育的研究［M］. 上海：华东师范大学出版社，2003：206.

陈颖. 美国各州家庭学校立法情况比较［J］. 世界教育信息，2008（1）：61-64.

刘国辉. 欧美家庭学习立法研究［J］. 基础教育参考，2005（4）：19-22.

骆风. 简析当代家庭教育概念的演进［J］. 学前教育研究，2004（11）：17-18.

骆风. 20世纪90年代以来我国家庭教育研究进展述评［J］. 教育理论与实践，2005（5）：51-55.

吕红. 我国家庭教育权实施的困境及成因［J］. 安徽电子信息职业技术学院学报，2007（2）：42-43，63.

沈蓓绯. 台湾地区《家庭教育法》的内涵及实务推展模式［J］. 教育发展研究，2010（23）：57-62.

孙德玉. 传统文化影响下的台湾家庭教育［J］. 安徽师范大学学报（人文社会科学版），2002（5）：361-364.

王东宇，王丽芬. 影响中学留守孩心理健康的家庭因素研究［J］. 心理科学，2005（2）.

王素蕾. 家庭教育需要立法［J］. 江苏教育学院学报（社会科学），2010（5）：31-32.

熊少严. 关于家庭教育立法问题的若干思考［J］. 教育学术月刊，2010（4）：46-49.

徐建，姚建龙. 家庭教育立法的思考［J］. 当代青年研究，2004（5）：24-28.

张艳国，胡盛仪，周小霞. 农村留守儿童社会教育的发展趋势研究［J］. 湖北行政学院学报，2009（3）.

张宇莲. 台湾的家庭教育［J］. 深圳教育学院学报，2000（1）：35-39.

郑晓边. 学校心理辅导实务［M］. 北京：人民卫生出版社，2011.

郑晓边. 心灵互动——学习、生活、择业、家庭辅导手记［M］. 武汉：华中师范大学出版社，2004.

中华人民共和国教育部. 中小学心理健康教育指导纲要［M］. 北京：人民教育出版社，2001，8（1）.

邹强. 中国当代家庭教育变迁研究［D］. 博士论文，2008，9.

Epstein J, Sanders M, et al. *School, family, and community partnerships: your handbook for action* ［M］. Thousand Oaks, CA: Corwin Press, 2002: 8-23.

Gestwicki, C. *Home, school and community relations* ［M］. New York: Delmar,

1992.

Goldenberg, I., Goldenberg, H. *Family therapy: An overview* (3rd ed.) [M]. California: Brooks/Cole, 1991.

Goldman, Linda. *Raising our children to be resilient: a guide to helping children cope with trauma in today's world* [M]. Hove; New York: Brunner-Routledge, 2005.

第二章　社区教育发展

学习目标

1. 本章导读：通过本章学习，未来的幼儿教师要熟悉社区教育的特点和措施，了解社区学前教育存在的问题和对策，掌握幼儿园与社区的教育互动途径，还要通过社区教育实践，了解社区资源开发与利用，优化社区教育环境。
2. 教学重难点：幼儿园与社区的教育互动途径，社区资源开发与利用。
3. 教学课时：教学6课时，实习2课时。

社区教育是一种教育的组织形式，是依照社区建设发展及社区居民的需求，充分、有效地利用社区的教育资源来组织、实施各级各类的教育。社区教育的根本目的是以各种教育方式、多种教育手段提高国民的素质。未来幼儿教师学习社区教育的理论与方法，对职场生涯发展有重要意义。

第一节　社区学前教育

社区教育是实现终身教育、构造学习型社会的基础，发达的社区教育已成为一个国家教育现代化水平的重要标志之一。社区教育越来越受到社会的重视和人民群众的好评，源自它多方面的功能对社区发展具有极大的推动作用。

一、社区教育的特点

1. 为社区的建设、发展服务。社区教育不同于学校和幼儿园教育，它是一种社会教育。社区教育是为解决社区面临的许多社区问题而组织、实施的，是为社区的建设、发展服务的。社区的需求决定了社区教育的内容和形式。
2. 全民参与、资源共享。所谓全民参与，首先是社区内开展的各项有益的教

育活动需要全体居民共同参与，社区居民都可以按照自己的意愿，要求参加多种教育活动；其次是社区居民既是受教育者，又是社区教育的管理者，他们可以对社区教育的政策、计划、活动提出意见，可以选派代表参与社区教育的决策。因此，社区教育也是一种自我教育、自我管理的活动。资源共享就是社区内的所有学校、文化体育、娱乐设施都向社区的全体居民开放，以有偿或无偿的方式让大家使用。

3. 非传统的学校教育。社区教育大多数是非正规的教育。社区教育是一种服务，没有什么严格的规定、界限，社区的多种教育机构、设施都可依据实际的需要举办多种教育，学习的内容、形式没有规定、没有要求，是最大限度地满足社区及社区居民学习需求的大众化教育。

4. 是实现终身教育和建立学习型社会的途径。终身教育要求将教育实施于人生的始终，活到老，学到老，终身学习。学习化社会要求社会的每个成员都可以按照自己的意愿选择学习的内容、方式，都可以随时随地学习，整个社会就是一个大课堂。社区教育有效地将人们组织成一个学习集体，有效地为社会成员提供了多种教育，将家庭、学校及社区连为一体，形成一个生活、学习的社会环境，所以社区教育是实现终身教育、建立学习型社会的一种途径。

二、社区教育的实施措施

社区教育的实施，应当观念先行，树立起新的社会化大教育观：教育不仅是政府的职能，同时也需要整个社会的共同参与，需要政府与群众团体和民间组织的协商合作，共同寻找解决社区问题，提高社区居民生活质量的教育措施。

1. 健全规章制度，加强社区教育协作。首先，建立以政府为主导的社区教育协调机制，健全开展和保障社区教育的规章制度及激励措施，使社区教育走上规范化、制度化、法制化的良性轨道；其次，将社区教育纳入当地社会发展的规划，明确责任，建立社区教育会议制度，经常商讨社区教育的进展情况和存在的问题；第三，加强不同社区教育之间的沟通、交流和协作，做到知识与经验共享，在全社会营造出良好的社区教育氛围。

2. 整合教育资源，建立社区教育网络。社区教育有着丰富的资源，它们实质上是为社区居民提供多样化的"学习资源"。社区教育资源并不局限于各种专门机构或各级各类学校，许多非学校化的社区机构也具有"教育"功能，如医院和公园不仅是医疗和休闲场所，而且是健康和生态教育场所。整合社区的教育资源，建立社区教育网络，首先，要求传统学校幼儿园向社会开放，促使学校的教育资源为社区所共享，同时加强各种教育机构之间的沟通，构建全方位的社区学校网络；其次，要求创建适合社区学习需求的新型社区学校或固定的教育场所，为社区居民多样化的生活需要提供教育服务；第三，要求开发各种社区公共场所的教育功能，使之不仅提供传统的服务，同时充满着知识气息的审美价值；第四，要求社区教育不局限于本社区，要通过借鉴、合作和对话促使社区教育与外部教育密切地沟通与交流。

3. 注重全民参与，确立社区教育特色。社区教育是全民教育，应当充分发挥社区居民的积极性，调动人们的参与热情。全民参与的社区教育扩大了人们的交往空间，促进了居民之间的对话与合作，无形之中提高了对社区的"乡土情感"和彼此的认同意识，有助于社区居民"学会共同生活"。实现全民参与，必须确立社区教育的特色，尤其对社区教育的组织者和课程设计提出了更高的要求。首先，社区教育的形式应当多样化，了解不同年龄人群参与社区教育的动机，设计灵活的教育方案，使儿童、青年和老年都找到喜欢并乐意接受的教育方式；其次，社区教育课堂应多元化，满足居民多元化的教育与学习需求，不仅体现职业关怀，而且体现生存关怀；第三，社区教育是一种有着"社区个性"的教育，因此应当体现本社区的社会历史文化特色，展示社区发展的精神风采，成为社区精神文明建设的重要渠道。

4. 围绕社区发展，提高社区教育实效。社区教育的目的和追求在于为社会发展提供教育支持。以"发展"为导向推进社区教育，必须增强社区教育的实效性。首先，社区教育的开展要从大处着眼而又于细微处行动，使社区教育工作成为居民感受得到的有意义的社会事业；其次，关注社区生活中存在的问题，有所选择地、有重点地开展一些具有现实意义的教育活动；第三，社区教育成效最终的评价者是社区居民，因此要面向居民需求，赢得居民的认可，吸纳居民参与，这样的社区教育才能够可持续地发展下去。

发展社区教育，构筑终身教育体系，创建学习型社会，是教育发展的新趋势、新任务，是一项全社会的系统工程，未来幼儿教师要主动参与其中，做好幼儿园与社区的工作连接，坚持以人为本，从思想观念上与时俱进，在工作中开拓进取，因势利导，扎实做好社区教育工作，为打造终身教育体系和创建学习型社会营造良好的社会氛围。

三、社区学前教育存在的问题

随着我国教育事业的不断发展，社区学前教育也受到了更多的关注，《幼儿园教育指导纲要》提出："幼儿园应与家庭、社区密切合作，与小学相互衔接，综合利用各种教育资源，共同为幼儿的发展创造一个良好的条件。"

社区是生活在一定区域的人们所共同构成的生活体，而社区教育就是以地区为基本单位，对居民进行各种广泛的教育活动，社区学前教育则是重点在社区内发展全体幼儿的相关事业，将幼儿、幼儿家长、幼教老师整合在一起，充分发挥各自的积极性，为学前教育创造一个良好的社区环境。

社区学前教育以地域性为基本特征，其对象不仅限于机构中的幼儿，而且扩大到社区内从出生至学前阶段的全体幼儿，还包括他们的家长及社区全体成员，其主要目的在于提高社区成员的素质和生活质量，发展社区。因此，社区学前教育不应该仅仅局限于传统的幼儿园机构，而是应该扩散到整个大社区，充分利用社区的各种资源，向家长普及幼儿知识，为幼儿创造学习环境。

社区学前教育存在的问题有：①

1. 区域发展失衡。目前，传统的社区教育在沿海等经济发达城市已经初具规模，如北京、上海等地都不再以 0~3 岁幼儿的教育划分，而是以儿童的发展为中心，全区构建社会一体化，用实践去检验管理模式，成功后进行广泛推广。但是在大部分的内陆及偏远地区，学前教育的体系都尚未建立，社区学前教育的区域性十分明显，即使是在同一城市的不同社区，其发展和建设情况都有差别，这样在组织和管理的时候就会出现矛盾，需要解决。

2. 内部管理和运行机制的缺陷。社区教育管理缺乏一个专门的领导机构，由于各个教育相关机构的职权有限，分工又不明确，导致双方的信息不交流，各种教育资源无法得到有效的整合，社区教育的科学发展也受到了严重的阻碍。

3. 社区教育发展的资源有限。社区教育中有显性社会资源和隐性社会资源，显性资源是社区中的固定资产、金钱财力等资源，而隐性资源则是一个社区的文化内聚力和社区教育中人与人的关系，社区教育处于一个供不应求的阶段，资源的相对稀缺性导致了无法照顾到每一个社区居民的需求，使得了社区教育无法充分全面地开展，我国大多数社区教育的经费都是由政府拨款，每年的财政教育经费大部分都用在了教师的工资发放方面，余下的给社区教育的拨款少之又少，发展资金严重缺乏。

四、社区学前教育的对策

1. 探索资源共享的途径。社区在探索资源时，要先对社区本身有一个充分的了解，仔细挖掘出社区内对学前发展有用的教育资源，比如学校、花园、广场，以便为日后的学前教育活动提供必要的场所，如果该社区有一定的人文气息，就更要

---

① 肖鸣. 社区幼儿教育初探 [J]. 新课程研究（学前教育），2012（3）.

注意加以利用，例如社区处于大学附近，就可以组织幼儿和家长参观大学校园，感受文化气息，让其受到校园文化的感染，有条件的社区还可以组织幼儿开展英语角、游泳比赛来丰富幼儿的业余生活，这些学前教育的活动都少不了家长的积极参与，社区可以通过和家长的沟通来挖掘出更多的教育资源，使其为社区的学前教育尽一份力，达到教育资源的最优化。

2. 吸收各种形式的经济支持。由于社区学前教育是社会公益事业，它的公益性就决定其要得到各种企业、组织甚至是个人在资金上的帮助，社区学前教育要多元化地寻求资金的解决，但是政府机构的投入还是主要的、稳定的途径，社区学前教育机构要严格监督由政府拨款下来的教育资金，在资金到位后要加强财务管理，杜绝任何贪污、浪费行为，合理用好教育资金，提高社区的文化建设，良好的社区文化氛围能够让家长和幼儿之间的交流更加方便，更容易发展亲子关系，这些对当下社区学前教育的发展都是必要的。

3. 社区学前教育应有地方特色。各社区学前教育在发展的同时更要注意灵活利用地域文化，对当地的学前教育要因地制宜；如果当地的自然地理资源丰富，就可以开展学前教育自然专题活动，在社区内成立社区教育组委会，有利于促进社区内各种形式教育的相互支持和补充，社区教育一定要树立起整体的意识，要在教育总的宗旨指导下，集中与分散结合，集体和个人结合起来，使各种教育都能做到互补，以灵活多变的形式表现出来，增强其凝聚力。还要提高社区人员的综合素质，进一步加强社区精神文明建设，充分地了解到社区学前教育的重要性后，才能采取各种方法，研究和建立最适合自己的管理体制，走出一条社区学前教育的新路。

第二节　幼儿园与社区的教育互动

幼儿园与社区之间的教育互动是指幼儿园与社区双方的相互了解、相互联系、相互要求、相互支持与合作的一种紧密的教育关系。随着现代社会的发展，日趋社区化的进程，幼儿园已成为社区内的一个有机成员，幼儿园的生存与发展既明确地是为社区全体成员服务的，又明显地受社区内全体成员及其环境的影响。尤其是社区内的人力、物力及文化环境等已成为幼儿园教育的重要资源，对这一资源的认识和合理利用将对幼儿教育的进步以及幼儿园自身的生存与持续发展产生重要作用；另一方面，社区内全体成员也因幼儿教育及其向社区开放而充满生机与活力，并受到开放了的幼儿园先进教育理念的积极推动和辐射。这体现了当代幼儿园教育开放性的特点，幼儿园在主动向社区开放的过程必须取得社区的积极支持与配合，与社区形成积极健康的教育互动关系，才能取得良好效果。①

一、普及教育互动理念

1. 在社区中树立正确的育儿观

幼儿园是社区的一个组成部分，是社区的小环境。幼儿园内优美的环境，良好的师资素质，活泼可爱、讲文明、懂礼貌的孩子都可以成为社区精神文明的标志。幼儿园要善于抓住各种机会展示宣传自身的独特风采，展现优质的教育成果，表达实施一流保教的办园理念，加深和强化幼儿园在社区中良好的形象，提高社区对幼儿园的关注，才能为园区良性互动奠定扎实的认知基础。幼儿园要有意识地向社会广泛宣传幼儿教育的重要性、幼儿园的性质、任务、培养目标、各项行为准则等，不断加深社区各单位对当今幼教改革的认识和理解，树立正确的儿童观、教育观，增强社区服务教育的意识，只有这样，社区才能更好地配合幼儿园，共同促进孩子的健康成长。

2. 树立互利互惠式的教育互动观念

幼儿园在与社区互动时除了充分利用社区资源，为幼儿园教育服务外，还应充分发挥自身的优势和教育辐射作用为社区服务，即在互利的前提下展开互动，互动才更有效。社区内广泛丰富的教育资源对幼儿的发展具有独特的教育意义，幼儿园要冲破自我封闭的教育格局，大胆地走出去，充分挖掘和利用社区中的多元教育资源，把社区作为课程改革的实践阵地，让幼儿融入社区这个大环境中与之互动，与社区中的人和物充分接触，了解成人的劳动，社会的分工与合作，才能增进幼儿对自身、他人、社会的理解，使幼儿在经历、尝试、发现、学习中获得生活经验和社会经验，提高幼儿各方面的能力，同时也促进幼儿园教育的改革与发展。幼儿园平时要主动深入社区了解各单位资源，面向现实，合理满足社区需求，树立幼儿园与社区之间互惠互利双向服务的互动观念。

二、促进教育互动制度化

实现幼儿园与社区教育互动，双向服务，同步发展，需要强有力的制度保障，才能使园区互动行为由被动任务式向积极主动式转变。幼儿园应从实际出发，主动

---

① 陈奋铮. 幼儿园与社区之间教育良性互动初探 [J/OL]. 中国科教创新导刊，2010-04-06.

出击，与社区各单位建立健全几项切实可行的互动制度。

1. 组成互动联络机构

建立以社区妇委牵头，幼儿园配合，社区各单位参与的"社区幼儿教育委员会"，商讨确定委员会的目标、职责、成员具体分工，同时指派几位热心的群众当联络员，使社区幼儿教育委员会成为沟通幼儿园与社区间的桥梁。

2. 建立互动例会制度

社区幼儿教育委员会每学期可召开几次例会，让社区了解幼儿园本学期的工作目标，研究确定本学期幼儿园与社区互动的计划，与各单位联系的时间、次数、方案，并具体布置工作，期末进行总结，听取幼儿园与社区互动工作汇报，肯定并感谢社区为幼儿教育做出的努力，同时听取各单位建议，提出下学期的合作方向。

3. 确定互动内容形式

幼儿园内部可利用自身的优势发挥教育辐射作用，定期为社区提供幼教信息，定期向社区开放幼儿园教育活动，定期与社区开展联谊活动，积极送教入户，为社区提供招生优惠政策等，幼儿园为社区提供的多种服务可形成幼儿园与社区互动的制度与条款，向社区公布，赢得社区的赞许与支持，从而有效地开展互动。同时，幼儿园可与社区签订合作的条款，在幼儿园为社区提供便利的前提下，要求社区各单位义务为幼儿园教育提供帮助，如开辟社区幼儿天地，提供宣传幼教信息的场地，协助幼儿园做好管理，开通联络电话，定期向幼儿开放参观地点等。

三、增强教育互动效果

要主动开发拓宽幼儿园与社区合作的多种途径，更好地在社区中发挥园所的服务和教育功能，建立园区开放合作、资源共享的互动内容，拓展幼儿园教育的深度和广度，促进幼儿园的长远发展。

1. 开放幼儿园教育资源为社区服务

幼儿园内有较完善的基础设施，可以充分利用本园的教育资源，实行与社区资源的共享，为社区居民与儿童提供更多的教育与服务，这既能提高社区居民对幼儿教育的重视与合作程度，也能为幼儿园自身争取到充足的后备生源，可以有以下几种形式：①每周固定向社区开放园所户外场地及玩具。②组织社区散居幼儿有目的、有计划地进行一些教育活动或游戏活动。③幼儿园结合节日开展的六一庆祝会、运动会、迎新会等可向社区开放。④为社区居委会及一些社区单位提供会议、参观的场所。⑤开展一些与社区互动的活动，如：玩具交流日、自制玩具展卖日等。以上这些活动，可增进与社区居民的联系，扩大受益范围，使幼儿园充满生机和活力。

2. 利用社区教育资源为幼儿园的教育服务

社区内具有丰富的教育资源，幼儿园要善于运用多种方式与之互动，为教育教学服务。①参观：通过直接接触社区内的事物，提高幼儿的感性认识，如参观超市、小学、图书馆等。②上门访谈：通过与社区内人员的语言交流，培养幼儿的口语表达能力和社会交往能力。③邀请社区人员来园配合教育：幼儿园要善于利用社区各单位人员的职业优势与兴趣优势来充实教育的力量，如邀请社区医务人员进班为幼儿说说"为啥生病，生病了怎么办？"请社区警务人员对幼儿进行安全教育、交通知识教育等。④实践活动：带领幼儿到社区中实践，在实践中增长眼界，丰富生活经验，如为社区公共场所捡纸屑、参加社区的喜庆表演活动等。⑤信件电话交往：幼儿园可以通过信件、电话与社区各单位交流，互通需求、互寄本单位的资料、图片，为教育提供物质服务。

3. 与社区合作开展社区文化活动

幼儿园要发挥其社区教育功能，还可以把幼儿园的活动与社区活动有机地结合起来，同时促进幼儿素质和社区精神文明的开展。社区拥有场地、布景、安全保障等有利的资源，幼儿园则有高素质的教师队伍和丰富多彩的幼儿歌舞节目，若实现合作互动，可资源共享，既能丰富活动形式和内容，节省社区人力、财力、物力，又可扩大幼儿园的影响。可以积极协助社区开展各种力所能及的活动，如六一儿童节，组织幼儿到社区文化广场表演节目，结合小区环保教育，让幼儿认领社区内的小树苗浇水、拔草，五一劳动节时配合社区带上自制的鲜花慰问劳动工作者等。

4. 在社区内设立幼儿教育互动阵地

幼儿园与社区建立了互动网络，可以将幼儿家长学校延伸到社区中进行，利用幼儿园专业人才优势，在社区中定点设立幼教阵地，积极组织教师在更大范围内开办家教知识讲座，进行科学育儿的宣传；开办幼儿教育咨询处，解答社区居民关于幼儿教育的困惑与难题；布置幼教宣传栏、黑板报，张贴早期教育的相关内容；配置一些育儿方面的书籍，丰富幼儿园网站中的育儿知识栏，为社区提供幼教信息服务；开展育儿知识讨论赛、辩论赛；利用双休日送教入户等，带给社区居民最新的育儿理念，使育儿知识的学习成为社区居民闲暇活动的中心。

家园协同、双管齐下[①]

每天中午午睡，海海很早就醒来了，嚷着要小便，我让他起床小便。可是他小便后才躺下 10 分钟左右又吵嚷着要小便，全然不顾其他孩子都在睡觉。就这样，起床、小便、躺下，又起床小便，小便时要么站了半天才滴了几滴，要么根本就没有。有几次，我故意装着没听见他的叫唤。他的声音由轻到响，脸憋得通红，两脚在床上直蹬，我只得走近他，他告诉我，他马上就要尿在裤子里了，可真的让他去小便，他又没有尿出来。

记得上幼儿园的头一天，妈妈把海海送来后就走了，海海哭了老半天。以后每天早晨，都是妈妈和小保姆把海海送到幼儿园来的。而海海总是缠住她俩，不让她们走，或者千叮万嘱地要她们下午早点接他回家。进小三班已经好几个星期了，可他还不愿意与同伴一块玩，更不愿见到陌生人或者到陌生环境中去。有一次，大班的孩子邀请小班的孩子们去玩，还拿出了许多好吃好玩的东西给弟弟妹妹，孩子们都玩得很开心，唯独海海却吵着要回自己的活动室。他不愿在陌生的地方与陌生人玩。

我从海海的妈妈口中得知，海海在家里从来没有频繁小便的现象，而且与家人相处得还很不错，能说会道的，性格还很活泼。我把海海在幼儿园的情况告诉了他的妈妈，并提出几点建议。她惊讶之余，赞同了我的建议，那就是家庭和幼儿园相互配合，共同努力改变海海的这些行为问题。

通过家庭访问，我了解了海海的一些家庭背景。海海的爸爸妈妈年龄都很大，工作也很忙。他的爸爸是厂长，经常出差，海海从小由妈妈和小保姆带养长大。海海是个早产儿，体弱多病，由于是父母结婚 8 年才生下的宝贝儿子，他备受父母宠爱，被捧在手里百般照料，从来没有离开过家一步，每当生病时，他更受到周全的照顾。我以为，海海在幼儿园所表现出来的种种不适应行为是与他的家庭生活和教育分不开的，在这种过分宠爱，一切包办代替的家庭中长大的孩子，一旦离开了他依赖的环境，就会产生心理紧张，不能适应集体的生活。

[①] 郑晓边. 现代幼儿心理保育与教育（下）[M]. 武汉：原武汉水利电力大学出版社，1999：479-482.

海海的妈妈非常配合我的工作，按照家、园双方共同商定的"条例"，她与家庭其他成员坚持在家中做到以下几点：①坚持每天送海海上幼儿园来，不无故缺席。利用一切机会告诉海海，到幼儿园去是孩子最高兴的事。②带领海海走出家庭，经常接触陌生人和陌生环境，使海海能多参与社会生活。③在家庭中故意设置一些需要解决的问题，让海海自己动手动脑尝试去解决。④对海海在陌生环境中所表现的任何微小进步都加以鼓励和表扬。⑤减少妈妈和小保姆对海海"无微不至"的照顾，增加爸爸与海海进行交流的时间，特别注意让爸爸与海海经常一起玩游戏。

我对海海的教育和帮助可谓十分投入。每天早晨，我总是站立在幼儿园大门口热情地等待海海的到来，把他接到活动室，同他一起玩，使他的注意力不再集中在妈妈和小保姆身上。在活动中，我总把海海带在身边，并让其他的孩子邀请他一块游戏。在幼儿园生活中，我给予海海更多的关心，对他照顾得更加周到，使他体会到我就像他自己的妈妈一样。每天午睡醒来时，海海一提出要小便，我就耐心地与他商量："我们再等几分钟好吗？""再坚持一会儿怎么样？"然后我就同海海轻轻地谈话，用手抚摸他的头部和躯干，让他放松情绪，分散注意力。只要海海比以前有所进步，我就给予表扬和鼓励。

家、园合作，双管齐下，几个月以后，海海的行为改变了许多。海海午睡时小便的次数逐渐减少了，小便间隔的时间愈来愈长，最终不再起床小便了。更可喜的是，他喜欢上了幼儿园，喜欢上了老师和同伴，看到陌生人，神情也不再那么紧张了。

（柏慧瑾，上海市实验幼儿园）

专家点评

孩子的小便频繁，排除生理疾病因素外，主要受精神紧张因素的影响。作者是位称职的教育者，她注意到孩子在家在园表现上的差异，从孩子的入园适应训练入手，并与家长商定几条"家教条例"，这种看得见、摸得着的矫治方案优于临床医生的处方，便于广大保教人员的学习与推广。

实际生活中，孩子们出现的一些生理症状如尿频、腹痛、睡眠不安、便秘等有时并不是器官、组织出了毛病，而是一类心身症状，即由心理紧张因素导致的躯体功能的暂时改变。对心理症状实施药物治疗只是"隔靴搔痒"，必须寻找真正的致病元凶——心理紧张刺激。上述作者就是根据这一思路，找到尿频的真正原因在于家庭的过分宠爱与包办，导致孩子的分离焦虑和入园症状。由此看来，基层的教师更需要学习一些家园结合、身心保健的知识与技巧，才能更好地做好幼儿的保教工作。

（郑晓边）

第三节　社区资源开发与利用

未来幼儿教师应该关心社区资源的开发与利用。社会环境是教育孩子的广阔天地。社会风气、社会文化、社会舆论和社会宣传工具，时时处处都在对孩子起着潜移默化的作用。因此，努力争取社会，尤其是社区的积极配合、互相协调，给孩子一片心灵的沃土，对培养孩子们丰富的知识和良好的心理品质有着不可忽视的作用。

一、认识社区资源的作用

1. 提高幼儿的社会适应能力

幼儿的成长过程就是由"自然人"成长成为"社会人"的过程，在社区中，家长以"小手牵大手、大手扶小手、小手拉小手"的社区亲子互动形式，提供给独生子女们足够与小伙伴接触、玩耍的机会，让幼儿学会分享、等待、合作等必需的社会交往能力，让孩子在不知不觉中掌握社交技能。

2. 丰富幼儿的知识

无论家长的知识有多么丰富、教育观念多么科学，无论家长把孩子送到多么高级、优质的幼儿园，孩子都不能在家庭和幼儿园获得足够丰富的知识；家长只有充分利用社区资源，把孩子带进大自然、人群中，让孩子在自然和社会两个大学校中，与小朋友密切接触，才能提供给孩子足够的知识。

3. 增强幼儿的运动能力

幼儿期是孩子大小肌肉发育、身体协调性发展的重要时期，需要充分的运动，而目前我国无论家庭还是幼儿园的室外活动场地都比较小，大型运动器械也比较少，许多社区的公园中都有免费又比较宽阔的儿童游戏场地和丰富的运动器械，家长可以充分利用这些免费的社区资源，让孩子有成长发育必需的运动场地和机会。

4. 培养幼儿的民族精神

在信息化浪潮将全球经济融为一体的全球化背景下，文化的交流、文化的碰撞、传统文化的传承、民族精神的传递，显得比过去任何时候都引人注目。家长可以在传统节日里利用社区资源抓住教育的契机，比如元宵节可以带孩子赏花灯、猜灯谜，春节利用社区浓厚的节日气氛让幼儿体验祖国的传统文化，从小培养孩子的民族精神。也可以通过参观敬老院、疗养院培养孩子尊老爱幼、与人为善、助人为乐等良好的传统道德。

二、开发与利用社区教育资源的要求与原则

1. 全面利用社区资源

社区的教育资源分有形和无形两种，有形的教育资源包括人力、物力、财力、信息、组织等；无形的教育资源包括社区意识、社区归属感、良好的社区氛围、社区互助的伦理规范等。还有人把社区教育资源分为三大类：自然物质资源、社会物质资源和人力资源。社区的自然物质资源是指社区中的山川河流、动植物等，自然存在于家庭的生活环境中，构成家庭存在的自然背景；社区的社会物质资源包括社区的物质设施与服务机构，具有一定的社会性，包括农贸市场、楼房、街道、建筑工地、超市、医院、银行、图书馆、少年宫、敬老院等这些是与家庭经常发生联系的社会机构或社会设施，构成幼儿成长的社会物质背景；社区中的人力资源是指具有某种专业知识、技能的个人或组织，能为幼儿传授或提供某一种专业技能知识。幼儿教师应协助家长通盘考虑，充分、合理地运用社区资源，把社区中的普通事物转化为幼儿的学习内容、学习材料或学习环境，对幼儿进行教育。

2. 整合社区资源的优势

社区教育是一个大的教育系统，其中既包括正规教育机构，也包括非正规的教育机构（如社区图书馆、文化馆以及其他的教育基地等）和非正式教育机构，家长在利用开发社区教育资源时，要主动与掌握优势资源的单位进行联系，以增强家庭教育的效果。比如，现在许多大城市的社区都建有社区图书馆，并根据少儿好动、兴趣转移快等特点，专门为儿童设置了陈列趣味性较高、安全性比较好的少儿阅览室，家长可以在休息日带幼儿来阅读，开阔幼儿的视野，培养孩子的阅读兴趣，使孩子初步掌握利用图书馆的能力，为孩子今后的学习打下良好的基础。

3. 充分体现社区资源的特色

不同的社区在教育资源上有不同的特色，在城市中心的社区往往有更多的商场、超市、展览馆、博物馆、图书馆等文化财产，而居住在郊区的家庭，则可以更多地接近农村，让孩子了解自然风光等。在开发社区教育资源上，家长要从社区的实际出发，依靠社区，因地制宜地运用社区资源，发挥有利因素，转化不利因素，让社区资源充分发挥作用，促进幼儿的全面发展。

4. 充分发挥家长资源的价值

家长自身的知识和技能也是社区教育的重要资源。幼儿教师帮助家长们组建"社区家庭友好互助小组"，即在同一社区里，根据家庭居住条件的大小、家庭结构的不同、家长职业的差别、家长学历的高低以及幼儿的年龄大小和性别的不同，本着自觉、自愿的原则，成立小组，经过民主协商推选出一位组长，大家群策群力，拟订小组活动计划，开展各种活动，让幼儿在休息日、节假日也能与小朋友们一起欢快地游戏、学习。

5. 利用社区教育资源的原则

（1）便利性原则。幼儿教师指导家长在选择资源时，要考虑幼儿的年龄特点，孩子的年龄比较小，与之相适应的活动范围也就受到了限制。因此，要选择孩子能够方便接触又安全卫生的资源，比如说同样类型的教育活动，应选择离家最近的场所。

（2）体验性原则。利用社区教育资源对幼儿进行教育时，由于幼儿是在自己非常熟悉的环境中学习，活动中的许多事物都是幼儿在生活中接触过，比较熟悉的，因此幼儿教师应指导家长有意识地在幼儿已有生活经验的基础上，丰富幼儿的体验。

（3）生活化原则。选择教育资源时，应与幼儿的现实生活密切联系、息息相关。比如，指导家长带领大班幼儿去参观社区内的小学，就可使孩子对学校产生一定的感性认识，可以帮助孩子顺利地实现从幼儿园到小学的过渡。指导家长带孩子到图书馆、医院、银行等社会机构，可以让孩子在体验中学到社会知识，懂得社会规则。

（4）灵活性原则。家庭教育的一个优点就是：随时随地，无所不在。因此，指导家长在日常生活中灵活运用社区的教育资源。比如，孩子生病，家长陪孩子去医院，家长就可以一边请医生给孩子看病，一边请医生讲解，这样既可以分散孩子的注意力，减轻孩子的痛苦感，又可以丰富孩子玩过家家游戏中的游戏情节，规范他们的游戏规则。

（5）趣味性原则。所选社区教育资源本身应具备吸引幼儿的因素，能够激发幼儿的强烈兴趣。比如去超市购物，让孩子做个"小当家"，给他一定的权利，让他在琳琅满目的货物前进行选择，让孩子直接与售货员进行面对面的交流，自己从货架上取物、自己去收银台结算等。这种受到重视的小大人的感觉、体验是孩子特别感兴趣和喜欢的。

三、利用社区资源对幼儿进行教育的方法

1. 情感体验法。注重幼儿的主动参与和亲身体验。比如，指导家长带领孩子到福利院，让孩子直接与福利院的小朋友接触，与他们一起玩耍、交流，在实际的情景中让孩子学会友爱、关心等良好的道德品质，同时使孩子在享受别人关爱的时候也知道要为别人奉献爱心，体验帮助别人时获得的快乐。

2. 探索发现法。强调幼儿学习的主动性、积极性和创造性，鼓励幼儿在大胆探索、勇于发现问题并主动解决问题的过程中体验探索的乐趣，丰富知识，提高各方面的能力。

3. 尝试操作法。让幼儿利用各种感官看看、听听、摸摸、闻闻、尝尝，去感知进而去认识事物。这样更容易加深幼儿的认识，会激发幼儿的学习兴趣。

4. 情境学习法。应尽可能地带领幼儿到各种各样的生活情境中，让幼儿在与环境的互动中，尽情地享受快乐，丰富体验，获得知识。

5. 亲子活动法。带领孩子参加社区组织的丰富多彩、生动有趣的亲子活动，让幼儿在活动中乐于探索、主动学习，如亲子体能游戏、亲子郊游、亲子制作等。

6. 社区教育活动中家长的角色。

幼儿教师要指导家长明确社区教育中家长的角色。

（1）充当支持者。家长要给孩子提供精神鼓励，对孩子参加社区的活动给予关心，对孩子与小伙伴一起玩耍给予信心。家长要挤出时间陪孩子参加社区活动。

（2）充当参与者。家长要用自己的热情参与感染孩子，吸引孩子积极地参加玩耍活动。

（3）充当伙伴。跟孩子平等相处，不能以长者自居，要与孩子相互配合，相互商量，共同合作，以伙伴的角色和孩子一起参与到社区教育活动中。

（4）充当观察者。家长要做"有心人"，观察孩子的发展，同时也要观察其他孩子的发展，客观、理智地与自己的孩子进行比较；还要观察别的家长，与其他家长的教育方法、态度、观念进行比较，并向其他家长学习科学的育儿方式和方法，进行育儿经验方面的交流，互相交流体会，了解科学的饮食、保健以及教育知识。

社 区 远 足

- 活动意图：

《幼儿园指导纲要》中指出，发展孩子的健康体魄是首要任务，幼儿园的孩子们每天在幼儿园要进行不少于2小时的户外活动，在这个时间里，老师们会组织体育课、自选器械活动、一物多玩、班级相互串玩、民间游戏等多种形式的体育锻炼，当中还包含饭后散步、晨检活动，形式多样的活动都局限在幼儿园范围之内。随着孩子年龄的增长，他们的求知欲在不断提高，思维的方式也越来越丰富，他们对大千世界有着强烈的好奇心，对亲近大自然、接触社会有着强烈的愿望。当今的小区、社区建设发展迅猛，我园周围的小区就有6个之多，小区的环境一个比一个新，配套设施一个比一个完善，活动场地有的比幼儿园还要大，幼儿园的孩子也大多来自于这些小区。为了培养孩子身体发展的耐力，给他们提供一次亲近大自然的机会，扩大他们接触、认识社会的活动空间，我园开展了"社区远足"的活动。

- 活动目标：

1. 通过远足活动培养幼儿不怕困难、有毅力的健康心理（自信心、良好的情绪情感、吃苦耐劳的精神）。

2. 知道分享情感，体验户外活动的乐趣。

3. 团结友爱、互帮互助，和社区居民友好相处。

- 活动准备：

幼儿准备：水壶、汗巾、笔纸、防晒用具。

教师准备：音乐、标识、相机。

参加对象：全体幼儿。

- 活动时间：××年×月×日上午9:00~11:00
- 活动过程：

1. 唱《郊游》的歌曲一起上路。

2. 在路上寻找标识，能根据标识认路。需要鼓励的话，鼓励同伴和自己。

3. 小朋友学习观察社区配套设施和绿色植物，进行简单的统计记录。

4. 自由活动寻找春天，写生感受大自然的美丽。

5. 教师组织幼儿在草地上进行民间游戏。

6. 幼儿就地进行休息（喝水、擦汗、吃东西、聊天）。

7. 广场集合跳搏击操与广场舞老人斗舞。

8. 安全返回幼儿园。

● 活动事项：

1. 幼儿统一运动装、穿运动鞋，一切以幼儿安全健康为前提；
2. 在班级开展"远足前的准备"讨论活动；
3. 后勤人员与社区物业做好前期沟通工作；
4. 小班教师做好社区宣传海报；中班教师做好《社区配套设施调查统计表》；大班教师规划好社区路线，做好标识张贴。
5. 活动开展注意不破坏公共设施、维护好社区卫生，不大喊大叫，不扰民。

　　幼儿园的任务是将孩子培养成社会人，但幼儿园的环境是无法满足孩子完整的社会教育的，那么社区就是最好的"合作伙伴"。社区里有超市、洗车行、诊所、宠物店、自动提款室、停车场等配套设施，还有活动中心、社区健身广场、绿荫小道，这些都是可以用于幼儿健康教育的有利场地，社区就是缩小了的社会，有效地与社区环境、社区资源互动、开展活动，能够让孩子获得更好的身心发展。本项活动之前，我园教师实地考察了周边的4个社区，考虑到孩子的安全和体力方面因素，活动地点定在了相对较近、不过大马路的花园社区。再由后勤负责人与社区物业做好全面沟通工作，给孩子提供了远足的场地保障。此次参加"社区远足"的是全园孩子，大中小班孩子的身体状况、认知水平不一，老师们在活动设置上也花了心思。小班孩子体力不足，设计的路线比较短，主要以认识社区大门、小区基本配套设施为主；中班孩子能力提高，路线有所加长，提供了《小区配套设施调查表》，孩子到达中间站就要进行设施统计；大班孩子能力最强，路线最长，在小区内老师们贴上了路线标识，由大班孩子自由结对寻找路线走，并有写生任务。远足前，我们在社区张贴了告示，告知社区居民：幼儿园的小朋友要来远足了！远足的过程中，孩子们坚持一路走下来，不喊苦、不喊累，观察到了平日没有留意的一些社区配套设施，了解了它们的用途和保护方法，知道了注意社区人行、车辆行驶安全，爱护社区花草植物。社区的居民常常从家里出来进行社区活动：遛狗、跳广场舞、晒太阳、锻炼身体、带婴儿散步等，而且都以老年人为主。孩子们带着任务远足时，和老年人打招呼、聊天，还和广场舞老人斗舞，完成了身体、意志锻炼的远足任务，还增进了和社区老年人之间的"关怀"情感，体验了一把"社区养老"的老少同乐的现代健康生活方式。

(刘秦)

四、网络教育的挑战

　　网络时代社会多元化的发展趋势促使我们必须对传统的幼儿教育方法进行改

革，对传统的家庭教育进行改革。社会多元化趋势使孩子们成长的社会环境日益复杂化和多样化。面对网络带给孩子们的正负效应，必须提高孩子们对社会环境的积极适应力和自我强化的成长力。

在网络时代，父母与孩子们面临的是同一个崭新的世界，同一个全新的知识体系。孩子们在学，父母们更要学，而且要有勇气和孩子们一起学，只有这样才有可能成为孩子们的良师益友。在网络时代，由于电脑互联网的广泛应用，传统的家庭教育方式将发生根本性的变化。家长们在孩子们面前不可能永远保持权威者的形象，因为互联网所营造的网络世界使他们的权威受到严峻的挑战。

未来幼儿教师应与家长一道，积极面对网络社会给幼儿教育带来的挑战，减少网络对孩子们的负面影响。

有许多"堵"的硬办法可以防止孩子们接触可疑的（如色情、暴力等）网上内容，最流行的办法是采用"内容过滤器"程序。这些程序一般在计算机的后台运行，对进入网络浏览器的文本内容进行审查。如果"过滤器"捕捉到具有猥亵性、色情的、暴力等词语，它会自动剔除有关的材料或放弃整个网页，这表明程序已经开始干预，对人的健康和利益进行保护。然而，内容过滤程序的问题是它不仅会过滤掉不希望看到的内容，而且也会过滤掉希望看到的内容。大多数孩子比他们的家长所想象的还聪明。尽管硬办法可以对付不良的网上内容，但是"堵"的办法不是家长的最佳选择，"内容过滤"程序的办法只有迫不得已时才使用。

采取以下"导"的软办法比较适合。如对孩子进行网络道德教育，提高他们识别、抵制负面信息的能力。一定要注重培养孩子们早期正确上网的行为与习惯，使他们能学会自律，增强遵守网络道德规范的自觉性。要加强网络立法，规范和保护儿童的网上行为，净化家庭教育的大环境。并加快儿童网站建设，占领网上的教育阵地，为网络时代的家庭教育和社区教育提供良好的条件。

手机原来不只可以玩游戏

每个学期幼儿园都会对全体孩子进行体检，这学期的体检结束后，发现需要进行视力复查的孩子占到了1/5，表现有屈光不正、有散光、有近视、有弱视。孩子们的视力问题相比之前越来越严重，这个现象引起了教师们的关注。问题产生的原因有很多，一个方面的原因可能与近两年会使用手机的幼儿年龄越来越趋于低龄化有关。

第三节 社区资源开发与利用

有家长反映，智能手机兴起之后，手机的功能越来越强大，触屏手机的广泛普及，给孩子玩手机带来了便利，自从在手机上可以玩"切西瓜"的游戏之后，孩子一岁多的时候就可以开始自己玩手机了，小手在手机屏幕上不停地来回滑动，操作简单，屏幕上的动态效果和声音牢牢地吸引了孩子的注意力，他们玩得不亦乐乎。有时候家长要求孩子听话，孩子还会拿玩手机游戏跟家长讲条件。家长表示很无奈，越是制止孩子玩，孩子越想玩，真是挡也挡不住，孩子的眼睛恨不得贴到手机上去。

考虑到孩子的用眼健康，针对家长的无奈，教师们开始探索如何解决这个问题。教师们认为孩子是很有好奇心的，要教孩子们如何更好地去利用手机，也许会带来意想不到的效果。老师的方法分为以下几个步骤：请幼儿说出手机的作用；引导幼儿一起来发现手机的各种有益功能；请家长配合、引导孩子使用手机的其他功能，帮助幼儿获取更多有价值的信息；引导孩子们讨论如何更健康地使用手机。

活动中，教师发现，起初孩子们多数只知道手机的游戏功能，而当他们知道手机还有别的用处以后，他们更多的兴趣放在如何运用手机了。比如，在美术欣赏活动中，在没有条件走进大自然的时候，孩子们提议，可以在手机上搜索漂亮的图片；在电视机出现故障的情况下，小精灵们说可以用手机播放跳操的音乐；在想要爸爸妈妈欣赏自己的作品时，会提出让老师帮忙拍成照片及时地发给爸爸妈妈，共同分享自己的快乐……一段时期以后，家长们反馈，孩子没有以前那么迷恋手机游戏了，遇到问题也比以前更会想办法了，有的时候看见爸爸用手机玩游戏，孩子还会提醒说："爸爸，用手机玩游戏对眼睛不好哦！"听到这样的反馈，教师们很欣慰。家长与教师的配合帮助孩子了解到，原来手机除了可以玩游戏，还有这么多用处。

分析评价

孩子喜欢游戏是一件很正常的事情，这个阶段的孩子好奇心很强，而且对很多事情缺少分辨的能力。手机游戏不仅生动、形象，而且方便、快捷，不受场地限制，这对孩子的吸引力极大。因此，成人一味地制止带来的效果不会很好。教师采用了转移幼儿注意力的方式，用手机的功能多样性替换了孩子以往单纯对手机游戏的沉迷。用这种方法，孩子还是可以接触手机，只是当他发现手机还有更多神奇的功能之后，就不再是只想玩游戏了。在整个过程中，家长和教师的配合是非常关键的一环，需要家长在明白教师的意图之后有意配合，特别是在孩子提出，请爸爸妈妈不要用手机玩游戏的时候，家长一定要表现出对孩子提醒的感谢和赞赏，以巩固孩子形成的良好习惯。

（付晶艳）

本章概述了社区教育的特点和措施；提出了社区学前教育存在的问题和对策；着重探讨了幼儿园与社区的教育互动关系；介绍了社区资源开发与利用的方法以及网络教育问题，以便学习者借鉴和实践，学好本章知识技能对未来教师理解社区教育，掌握幼儿保教的社区实践方法具有重要意义。

1. 论述社区教育的特点和途径。
2. 论述社区学前教育以及网络教育的问题和对策。
3. 论述幼儿园教育和社区教育的关系。
4. 写一份幼儿园与社区教育互动的活动方案。
5. 撰写社区资源开发与利用的调查报告。

1. 郑晓边，等.青少年儿童异常发展与健康促进［M］.武汉：华中师范大学出版社，2013.

该书是一部全新的学术专著，是国家精品课程《学校心理辅导》的高级参考书目。全书分别论述了青少年儿童异常发展的研究理论、方法和防治对策；系统介绍了青少年儿童学习困难、品行问题、情绪困惑、生理发育和精神障碍的表现，阐述了其诊治、辅导和预防的策略与研究进展；专门介绍了超常儿童的发展与心理教育；每章都配有思考题和推荐阅读书目，便于读者使用参考。全书理论与实践融会贯通，集科学性和操作性于一体，是一部珍贵的异常发展和学校心理辅导研究领域的专业教材，也是一本实用的教师培训和心理咨询师专业读物，适合广大的教育工作者和家长参考，也适合关注自身健康的青少年朋友保健自学。

2. 郑晓边. 现代幼儿心理保育与教育［M］. 武汉：原武汉水利电力大学出版社，1999.

该书是中国学前教育研究会健康教育专业委员会的研究成果。全书分上、下两册，包含保教结合、心理卫生、一日生活、膳食保健、环境创设、教育过程、游戏活动、家园联系。全书以保教实例与专家点评为主体，500多篇实例精选自全国各地幼儿园教师的教育笔记。这些实例生动地记载了幼儿的成长过程，描述了孩子们面临的各种困难、原因和保教对策。全国40多位专家对实例逐一进行了点评，运用保教理论分析了实践工作中的问题，并提出了有前瞻意义的指导与建议。

本章参考文献

蔡迎旗. 学前教育概论［M］. 武汉：华中师范大学出版社，2006.

冯晓霞. 幼儿园课程［M］. 北京：北京师范大学出版社，2000.

顾荣芳. 学前儿童健康教育论［M］. 南京：江苏教育出版社，2003.

任向红，周岩. 幼儿园如何创建与社区的良好关系［J］. 山东教育，2008（3）.

王叶婷. 挖掘社区教育资源培育学生民族精神［J］. 上海教育，2004（8）.

厉以贤. 社区教育原理［M］. 成都：四川教育出版社，2003：18.

翁春敏. 对我国社区教育发展若干问题的思考［J］. 上海师范大学学报（哲学社会科学版），1998（3）.

吴遵民. 关于对我国社区教育本质特征的若干研究和思考［J］. 华东师范大学学报（教育科学版），2003（3）.

许晓蓉. 幼儿园整合社区教育资源策略探微［J］. 学前教育研究，2006：7-8.

叶恭绍. 中国医学百科全书——儿童少年卫生学［M］. 上海：上海科技出版社，1984.

郑晓边. 幼儿卫生学［M］. 郑州：大象出版社，1998.

中华医学会精神科学会. 中国精神疾病分类方案与诊断标准［M］. 南京：东南大学出版社，1995.

Beredekamp S., Copple C. *Developmentally Appropriate Practice in early childhood program*［M］. Washington, D. C.：National Association for the Education of Young Children，1997.

George, S. Morrison. *Foundations of Early Childhood Education*［M］. New Jersey：Pearson Education, Inc. 2003.

Seefeldt, C. (Ed.). *The early childhood curriculum* (3rd)［M］. New York：Teachers College Press，1999.

第二篇
家庭与社区教育活动

第三章　亲子教育与亲子活动

 学习目标

1. 本章导读：亲子教育是通过亲子活动来开展的。亲子活动是由家长和孩子共同参与、相互合作进行的一系列活动。亲子活动在幼儿园工作中有着至关重要的意义和推动作用，是营造良好的园所氛围和班级文化的先锋条件。通过本章学习，未来的幼儿教师要掌握亲子活动的设计，熟悉其组织形式，了解亲子教育和幼儿园亲子活动方面存在的问题和解决方法。
2. 教学重难点：亲子活动设计。
3. 教学课时：教学6课时，实习2课时。

随着时代的不断进步，家长们的教育观念不断转变发展，越来越多的家长开始注重对孩子情商的培养。幼儿进入幼儿园，踏入人生的小社会，开始学习知识、培养自我服务能力，更重要的是学习怎样与他人交往。亲子关系是人与人交往关系中最重要的形式之一，已经越来越多地引起人们的关注。由于种种原因，目前亲子交往存在一些误区：重智力开发，轻情感培养；重知识学习，轻能力培养；重物质生活满足，轻人格培养等。为了使广大家长远离这个误区，我们在组织亲子活动时，要将立足点放在增进情感交流、陶冶情操、增强能力上。平等的亲子活动，不但密切亲子关系，而且促进孩子的健康发展。著名的幼教专家们说过，家长对小孩子的教育，第一就是培养良好的生活习惯，第二就是跟孩子做亲子游戏。幼小的孩子，最希望和父母一起玩。我国新颁布的《幼儿园教育指导纲要（试行）》提出："幼儿园应与家庭密切合作，综合利用各种教育资源，共同为幼儿的发展创造良好的条件。""家庭是幼儿园重要的合作伙伴。应本着尊重、平等、合作的原则，争取家长的理解、支持和主动参与，并积极支持、帮助家长提高教育能力。"幼儿教师不仅仅是幼儿园亲子活动的组织者，还是协助家长正确实施亲子活动的合作者。怎样对家长进行观念的疏导和方法方式的引导？下面分节阐述。

第一节 亲 子 教 育

一、互动的亲子教育

"亲子教育"是建立在家长和孩子亲密关系的基础上，通过父母亲与孩子沟通、互动帮助，让孩子感知事物、认知事物、树立理想，与孩子建立深厚友谊的系列活动过程。"亲子教育"中，教育是附属关系，而"亲子"才是主体。

与孩子沟通，是今天家长们感觉比较复杂的课题。只要多观察、多用心，在与孩子沟通的过程中，你一定会从中"找到乐趣"；只要你有足够的耐心，一定会获得奇特的效果，在孩子的配合下，让你从中"收获快乐"。

幼儿家庭教育是一个极其复杂的、科学的系统工程，家长难免会遇到很多棘手的问题。培养孩子良好的饮食、卫生习惯，自觉的学习态度，高尚的操行品德等，这些都不可能在一朝一夕完成。相反，家长稍有懈怠，或者方法不当，孩子很容易形成诸多不良习惯。幼儿在幼儿园的态度、习惯等能直接反映出家庭教育中的利弊。家长用成人灌输的方式不符合幼儿的年龄特点，管教起来家长也特别费力。

造成这些现象的原因是，家长不能充分了解孩子行为背后的真正动力，家长要重视自己在教育孩子中的责任和角色。想要走进孩子、了解孩子的世界，最有效的方式是亲子活动。如何看待亲子活动，它带给家庭教育的意义何在？它有哪些可行的形式呢？

二、亲子阅读

亲子阅读可以加深父母与子女的亲情。亲子阅读可以让小孩深切体验到父爱、母爱的温暖，促进小孩的身心健康成长。家长上班，孩子们上学，情感的交流机会与时间减少了许多。如果每天晚上用点时间进行亲子阅读，那情况就完全不一样了。孩子们的内心就会产生一种"爸爸妈妈很爱我"的幸福感。日久天长，亲情就会像春雨滋润春苗一般，使孩子茁壮成长。亲子阅读还便于家长了解孩子的思想动态，帮助孩子树立远大理想和熏陶优秀品质。阅读课外书也能让孩子达到修身养性的效果。爱阅读的孩子视野远大，心胸开阔，因为他们可以从书中吸取人类所积累下来的经验与智慧，学到如何判断是非好坏与做人的基本道理，从而开启自己的内心世界，升华自己的人格，达到"此时无声胜有声"的效果，这远胜于家长和教师口干舌燥的说教。亲子阅读还可以培养孩子阅读的兴趣和习惯，提高阅读能力。兴趣是最好的老师，良好的读书习惯是提高阅读能力的前提，阅读能力是一个人终身学习的基础和最大的本钱。亲子阅读可以培养孩子的读书兴趣和习惯，可以激发孩子的求知欲，尽快使孩子喜爱阅读。一旦孩子爱上阅读，便欲罢不能，他们会不停地阅读，越读越多，越读理解能力就越强。亲子阅读可以增强语言能力、发展想象力、提高写作能力与交往能力。喜爱阅读的孩子的语言能力特强，在听、说、读、写方面比不爱阅读的孩子更有优势，孩子从书中领悟复杂的意念，欣赏语言的美妙。书的世界无限宽阔，书中充满想象、好奇和机遇，给孩子带来无限的创意，会终身受益。

幼儿教师可以通过问卷调查，了解亲子阅读情况和家长对亲子阅读的重视程度。随着"亲子"的话题探索，亲子阅读越来越被更多家长关注。教师要让父母认识到，孩子早期阅读习惯的养成对于孩子知识体系的构成起着十分重要的作用。阅读不仅仅是孩子们的事，亲子阅读也是父母与孩子之间的积极对话，是培养亲子关系的重要途径。所以，父母工作再繁忙，也应每天抽出十几分钟陪孩子读书。只要坚持下去，孩子一定会在潜移默化中养成良好的阅读习惯。

亲子阅读调查表

本调查的目的是为了了解现阶段各位父母与孩子的亲子阅读情况，以便我们更好地开展一些亲子阅读的活动。以下各题，请您根据您的真实情况选择一项，在□里打"√"。

（一）基本信息

1. 您的身份是：
　　①爸爸 □　　②妈妈 □　　③爷爷、外公 □　　④奶奶、外婆 □
2. 您的年龄是：
　　① 20~30 岁 □　　② 30~40 岁 □　　③ 40~50 岁 □　　④ 50 岁以上 □
3. 您孩子的年龄是：
　　① 3~4 岁 □　　② 4~5 岁 □　　③ 5~6 岁 □　　④ 6~7 岁 □

4. 您的受教育程度是：

① 高中及以下 □　② 大专 □　③ 本科 □　④ 硕士及相当学历 □

⑤ 博士 □

（二）家庭亲子阅读情况

1. 您是怎样与孩子进行阅读的？

① 有感情地把文学作品朗读给孩子听　□

② 让孩子一边用手点着文字一边进行跟读　□

③ 以原有的故事情节为材料，融入自己的语言讲故事　□

④ 分享多种形式的阅读过程，如猜测故事情节、亲子共同表演等　□

2. 孩子从多大开始阅读？

① 2~3岁 □　② 3~4岁 □　③ 4岁以上 □

3. 您陪同孩子一起阅读吗？

① 经常 □　② 偶尔 □　③ 从不 □

4. 您和孩子一起阅读的频率为：

① 每天进行 □　② 一周3~4次 □　③ 一周1次 □

④ 一周不足1次 □

5. 您觉得亲子阅读的作用是什么？（多选）

① 养成阅读习惯和兴趣　□

② 帮助孩子培养审美、想象、自我管理能力等　□

③ 让孩子早点识字　□

④ 没啥作用，读书是孩子自己的事　□

6. 您一般何时选择和孩子一起阅读？

① 有时间就和孩子一起阅读　□　② 晚饭前后 □

③ 晚间入睡前 □　④ 周末、节假日 □

7. 当孩子提出课外书上的问题时，你会帮助解答吗？您能解答孩子提出的课外书上的问题吗？

① 会 □　② 不会 □　③ 基本会 □

8. 当您无法回答孩子提出的问题时，您的做法是：

① 答应孩子等会告诉他，然后私下去翻书　□

② 坦承自己不会，然后和孩子一起翻书解决　□

③ 不理不睬　□

④ 怒斥孩子的问题可笑　□

9. 在传统阅读和电子阅读之间，你希望孩子：

① 年幼时尽量不接触电子书等　□

② 觉得电子书、有声读物更方便　□

③ 每种阅读方式都能接受 □

10. 您孩子的阅读现状如何？
　　① 比较被动，不太喜欢读书或听大人读书 □
　　② 大人阅读时较感兴趣，但自己不主动读书 □
　　③ 喜欢听大人读，也喜欢自己读书 □
　　④ 不可一日无书陪伴 □

11. 经常陪伴孩子阅读的是？
　　① 爸爸 □　② 妈妈 □　③ 爷爷、奶奶 □　④ 外公、外婆 □

（三）关于"图画书"（又称绘本）

1. 您理解的图画书是什么？（多选）
　　① 小时候读的图画书 □
　　② 文字为主，有少量插图的书 □
　　③ 文字为主，插图比较多的书 □
　　④ 以图画为主，甚至没有文字，即使不识字者也不影响阅读 □

2. 您给孩子买书吗？
　　① 经常 □　② 偶尔 □　③ 从不 □

3. 您为孩子购书的依据是：
　　① 孩子的口味 □
　　② 您的口味 □
　　③ 学校要求 □
　　④ 网络或别人推荐 □

4. 您经常和孩子阅读的书是：
　　① 以图画为主 □
　　② 以文字为主 □
　　③ 图文并茂 □
　　④ 其他 □

5. 买书和选择书籍的决定权在谁手里？
　　① 家长 □　② 孩子 □　③ 家长和孩子共同决定 □

三、引导家长满足幼儿成长需要

　　亲子阅读是一项长期的"工作"，阅读要因时、因情地进行，让父母和孩子都在阅读中体验快乐。因时，是在孩子处于不同的年龄阶段时，父母采用不同的亲子阅读的方法和策略，扮演不同的角色；因情，是要父母根据孩子各自的性格特征，把握生活中的细节与孩子进行阅读上的沟通与互动。

1. 看图说话

从宝宝降临到这个世界上开始,父母就应该担负起培养宝宝早期阅读习惯的责任。婴儿时期的孩子还只能凭借色彩、图像和大人的语言来理解大人传递给他的信号,亲子阅读的内容也多数是以图画为主的婴幼儿读物。这个时期的亲子阅读是采用有意识、有目的、更积极的对话形式,从而让婴幼儿的情绪发展稳定,让他们感到外部环境的安全,同时给他们带来心灵上的安全感。对于处于婴儿时期的宝宝来说,阅读的目的不是阅读内容本身,而是在于图书所展示的颜色、状态、文字的音韵、节奏。这个时期的宝宝,除了会大声地啼哭以宣泄自己的情感外,还会发出"啊——啊——"的呢喃之语。心理学家认为这种呢喃之语是婴儿表达自己意思的"信号"。如果有人积极回应,婴儿发信号的积极性将会大幅度提高。母亲能用温柔的语言有节奏地与婴儿进行交谈,婴儿将更愉快地发出信号。父母不要以为婴儿不懂就不与他说话。亲切地、反复地阅读让婴儿感受到外部世界给予的回应,不仅提高了婴儿不断发信号的能力,而且还让婴儿感受到外部世界的关爱。这种生长环境安全的信号,将大大促进婴儿心智的发育与进步。早期的亲子阅读并不需要什么特定的方法,爱抚、温和的眼神、亲切柔和的语言,对婴儿人格和性情的良好发育极有益处。每天花十几分钟抱抱孩子,和他亲切对话,将大大促进父母和孩子间的亲密关系。

当宝宝大一点的时候,父母就可以尝试着给他们念一些故事。孩子听读越早越好,内容选择要生动有趣,由浅入深。关键是父母要有拳拳之心,能循循善诱。在念故事的时候,父母可以根据孩子接受的程度,以自己的语句重组、裁剪故事,最重要的是让亲子都能完全融入故事之中,享受故事的乐趣。对于年纪很小的孩子,父母最好从"看图说话"之类的简单图片或图画书开始念起,再慢慢地念些短篇的故事给孩子听。如果孩子还不能了解每个字句的意思,父母可以简化故事的内容。父母最好以富有感情的声音念书,增加图画书对幼儿的吸引力。有时也可以配合情节学些动物或机器的声音,增加故事的趣味性。图画书是亲子共享的书,父母不要在第一次念完书时,就逼问孩子刚刚听到了什么东西,也不要勉强孩子了解内容,因为孩子的个体发展有差异,可能当时他还无法接受书中的信息,但过了一阵子之后,就能听得津津有味。反复念孩子喜欢的书,是协助孩子进入书本世界的方法之一。一遍又一遍地聆听,是孩子成为一位阅读者的必要过程。重复多次之后,孩子对文字与语音的印象加深了,对内容也会有进一步的了解。因此在听故事时,他们对故事的发展有所期待,也能预测书中的人、动物会有什么样的反应。重复为孩子念一本书,不仅让幼儿从听懂的层次提升到欣赏、体会故事的层次,也能让孩子因为自己能预知、控制故事的发展,而获得莫大的安全感和成就感。

第三章 亲子教育与亲子活动

2. 和孩子一起玩书

对于3~6岁的孩子，已经逐渐有了对知识的接受能力，父母在这一阶段可以采用"念书"、"读书"、"玩书"相结合的方法与孩子进行共读。为了不使阅读变得枯燥乏味，父母就要动动脑筋了。这个年龄段的孩子正处在顽皮的阶段，怎么样才能使阅读变得像游戏一样，做到亲子尽欢呢？首先，父母根据孩子的心理特点，找到一些设计完美的故事读本，和孩子一起读，帮助孩子理解内容。在讲述故事的时候表达出故事主角的内心感受，语言真实，使孩子融入用他自己的感受所建构起来的故事场景，衬托出气氛。接下来是亲子话题，相互提问，父母对某些提问假装不知，给孩子留下思考和想象的空间。

孩子已经初具自我阅读能力的时候，父母就要注意孩子阅读能力和终身学习能力的培养。很多父母都有自己的一套"杀手锏"来激发并保持孩子的阅读兴趣。

每个孩子都有自己张扬的个性，父母是最了解孩子的人，依据孩子的个性特点，采用对路的方法去引导，孩子想不爱上读书都难。

曾经听说一位妈妈采用"欲擒故纵"法，每当孩子看书看得如痴如醉、欲罢不能的时候，她就跳出来故作严肃地说："这是最后一篇，不能再看了！"孩子偏偏对正在阅读的书弃之不舍，"偷偷摸摸"地又读一篇，有时候还在家里上演"母子抢书"的好戏。适当地限制激起了孩子读书的欲望，孩子总是缠着妈妈陪他去书城，母子俩各得其所，其乐融融。

还有一种较好的方法——讲述提问法，即：父母与孩子拥坐在一起，父母边讲边提问、解释疑难，引导幼儿阅读并理解阅读材料。从而促进母（父）子之间的情感交流，激发幼儿对阅读活动的兴趣，提高孩子对阅读材料的感受能力和理解能力，帮助幼儿掌握有序翻阅等基本阅读技能。

角色扮演法也是与这个年龄段的孩子进行亲子阅读的好方法。家长与孩子以口头扮演或动作扮演等形式，担任阅读材料中的某一角色，可大大增强幼儿对阅读活动的兴趣，培养孩子的语言理解、表达沟通、表演等能力。

3. 和孩子共读也是休闲

亲子阅读并不一定要局限于家里，可以带孩子到社区、图书馆和其他的小朋友一起读书，妈妈们也可以借助这样的机会互相交流育儿经验，良好的社会阅读风气将大大提高亲子阅读的乐趣，对于少年儿童的健康成长是一件功不可没的大好事。有许多父母埋怨生活枯燥无味，经常打牌、打麻将。其实与孩子共读一本好书也是一种很好的休闲娱乐，彼此分享，共同讨论，亲子共读未尝不是一道美丽的风景！

亲子阅读是维系亲子关系的一条纽带，也是促使孩子养成阅读习惯的一种具有特殊意义的做法。每天设定至少十分钟作为和孩子一起的"亲子阅读时间"，和孩子共同遨游书海，重温童年旧梦。

亲子阅读像举家野餐、逛游乐园一样，将给您和孩子带来完美的沟通和无穷的快乐。那么，适合3~6岁幼儿的阅读书籍有哪些？

教师可在班级网络群中向家长推荐，很多家长心有余而力不足，不知如何去为孩子选择合适的读物，教师分类总结一目了然的信息将会让家长有据可循，真正落实到行动中来，家园共育对孩子早期阅读萌芽进行良好的保护。

绘本是最适合孩子阅读的图书形式。儿童心理学的研究认为，孩子认知图形的能力从很小就开始慢慢养成。虽然那时的孩子不识字，但已经具备了一定的读图能力，如果这时候家长能有意识地和孩子们一起阅读绘本，营造温馨的环境，给他们读文字，和他们一起看图讲故事，那孩子们从刚开始接触到的就是高水准的图与文，他们将在听故事中品味绘画艺术，将在欣赏图画中认识文字、理解文学。不同的绘本还可以教会孩子不同的知识和品质，我们一起来看看吧。

绘本推荐

1. 有关妈妈形象的绘本

《我们的妈妈在哪里》，《我的妈妈真麻烦》，《做妈妈的都是这样》，《妈妈的红沙发》，《永远爱你》，《我家有个好宝宝》，《莎莉，离水远一点》，《让我安静五分钟》，《猜猜我有多爱你》，《妈妈的奶》。

2. 有关爸爸形象的绘本

《爸爸，你爱我吗？》，《爸爸，你看我在做什么!》，《爸爸，我要月亮》，《我爸爸》，《一个不能没有礼物的日子》。

3. 可以引导小朋友学习面对死亡的绘本

《爷爷有没有穿西装》，《我的外公》，《我永远爱你》，《獾的礼物》，《一片叶子落下来》，《阿星的婚礼》，《小鲁的池塘》，《再见，爱玛奶奶》。

4. 可以引导小朋友学习、面对并抒发脾气与情绪的绘本

《生气的亚瑟》，《生气汤》，《啊！烦恼》，《菲菲生气了——非常，非常的生气》，《我变成一只喷火龙了》。

5. 可以引导小朋友学习、面对并疏解害怕与恐惧的绘本

《雷公糕》，《魔奇魔奇树》，《床底下的怪物》，《洁西卡和大野狼》，《讨厌黑暗的席奶奶》，《我好担心》。

6. 可以引导小朋友面对父母失和与单亲教养的绘本

《好事成双》，《保罗的超级大计划》，《妈妈爸爸不住在一起了》。

第三章 亲子教育与亲子活动

7. 可以引导小朋友学习面对身心失能者的绘本

《我的妹妹听不见》（听障），《叔公忘记了》（老年痴呆），《好好爱阿迪》（唐氏症），《威威找记忆》（失忆老人），《我的姐姐不一样》（智障），《祝你生日快乐》（癌症），《瑞奇的烦恼》（身体缺陷），《先左脚，再右脚》（中风老人），《超级哥哥》（智障），《跟着爷爷看》（视障），《珊珊》（肢障），《小纸箱》（流浪汉）。

8. 可以引导小朋友了解笑容可贵的绘本

《笑容不见了》，《给姑妈笑一个》。

9. 可以鼓励小朋友自由创作的绘本

《蜡笔盒的故事》，《阿罗有支彩色笔》，《阿罗的童话国》，《阿罗房间要挂画》，《野蛮游戏》，《美术课》，《哈啰，你要什么?》，《当熊遇见熊》，《点》。

10. 可以引导小朋友了解与珍惜友情（谊）的绘本

《嘉嘉》，《大手握小手》，《平克与薛伊》，《最珍贵的宝贝》，《没有你，我怎么办》，《月亮，地球，太阳》，《我最讨厌你》，《我喜欢你》，《玛德琳》，《你是我的朋友吗?》，《我是老大》，《通通是我的》，《为什么》。

11. 可以引导小朋友学习面对成长的绘本

《小女儿长大了》，《有什么毛病》，《精彩过一生》，《我小时候长什么样子》，《你很快就会长高》，《阿虎开窍了》。

12. 可以引导小朋友了解女性自觉（两性平权）的绘本

《纸袋公主》，《顽皮公主不出嫁》，《萨琪到底有没有小鸡鸡》。

13. 可以引导小朋友了解读书真好的绘本

《三重溪水坝事件》，《最想做的事》，《我讨厌书》，《爱书人黄茉莉》，《有谁看到我的书》，《米爷爷学认字》，《谁怕大坏书》。

14. 可以和小朋友一起发挥想象，一起玩游戏的绘本

《假装是鱼》，《戴帽子的猫》，《毛儿的大提琴》，《小莫那上山》，《恐龙王国历险记》，《神秘的生日礼物》。

15. 可以和小朋友一起发挥想象，一起玩接龙游戏的绘本

《在一个晴朗的日子里》，《喂！下车》，《永远吃不饱的猫》，《门铃又响了》，《好饿的毛毛虫》，《好安静的蟋蟀》，《你喜欢》，《当我想睡的时候》，《谁吃掉了?》，《藏在哪儿呢?》。

16. 可以引导小朋友学习了解性骚扰的绘本

《家族相簿》。

17. 可以引导小朋友学习了解生命与爱生命的绘本

《小种子》，《会爱的小狮子》，《一片叶子落下来》。

18. 可以引导小朋友学习面对问题与解决问题手法的绘本

《白鸽少年》，《公主的月亮》，《卡夫卡变虫记》，《阿文的小毯子》，《聪明的小乌龟》，《眼镜公主》，《魔法音符》。

19. 可以引导小朋友爱护大自然与动物的绘本

《和我玩好吗?》，《我爱大自然》，《在森林里》，《森林大会》，《我和我家附近的野狗们》，《小羊的宠物》，《流浪狗之歌》。

20. 其他可以引导小朋友进行共同思考与讨论的绘本与童书

《洛贝尔-青蛙与蟾蜍故事系列》（四册），《洛贝尔故事集》（1~9），《鲸鱼与鬼屋》，《灵灵》。

21. 人权教育相关主题绘本推荐书单

《请为每个孩子着想》，《达刚尔温柔的光》，《不要地雷，只要花》，《爱花的牛》，《世界上最美丽的村子》，《请不要忘记那些孩子》，《不是我的错》，《和平万岁》。

家长心声

亲子阅读有感

作为一个大班孩子的家长来说，我惭愧自己陪伴孩子的时间为之甚少，更别提和孩子共同阅读，孩子进入幼儿园以后，有机会参与了关于老师对家长的学习讲座，让我感触颇多。

记得有这样的话：让孩子养成爱读书的好习惯首先要从身边做起，需要父母的配合。不是说让你监督，需要的是，父母买来书以后不要整齐地摆放在书架上，要把书放在孩子随手可得的地方，如小柜子上、床边、沙发上、电视机旁边等。孩子在玩累了或者无聊的时候只要知道和看到书在哪里，要看书时，随手可得便行。久而久之孩子就会从书中学到一些意想不到的知识。书本和玩具并放在一起也是个好主意，无论他是看书、玩书都可以，目的是要在潜移默化的情况下，让他感受到书本是他生活不可或缺的一部分。家长面临着日益残酷的社会竞争，培育孩子也有压力。处于大班年龄段的孩子有着特有的叛逆，家长们总希望自己的孩子能出人头地，常常在孩子大班时期就报名参加相应的小学课程培训班，少不了认字。对于认字，大多数家长只是指着白纸黑字，让孩子跟着念或写，久而久之，孩子容易产生厌烦情绪，不利于进入小学学习。孩子都喜欢模仿父母，如果家长喜欢阅读，孩子在耳濡目染之下，必会对书本和阅读产生兴趣。若能与亲子阅读计划配合，孩子很快就会养成阅读的习惯。这就需要父母做个有心人，无论带孩子走到哪里去，包里都要给孩子和自己准备好几本图书，在孩子累了坐下来休息的时候，此时拿出他所喜欢的书给他读，他会很乖、很听话。这样慢慢地也会让孩子养成喜欢读书的好习惯。有的家长会说，即使他看也只是一时的兴起，只有几分钟的时间，能记住什么？其实你有没有想过，他那几分钟也许就是精力最集中的时候，他所记住的东西也许一辈子都不会忘记。参与了亲子阅读活动后，我渐渐了解了孩子的幼儿园生活，孩子与我的话题也逐渐多了起来，我觉得非常好。书本能带给孩子一个想象的空间，培养孩子丰富的想象力，提高孩子的逻辑能力、推理能力。如果孩子眼里看见的，手里摸到的都是书，书就像家具和衣服一样，是他生活的一部分，他对书自然就有了亲切感。

感谢老师三年来对孩子的辛勤付出，作为家长，我深知，正是老师润物无声的教育和帮助，才让孩子还有家长得到了成长。我珍惜这一切，也感恩这一切，孩子幼儿园的三年生活即将结束，有太多的不舍和感谢，未来孩子还有很长的路要走，我能陪伴她的时间有限，但是阅读的好习惯将会伴随孩子终生。

第二节　幼儿园亲子活动

亲子活动，是由幼儿园创造一定的条件，以亲缘关系为基础，以教师为主导，教师与家长共同组织幼儿活动的一种幼儿园教育方式。亲子活动是家庭教育的深化和发展，是一种特殊的早期教育和社会教育。在教育内容和形式上，亲子活动与传统教育有很多不同，即由过去以教育子女为主，转向以父母自我教育为主；由父母权威管教转向以关注和引导子女的发展为主；由单一的家长角色转为老师、朋友、同伴等多种角色。亲子活动是父母对孩子进行早期教育的良好手段，它是亲子教育的一种形式，强调父母、孩子在情感沟通的基础上实现双方互动，以幼儿与家长互动游戏为核心内容，全方位开发孩子的运动、语言、认知、情感、创造、社会交往等多种能力的活动形式。

一、幼儿园亲子活动的作用

亲子活动的作用体现在如下方面。

第一，使家长有意识地参与到家园互动配合中来，建立主人翁意识，激发家长积极合作的态度。在幼儿教育中，教师与家长都是儿童教育的主体，共同目标是促进儿童发展，相互之间是合作伙伴关系。现在有很多家长因为平时工作很忙，没有多少时间顾虑孩子，认为孩子放在幼儿园让老师教育就可以了，对孩子在幼儿园的方方面面很少过问。有家长常对老师说："老师，你说了算！""老师，你看可以就行吧。"完全没有认识到自己的责任和义务，缺乏参与幼儿教育的意识。家长应看到，儿童既是自己的子女，也是国家的未来，自己有责任与教师合作共同培养孩子。开展亲子活动可以让忙碌的家长建立主人翁意识，与教师共同承担教育孩子的责任。

第二，让家长走近幼儿园，了解幼儿园的教育理念。亲子活动可以帮助家长了解孩子的情况，走近幼儿园活动。教师有针对性的指导可以缩短教师与家长的距离。家长经过观察教师的教育行为和孩子表现，反思自己家庭教育的内容和方法，使其在活动中获得正确的育儿观念和育儿方法，并将观念和方法融入到与孩子相处的每一刻，逐步了解培养、教育孩子的重要性，从而最终促进孩子的健康和谐发展。

第三，促进亲子关系的健康发展。家庭中的亲子关系将对孩子终身发展产生重大影响。亲子关系直接影响孩子的心理发展、态度行为、价值观念及未来成就。现代社会中，家长的压力较大，被自身的一些问题所缠绕，情绪不稳定，对孩子的态度较急躁，导致亲子关系比较紧张，缺乏应有的和谐、愉悦。还有些家庭，几个大人围着一个小孩，对孩子过分地溺爱，这种亲子关系也是不正常的。由此可见，在孩子的成长过程中，健康的亲子关系是多么的重要。开展丰富多彩的亲子活动不仅有益于亲子之间的情感交流，促使亲子关系健康发展，同时对幼儿本身的发展也具有重要的促进和影响作用。

第四，为幼儿与家长、教师与家长、家长与家长之间搭起一座沟通的桥梁。开展亲子活动，既满足了幼儿依恋父母的情感需要，又能使家长了解孩子在集体生活中的一些情况，同时也是进一步密切教师与家长的关系、实行家园同步教育的好形式。

二、幼儿园亲子活动的实施条件

1. 加强宣传，创设条件，提高家长对亲子活动教育价值的认识和参与度。

家长观念的转变、更新是先决条件。只有让他们对"亲子活动"有正确的认识，他们才愿意多花时间参与到亲子活动中来，才能使家长真正成为幼儿活动的合作者与支持者。教师要以多种途径向家长传递最新的有关亲子活动的信息，向他们介绍亲子活动的目的、意义。让家长们在自学、辨析、撰写心得体会中，明确亲子活动的意义和价值，提升对亲子活动的认识，从而愿意"走进"亲子活动。

要建立合理制度，保障家长参与的有效性。合理的制度建设能够使权利和义务得到统一，使家长的参与逐步由自愿型走向制度型，提高管理的科学性，以确保家长对亲子活动的参与。

要调整合理的亲子活动时间。家长无法参加幼儿园组织活动的很大一部分原因都是上班族,无法经常参加活动,因此幼儿园在组织亲子活动时要考虑到家长参加的便利性,多安排在双休日、节假日,可以从一定程度上提高父母参加活动的参与率。

2. 设计生动活泼,符合幼儿身心特点的亲子活动。

幼儿教师在设计每个亲子活动时,应考虑到幼儿的年龄特点、认知特点及心理发展特点,将活动课程生活化、音乐化、游戏化。更多关注幼儿的情绪、情感体验,建立一种科学化、游戏化、亲情化和互动化的游戏体系,在多元化平台上为幼儿的潜能开发和个性发展提供全方位的服务,促进幼儿全面素质的提高。

让亲子活动以本身固有的情趣性和娱乐性,吸引家长和孩子们愉快地参与活动,减轻家长们的重重顾虑,使家长们感受到孩子是在玩中学到了本领。通过参与实实在在的活动,家长和老师配合会更加密切、协调,从而更有效地促进家园互动、相互交流。

3. 重视家长在活动中的主动性。

亲子活动中,家长是活动的承载者又是活动的传递者,教师必须尊重家长,以平等的态度对待家长,同家长共同商量,取得家长的支持与配合。指导家长对孩子理解、支持、鼓励,形成亲子教育的良好氛围,和孩子共同成长。家长应认识到自己在活动中的主体地位,充分调动积极性,全身心投入到活动中,做孩子成功的合作者,一起与孩子完成感兴趣的活动,一同克服困难,一同享受成功。同孩子建立起一种心理上的交流平台,才能了解到孩子真实的心理活动与想法。

家长要信任孩子,要学会放手。在进行亲子活动时,很多家长怕孩子失败,怕孩子受委屈,怕孩子不行,往往牵着孩子的手不放,致使孩子失去了锻炼的机会,出现胆小、任性和一些不良的行为。所以要提醒所有的家长朋友,尽可能多地给孩子提供锻炼的机会,信任孩子,锻炼孩子。

三、教师在亲子活动中的指导方式

教师有针对性的指导将缩短教师与家长的距离,使家长在活动中获得正确的育儿观念和育儿方法,并将观念和方法融入到与孩子相处的每一刻,从而最终实现孩子健康和谐的发展。教师指导方式有如下几种:

1. 直接指导。开展亲子活动时,教师介绍一些教育观念及方法,或者直接告诉家长该怎样协助孩子完成游戏。

2. 个别指导。在父母指导孩子游戏的过程中,教师采用个别指导方法协助父母怎样做。

3. 评价性指导。在每次活动的结束部分,教师可以将活动观察到的父母指导孩子的一些好的例子介绍给大家,然后分析其中一些科学的观念及想法,以此带给大家一些启发。

4. 点拨式指导。在父母指导孩子活动有一点小困难时，教师应帮助父母提供解决问题的方法，并告诉他为什么要这样做，使家长在以后碰到此类问题时有可借鉴的经验。

5. 归结性指导。在活动结束时，教师要将本次活动的目的和家长应如何指导孩子的方法加以小结并加以归纳，帮助家长巩固练习。亲子教育是在一种真实情景下的示范式的参与指导，是实践活动与指导活动的融合。

第三节　亲子活动的组织形式

著名的幼教专家陈帼眉教授说过，家长对小孩子的教育，第一就是培养他良好的生活习惯，第二就是跟孩子做亲子游戏。现在有些父母常常以"没时间"、"忙"、"累"为借口，很少陪孩子活动，孩子很多时候是处于自我封闭的状态，很少与别人交流自己的喜怒哀乐，父母对孩子缺少观察，对孩子行为背后的因素也没有真正地去思考，孩子对父母缺乏真正的了解，与父母缺乏情感、心灵上的沟通。因此，幼儿园的亲子活动开展，有利于培养孩子与人沟通、与人合作、与人一起活动的愿望和能力，更有利于父母了解孩子的心理、生理特点，从而遵循科学的教育方法，促进孩子的全面发展。

亲子活动的形式丰富多样，要贴近班级的需要和孩子的发展特点，根据季节性来选择组织活动的形式与类型。以下介绍几种常见的活动形式：

一、亲子春游、秋游活动

此项活动意在让幼儿走出幼儿园，与爸爸妈妈们一起到大自然中去观察，去尽情享受大自然的美，体验欢快的情绪，增进亲子间的感情交融。

动物园大搜索远足活动

● 活动主旨：

让孩子学会整理外出必需品，培养初步的责任意识和安全意识；培养孩子的团队精神、抗挫能力、发展观察能力、认知能力及自我保护能力；考验家长如何引导孩子去参与集体活动，如何在活动中发现孩子的发展状态；加强班级与家庭之间的联系，使家园合作更紧密。

- 参与对象：

所在班级的家长（尽可能以父母参与为主）和孩子。本活动适用于小、中班幼儿参与。符合小、中班幼儿的年龄特点——喜爱小动物，亲近大自然。

- 活动时间：

活动选择在春季或秋季温度比较适宜的天气下进行。本次活动的设计将分为三个阶段开展。

- 活动内容：

第一阶段活动：小鬼当家（活动前期准备）。

1. 请孩子在家自己准备外出必需品，知道当天背包里装什么，提高责任意识。
2. 家长引导孩子，当活动中出现危险状况时（和成人走失了等）应该如何处理？

第二阶段活动：亲子游戏（活动中的预热环节，游戏可以根据班级情况来设定，不拘泥于任何形式）。

1. 呼啦圈游戏
2. 传球游戏
3. 爱的传递
4. 班级合影留念

第三阶段活动：远足活动。

根据线路图进行，家长协助孩子完成相应的任务（可根据动物园线路设定动物形象图，让幼儿去寻找这个动物住哪里，找到了一个由幼儿打勾，直到寻找到所有图中动物，完成任务）。

- 活动注意事项：

活动前教师应该提前做好准备工作，提前预设和告知活动进行中的注意事项，以及活动中家长可以通过哪些方面去引导孩子，使整个活动更有意义。活动前引导孩子学会自己整理所需物品；活动中家长要引导孩子树立保护、热爱动物的意识和环保意识，不随处乱扔垃圾，爱护公共设施等。提醒家长必须保障自己和孩子的安全，保护好自身所带的物品、钱财等。

分析评价

此次活动以年级或班级为单位组织都可，走出室内，走进户外，亲近大自然，是一个很好的家园互动活动形式。在活动的组织上注重活动前的引导，让每位家长都以主人公的心态参与到活动中来，注重对孩子的引导、观察、互动，才能达到亲子活动的意义。活动中对孩子经验、能力和情感上的提升也是很多的，如热爱小动物，加强环保意识，提高自我整理物品的能力等。

 活动设计

和春天约会亲子活动

- 活动主旨：

亲子活动是幼儿园教育教学活动中的一部分，和谐、温馨的氛围是孩子健康活泼成长的必要条件。为此，创设合适的环境、空间、时间和活动内容，让孩子、家长、教师在活动中互动起来，有利于增进情感，加强家园间的沟通、交流，统一教育理念。"一年之计在于春"，在这个春暖花开的时节，带着我们的宝贝们踏青去！

- 活动准备：

1. 亲子穿着适宜运动的服装和球鞋
2. 大量的水，适量的食品，大桌布
3. 风筝一个，黑色中性笔一支

- 活动对象：

适用于小班年龄组幼儿及家长参与活动。

- 活动流程：

1. 剥桂圆

幼儿围成一个大圆圈，随着音乐一个跟着一个走，圆圈中心位置放上一堆桂圆，听到音乐停止后，幼儿以最快速度跑到圆圈中心位置拿到桂圆，迅速跑回自己父母面前，剥好桂圆，喂给妈妈吃，最先吃到桂圆的家庭获胜。

2. 穿衣服

幼儿继续围成一个圆圈走，妈妈们将衣服脱下，放在圆中心位置，回到圆圈外坐好，老师喊开始后，幼儿迅速去中心位置找到自己妈妈的衣服，拿着衣服去找自己的妈妈，并且帮妈妈穿好，先穿好的幼儿获胜。

3. 猪八戒背媳妇

每个家庭派一名家长出来，背好自己的孩子。然后分成两个小组，进行短距离接力跑比赛，最后看哪队先完成，哪队获胜。

4. 玩报纸（铺报纸过河、报纸球）

每个家庭派一名家长参加，同上个比赛一样，分两小组进行，家长为幼儿用报纸搭桥过河，看哪组提前把幼儿运送过河完毕，哪组便获胜。

5. 家庭放风筝

家长和幼儿首先将自己带来的空白风筝画上自己想画的内容，写上自己的祝福与期待，然后和爸爸妈妈一起放飞手中的风筝。

第三章 亲子教育与亲子活动

 分析评价

幼儿园亲子活动是幼儿游戏的一种重要形式,备受小班幼儿的欢迎,因此,以亲子活动为载体来影响小班幼儿的交往行为符合小班幼儿的心理特征,是促进小班幼儿交往能力提高的有效手段。

1. 科学的亲子关系是幼儿交往能力提高的前提。良好的亲子互动能带来积极的教育效果,不良的亲子互动亦能起到反作用。因此,家长应以平等的态度与幼儿正确地交往。由于安全性高的依恋关系是建立在家长对幼儿的良好行为反应基础上的,在与家长长期交往的过程中,幼儿会模仿家长的行为,用家长对待自己的同样方式去对待自己的同伴。

2. 通过亲子活动形成幼儿乐意与人交往的态度。一是学习与人交往的基本技能。语言表达是与人交往的重要工具,能否正确运用交往性语言是关乎幼儿间交往成败的重要因素,也是影响幼儿交往意愿的主要原因。该活动使孩子们知道必要时应该向别人表达自己的想法,并学习倾听别人的看法,掌握与人交往所需的基本技能。二是感受交往的乐趣,喜欢交往。与人交往,乐在其中。交往活动能扩大幼儿的人际关系网,丰富幼儿的生活经验,拓展幼儿的知识面。只有让幼儿感受到与人交往的乐趣所在,才能使交往活动内化为幼儿的需要,从而更好地推动幼儿与人交往。

3. 通过亲子活动,学习与人分享。小班幼儿独占玩具的行为极为普遍,这跟现在小型化的家庭结构有着密不可分的关系。而这些独占倾向强烈的幼儿大多不太会与同伴相处,处处表现以自我为中心。因此,有意识、有针对性地培养幼儿的分享行为,能帮助幼儿建立良好的人际交往能力。

4. 通过亲子活动培养幼儿的合作行为。一个具有良好的身心发展和较强合作交往能力的人,往往能较好地适应社会生活,并取得较高的成就。对于小班的幼儿来说,他们无法充分认识到合作的意义,但是他们能够充分体验到合作带来的互利性、成就感和快乐,从而培养他们的合作行为与习惯。

寻找海洋之星

● 活动主旨:

通过亲子活动的开展促进家园的互动和亲子之间的感情,鼓励幼儿大胆参与各种游戏活动。通过游览海洋世界,让幼儿了解更多的海洋生物,激发幼儿亲近大自然的情感。

● 参与对象:

本次活动适用于小、中、大班年龄段幼儿，走出幼儿园，亲近海洋动物。
- 活动准备：

  1. 周五早上请家长带孩子8:20准时到汽车站集合，8:30准时发车。

  2. 游玩途中食物自备，并请家长为幼儿准备好防雨、防晒用具。给幼儿穿上漂亮的班服。

  3. 为了孩子在海洋馆能更好地认识海洋的朋友们，请在家利用一切可利用资源，多多了解海洋公园和海洋动物的特点。

- 活动流程：

  9:20 到达极地海洋世界，集体合影。

  9:30~11:20 自由活动。

  11:30~12:30 观看海狮表演。

  12:30~13:00 观看海豚表演。

  13:00~14:00 就餐。

  14:20 返程。

分析评价

自然界是个大课堂，孩子们在大自然中能增长知识，开阔眼界，启迪智慧。此次活动的开展给了孩子们感受自然、亲近自然、了解动物的机会，萌发爱护动物的情感，同时也增进同伴与亲子间的融洽关系。幼儿的身体正处在生长发育时期，他们的思维从具体形象逐步向抽象逻辑思维发展。传统的室内教学活动已经远远不能满足其需要，要适当地带领幼儿走出活动室，亲近大自然。亲子户外活动有其独特的作用，培养亲子之间的感情，又能提供幼儿社会交往的机会，是幼儿园家长工作中不可多得的活动。

二、亲子运动会

此项活动意在让家长与幼儿一起通过运动项目的竞赛，锻炼身体，增强体质。它同样也能增进亲子间的感情，增加家长与孩子之间的默契。

活动设计

父爱回归主题运动会

- 活动主旨：

  父亲在孩子的成长过程中的角色至关重要，父亲通过力量的传递，促进孩子世界观的形成。亲子运动会的设计目的是促进父爱的回归，让父亲们体验到如何与孩子相处，从简单的亲子游戏中获得父子感情的交流和提升。

● 参与对象：

适用于全园所有班级的父亲和孩子共同参与（母亲做一次观察者和协助者）。可以小、中、大班各年龄组为单位，分时段开展活动。

● 前期准备：

1. 运动会分配：各班班长领队、每班三位老师分工、家委会工作分配。

2. 各班家委会准备垃圾桶、签到本等。

3. 老师提前布置场地绳子、夹子、线、剪刀、每班亲子明信片、场地画线。

● 班级活动要求：（每个班级在前期通知中就要做好此项要求工作）

1. 各班亲子装（营造温馨气氛）。

2. 亲子照、制作具有本班特色的明信片（留下活动瞬间，有纪念意义）。

3. 请家长不要在场内抽烟，着装尽量适合运动。

4. 运动会开始时，请各位家长遵守秩序，在规定区域内照相、摄像，每个运动项目开始前家长提醒幼儿归队。

5. 各位家长参加竞赛项目时要为孩子做出榜样，遵守游戏规则，更要注意安全。

● 活动过程：

（一）入场：

1. 家长在本班指定位置就座，签到。

2. 欣赏开场舞蹈表演：《悄悄话》、《床前明月光》、《万泉河水》。

3. 每班老师举班牌，亲子服装统一（爸爸和幼儿按班级方阵出场），两列队形跟随老师到本班位置。

4. 韵律活动和游戏穿插进行。

（二）运动会项目：

1. 家长与幼儿跟随体操老师进行韵律活动。

2. 家长和孩子依次进行亲子游戏。

（三）亲子项目及玩法

✧ 游戏《拍手歌》：听拍手歌和老师一起做动作，走成两长队。

1. 坐飞机：A、幼儿在家长的前面，幼儿双手打开，家长双手放在幼儿的腋窝下，将幼儿往上举起；B、家长双手将幼儿抱起，做钟摆的动作，然后原地转一圈。

2. 直通隧道：家长两队面对面站好，手撑直，一个个传孩子。

✧ 游戏《剪羊毛》：

1. 大雨来了：爸爸分两边拉扯红布绸，不断抖动布，风忽大忽小，幼儿有次序地一个个躲在布下钻跑躲雨。

2. 小蚂蚁搬家：老师和妈妈把幼儿抱着，一个接一个运到10米红色布绸上，爸爸分两边拉扯红布绸，幼儿爬到终点（爸爸角色好重要！要出力的哦！）。

✦ 游戏《小蝌蚪》：发棒子给爸爸，让爸爸们现场吹棒子，孩子为爸爸加油、擦汗。

1. 过河：爸爸拿棒子一高、一低，孩子钻跳过去。
2. 背背转：爸爸背着孩子拿棒子原地转，听口令（1、2、3）跟身边的爸爸换棒子，保证棒子不倒哟。
3. 拍蚊子：A：爸爸拿棒子听口令敲打孩子身体，发出拍打的声音，孩子原地双手合十躲闪。B：换孩子拿棒子，听口令，敲打爸爸身体。
4. 大力水手：爸爸把棒子竖着放，孩子用力撞击棒子，看谁是大力士。

（四）结束活动：

1. 放松律动：幼儿和家长相互按一按，揉一揉。
2. 有序退场。

分析评价

孩子成长有几个关键时期，如果父母在孩子成长的关键期给予他们必需的心理营养，那么，教育孩子就会成为一件轻松快乐的事情，以后孩子也可以自然顺利地成人成才，成为可爱的天使。

3岁前孩子和妈妈一体，如果妈妈不在，孩子会找一个过渡性的重要他人，比如爸爸，比如柔软的玩偶。4岁到13岁最需要的是爸爸，这时候爸爸出现，成为重要人物，孩子会更多地找爸爸。爸爸的爱是可以通过争取方式得到的。所以这次关于父爱回归的亲子运动会将给爸爸们开上一个好头，体验到亲子其乐融融的场面，相信父亲们再也不愿甘做一个孩子成长中的旁观者了吧。

活动设计

亲子消防运动会

● 活动目标：

培养幼儿对体育活动的爱好，让幼儿体验亲子活动的快乐；进一步巩固幼儿跑、滚、钻等技能，提高动作协调性；通过观看消防员示范演习、消防亲子游戏活动，了解相关的消防知识。

● 活动准备：

1. 活动器械准备：大地垫、小盆、大盆、薄棉被、呼啦圈、椅子、担架。

2. 教师前期准备环节：老师摆道具和做游戏示范。保育老师组织家长到位和做好个别幼儿护理工作。

• 参与对象：

本次运动会适用于中大班年龄段幼儿及家长参加。安排家长在指定地方坐好，和自己的家人一起观看表演后，再进行游戏活动。

• 游戏活动：

1. 伤员救援队

增强协调能力，练习抬、跑等动作。

各班担架一个，大布娃娃一个。

一位家长和孩子各站两端，抬有娃娃的担架，与对面的家庭迎面接力。

2. 会移动的灭火器

4个盆子；3个大号呼啦圈；6个板凳绑好。

家长和孩子同端一盆水，穿过障碍物，快速走过S形的板凳，到对面的家长面前，将幼儿盆中的水倒入对面家长的盆中，依次迎面接力。

3. 与浓烟抗衡

知道火灾时的自救方式，并快速地完成动作。

薄被一床，水标示一份，贴在大盆子里，6个板凳摆成一条，置于跑道中间，将被子快速放于盆中"打湿"，大人撑起，盖于孩子和自己的头顶，快速跨过（呼啦圈），与对面的家庭接力。

4. 滚火自救

练习翻滚，小红旗150面；大垫子10个。

一位家长和孩子相拥，侧滚过大垫子后将身上的彩旗扯下，跑向对面的家庭，进行迎面接力。

结束活动：律动操带动跳《快乐每一天》（敢于向家长展示自己，能跟随老师带动跳）。

大型亲子活动看似容易组织，其实很考验班级中各个教师之间的默契和相互的配合，因此在活动开始前，要通过班务会沟通，清楚各个环节应该怎样去配合。一场活动下来要进行反思，找到活动中的不足之处，总结经验，下次活动就心中有数了。

三、亲子募捐，爱心义卖活动

此项活动意在让家长与幼儿萌发"关心帮助他人"的愿望，是很好的情感教育契机。

 活动设计

快乐卖报献爱心

- 活动主旨：

　　让孩子通过自己的力量献出一份爱心，同时也锻炼孩子的社交能力、团队意识，以及胆量，敢于和陌生人打交道。

- 活动准备：

　　1. 为每个孩子准备一些新出的报纸。

　　2. 找到人多的适合场地（如超市、商场门口）。

　　3. 自己备好水壶、纸巾等用品。

- 活动对象：

　　本次活动适用于中、大班年龄段幼儿的特点，他们有一定的交往、表达能力。

- 活动过程：

　　1. 家长和幼儿在指定时间和地点集合。

　　2. 分成 A、B 两组进行比赛，展开当天的活动。

　　3. 活动中家长全程跟随孩子，但不打扰孩子，如遇到孩子解决不了的问题时，可以出面引导孩子解决问题。

　　4. 把自己手上报纸卖完，完成任务以后，可以向老师申请再拿几份继续叫卖，也可以整理自己义卖得到的善款，结束活动。

　　5. 整理善款金额，请家委会代表保管，并寻找合适的渠道捐出善款。

　　6. 合影留念，活动结束。

 家长感想

义卖报纸活动感想

　　为准备今天大班的义卖报纸活动，昨天典典不到九点就睡觉了，今天六点就醒来了，虽然下着雨，但是为服从幼儿园 7∶30 前到达的要求，典典连早餐都没吃，七点过几分，第二个就到达指定地点。

　　老师开始给每名同学布置任务，总共 300 份《晨报》，每人最低卖出 10 份，上不封顶，每份一元，卖完为止。所有盈利全部用来购买文具，择日送给山区小朋友。

第三章　亲子教育与亲子活动

　　说实在的，作为家长，知道卖出第一份最为关键。转眼看到其他小朋友马上就卖出了两份，分别是两位上班的男士，他们充满善意，对孩子的行为很支持，大家也都充满了信心。

　　典典兴冲冲跑到车站，却遇到困难，分别对着两个男士怯怯喊出："叔叔，买份报纸吧！"其中一个正在打电话，摇摇头，另外一个面无表情地走开了。两位的拒绝打击了典典的自信心，他的眼泪一下就流出来了，哭喊着要求回家，不卖报纸了。在老师和妈妈的安慰和鼓励下，典典慢慢调整了情绪，自己擦干了眼泪，在妈妈的陪同下，又开始了叫喊。突然，从路边车上下来了两位叔叔，主动走到他和浩浩面前，分别买了一份报纸。这下，典典一下子就欢欣鼓舞，兴奋起来，高兴得手舞足蹈："我卖了一份了！"然后见到年轻的男士和女士，就主动跑上去大声叫卖，还不时提醒后来的同学，别放过任何一个对路过的叔叔阿姨售卖的机会。不一会儿，十份报纸就卖完了，他又跑到老师那，主动要求再加十份，然后又像只小鸟一样地到处飞奔。不到一个小时，就全卖完了，典典也成了售卖份数达到20份的三名同学之一。

　　纵观整个过程，我们也和典典交流过，让他认识到几点：

　　1. 社会上善良的人多，其实大家包括我自己都很少看报纸，因为每天经常使用网络，但是很多叔叔阿姨都能停下上班匆忙的脚步，拿出一块钱，来买一份对他们也许根本就没多大用处的报纸，目的无非是支持孩子们的行为，给孩子建立自信。我们应该学会感恩。

　　2. 社会上也有冷漠，生活中也会受到挫折和打击。关键要坚持，要把打击变成前进的动力。试想如果真的从一开始就回去了，这事以后在心里永远是个小阴影，今后遇到类似事情就会让自己胆怯，也就感受不到最终胜利的喜悦。

　　3. 要学会选择推销对象。对于老年人，故意打电话、听音乐或者完全不注视你的年轻人，可以排除在推销对象之外。当然也要理解别人，别人也是在委婉地表达谢绝。

　　4. 注意团队协作。大家是为了完成共同的任务而走到一起来的，不要和同伴去争抢同一消费者，相互之间应该鼓劲加油！

　　5. 对孩子的锻炼尤其是心理素质的锤炼很有帮助。在整个活动中，典典经历了满怀期待——忐忑不安——犹豫不定——跃跃欲试——出师不利——再鼓作气——得心应手——意犹未尽等心理变化过程，并最后体验凯旋的喜悦。活动锻炼了孩子的胆量以及与陌生人的交往能力。

　　6. 当然也练习了老师教的礼仪，双手递送报纸，收钱后知道说谢谢。也学会了简单的减法，知道找零。

　　7. 最重要的是有了生活体验，知道爸爸妈妈赚钱不容易，钱是一毛一毛赚回来的，希望他以后懂得爱惜玩具，不乱花钱。

相信这次体验对他以后的成长能起到积极作用！

四、亲子沙龙、节日活动

如"亲子包汤圆"、"亲子包粽子"、"亲子包饺子"、"亲子烘焙"等活动，锻炼孩子们的动手能力，亲近家长与孩子之间的感情。

"三八"爱妈妈活动

- 活动主旨：

让幼儿知道三月八日是国际妇女节，是妈妈的节日，学会尊敬、关心妈妈，向妈妈表达自己的爱；了解自己的妈妈，真正从内心感到妈妈对家庭的付出，对自己的关爱，培养孩子尊敬长辈、关心他人、热爱劳动的良好习惯。

- 活动准备：

枕头、鸡蛋、视频《小威向前冲》。

- 活动过程：

1. 介绍妇女节的由来。

2. 3月8日是什么节日？（妇女节又称国际妇女节）

3. 妇女节是谁的节日？是妈妈、老师、阿姨、奶奶、外婆的节日。

4. 你身边有哪些人可以过妇女节？

5. 了解了妇女节后，为了让孩子体会妈妈的不容易，女孩子会将枕头塞在衣服下面当"妈妈"，男孩则是手上拿着自己的鸡蛋和搭档"妈妈"的鸡蛋，一边照顾着"妈妈"，一边保护着鸡蛋。

6. 观看视频《小威向前冲》，让孩子了解自己是怎么来的。

7. 一上午不论做什么事或者去哪里，"爸爸"都得拿着鸡蛋，"妈妈"都得塞着枕头。

8. 活动结束后问问孩子，妈妈爱我们，我们用什么行动来表达对妈妈的爱？

9. 告诉孩子，回去后要做一件让妈妈开心幸福的事，跟妈妈说我爱你。

10. 和爸爸一起把幸福的瞬间记录下来，可以是照片，也可以是视频。

- 参与对象：

本活动适用于在中、大班年龄段幼儿中开展。

分析评价

初春的柔风，送来了亲情最浓的"三八"妇女节。这是一个进行情感教育的极好机会，精心设计这系列活动，从不同的角度、形式策划，力求让孩子和妈妈之间能增进感情。引导孩子学会关心，体贴妈妈，激发爱妈妈的情感，知道向妈妈祝贺节日快乐！

先是一段《小威向前冲》的视频，将活动拉开序幕。孩子们观看了视频，了解了自己是从哪里来的；自由组合扮演爸爸和妈妈，给予孩子们自主权进行组合、选择；保护好自己的小宝宝，增强孩子们的责任心，随时随地保护自己手中的鸡蛋；分享交流经验，怎样才能保护好自己手中的鸡蛋；活动延伸，为妈妈做一件力所能及的事情。

本次活动的一个亮点是，女生们将枕头塞进衣服里，体验妈妈怀孕的辛苦。活动结束后，孩子们都说："这个枕头在衣服里不舒服，不方便活动，好累呀，妈妈真辛苦呀！"第二个亮点就是，让"爸爸"们去照顾"妈妈"，上下楼时，"爸爸"们小心翼翼地扶着"妈妈"下楼；户外活动时，"爸爸"们帮助"妈妈"拿水壶。这一切，让我们感动，他们知道了相互帮助、照顾对方。

这次的"爱妈妈"活动给我们留下了深刻的印象，我们用微信的方式将图片传给了家长，让家长和我们一起记录这样的美好！我们想让这种爱传递回去，延伸活动中，让孩子和爸爸分别为妈妈做一件事情，并用照片和视频记录，让行动来见证爱！

活动的开展以孩子的亲身感受为主体，让孩子从生活中不同的角度去体验当妈妈孕育我们时的辛苦，活动中充分尊重幼儿，站在幼儿的角度去思考，充分给予幼儿自主的选择权利。让孩子感受生命诞生的美妙，也体验了一番做爸爸妈妈的感觉，贴近孩子生活角色，让孩子变成天生的表演家，像模像样地扮演起父母，同时也体会到爸爸妈妈为了一个小生命的孕育要克服很多事情，比如不能奔跑，不能跳跃，太窄的地方过不去，太高的地方上不去，下楼会被挡住视线等的不方便，以及爸爸照顾妈妈的不容易和责任心等，都是对孩子情商上难得的教育。孩子也会因为换位体验而更加了解和喜爱自己的爸爸妈妈。

 活动设计

元宵节喜乐会

- 活动主旨：

通过故事、儿歌、手工搓汤圆、组织观灯猜谜等生动有趣的活动，让幼儿了解

农历正月十五是我国传统的元宵节，以及元宵节的来历、有关的趣事。让家长、幼儿体验元宵节的快乐，感受集体活动的快乐。使幼儿丰富知识经验，体验民间习俗和节日欢乐，感知传统文化的丰富内涵。

- 活动准备：
    1. 制作灯笼的彩纸、固体胶棒、剪刀若干。
    2. 每个家庭带一个写好灯谜的灯笼入园。
    3. 教师提前一天布置教室营造氛围（注意拉好绳子，预备挂孩子带来的灯笼）。
    4. 准备好汤圆粉，汤圆馅若干（与班级人数相匹配）。

- 活动对象：
    此活动适用于小、中、大班各年龄段的幼儿及家长参与。可与年级组的同伴约好一起组织准备，使整个活动更热闹。

- 活动过程：
    1. 由教师讲解关于元宵节的故事及由来，使幼儿初步了解元宵节。
    2. 教师向家长及幼儿讲述活动每个步骤的要求与注意事项。
    3. 每个家庭首先自由逛灯会，去猜一猜同伴和她的家庭带来的灯谜，看看能猜中几个？
    4. 分享环节：比比看，哪组家庭猜中的灯谜多，将家长带来的手工饼干分享奖励给猜对灯谜的小朋友。
    5. 互相串班游戏，去别班逛逛，看看其他小朋友准备的灯谜；当其他班的小朋友来串班时，告诉班里的小朋友，节日最重要的就是分享，分享点心和开心，把你猜过的灯谜再问问来串班的小朋友。
    6. 和爸爸妈妈、老师一起搓汤圆，煮汤圆，分享美食汤圆。
    7. 活动结束后，每个小朋友都想一句送给爸爸妈妈、爷爷奶奶的元宵祝福。教师帮助将祝福语写在剪贴板上，将幸福瞬间留住并记录下来，然后可以放置在班级走廊或教室中展览，不但加深家园之间的情感，也是班级文化的一种体现。

分析评价

元宵节是我国民间重要的传统节日之一，也是每年新年后幼儿与老师共庆的第一个节日。为了让孩子们从家庭到幼儿园后继续感受浓厚的春节气息和喜洋洋的心情，老师在欢快的节日气氛中开展《元宵节喜乐会》活动非常适宜。

活动中让幼儿了解元宵节这一习俗，知道元宵节是中国的传统节日，并从活动中感受自己动手做元宵、自己尝元宵的快乐。在整个活动中，孩子们在听听、说说、做做、吃吃中度过，亲历感受学习，兴趣一定非常浓厚。活动中不仅仅只是老师单方面在做准备工作，家长也提前为幼儿准备了手工饼干，提前和幼儿一起商量，准备自己家庭的灯谜，这些全程参与的合作方式不但不会给家长增加负担，反而让他们反客为主，真正地参与到整个活动中来，由他们一起给整个活动出谋出力，活动增添了特别的合作氛围。

吃汤圆这一环节，孩子们肯定是又开心又期盼，看着自己亲手制作出的一个个汤圆下锅、捞起……一定会吃了一个又一个，欢乐祥和的氛围会让家长们感受亲子时光的幸福和快乐，同时也更进一步拉近了家园之间的关系。

"亲子同乐、新年换客"活动

- 活动主旨：

增进亲子之间的情感交流。让幼儿知道以物换物的概念，通过与同伴的交流，大胆将自己喜欢的物品交换回来，从而培养幼儿的交往能力、语言表达能力。

- 活动准备：

让幼儿了解"换客"的意义，知道如何交换物品。

- 家长准备：

1. 家长和幼儿共同清理10个左右不用的物品（玩具、书籍或装饰品）。
2. 家长准备一块布、一把小椅子。

- 教师准备：

1. 学号牌
2. 幼儿头饰
3. 班级牌

- 活动流程：

13:50	家长带领幼儿寻找本楼层的安全通道。
14:00	找到本班老师，签到、发放幼儿头饰。
14:00~14:10	准备换客的物品。
14:10~15:50	换客活动（单号幼儿先逛摊，双号幼儿先守摊，然后交换）。
16:00	结束活动（清理场地、到老师那儿签到，离场）。

- 活动反思：

这次新年换客活动深受幼儿的喜爱、得到家长的好评。虽然这是第一次进行"换客"活动，但孩子们很投入，很主动地和同伴进行交流，将自己喜欢的东西换回来。有的孩子甚至骄傲地在老师面前说："老师，我已经将自己的玩具全部交换完了，这都是我换回来的玩具。"有的孩子甚至将自己很大、很新的玩具换成了自己喜欢的卡片。虽然在成人的眼里可能觉得孩子的行为有些奇怪，有的老人甚至觉得孩子有点傻，但是谁也不能否定他们的想法和行动，因为这是孩子们最真实的一面，只要享受交换过程中的快乐就行了！因为对于有的孩子来说，他战胜了自己，能够勇敢地跨出去，与别人进行语言交流、交换玩具。

活动中略显不足的是：

1. 幼儿交换、买卖物品的经验尚浅，没有太多的语言交流，当别人找自己交换玩具时，一口就答应了，没有商讨的空间。

2. 幼儿的玩具相对带少了，一个小时之内许多幼儿已经将自己的玩具全部交换完毕。

3. 个别幼儿略显小气一点（只带来了几个比较破旧的玩具）。

在今后的活动中，我们应该经常让幼儿进行交换、买卖的活动，以提升幼儿交往的经验。

家长感想

圣诞节，我收到了一份很特别的"礼物"。幼儿园组织的"亲子换客"活动，让我认识了一个全新的馨馨，一个与我平时了解不一样的宝贝，这个认识让我欣喜，更让我反思，也让这个寒冷的天气似乎温暖了好多……

"选择完好无损的玩具，依自己喜好"，这是我给馨馨制定的"交换"玩具准则。她的选择让我很是意外：大多都是自己亲手制作的沙画和立体贴画。她并不是拿出自己不玩的旧玩具，而是想让自己的作品让其他的小朋友们认同、赞美，从她的小脸上，我仿佛看到了自信和骄傲。

馨馨是个不怯场的孩子，刚到活动现场，就很快进入了角色：拿起自己的玩具开始寻找"目标"。我也有意识地不去干扰她，也想看看自己对她的喜好是不是足够了解，可接下来的"故事"却有点出乎我的预料。

馨馨走到一位爷爷看管的摊位面前，用一个爬行蜗牛换了一台迷你洗衣机。交换目的很明确，离开时还对爷爷说了声"谢谢"，表现让人眼前一亮。首战告捷，得到鼓舞的她心情愉悦地举着洗衣机让我拍照。接着她又用一个小的针织圣诞帽换了一款摇铃，交换过程也挺顺利。

有了前两次的成功交换，似乎让她体会到了这个游戏的乐趣，也增添了她的信心，随后即使是被别人拒绝也不气馁，还自我安慰："老师说过的，别人不愿意交换的玩具，就算了，不勉强。"

"到底是个小孩子，还是喜欢玩具居多的。"我这样想。可当她看到一个小朋友摊位上的书时，突然像发现了新大陆一样，一直尝试着想去换回它，被拒绝也没有表现出不悦，一边安慰自己，一边走向下一个摊位，交换目标也换成了有书的摊位。不断的尝试，终于让她换到了一本心仪的图书，她随即开心地回到自己的摊位坐下，迫不及待地看起书来。当我提醒她还有别的玩具可以继续交换时，她竟说："妈妈，等一下，我把这本书看完了再去。"我有点惊奇，一本图书居然对她有这么大的吸引力？

馨馨捧着书翻看了一遍又一遍后，对我说："妈妈，我还要去换书。"便拿起立体贴画和沙画，直接开始了她的"寻书之旅"。期间，遇到一些小女生的摊位前摆放着可爱的毛绒玩具，她竟然直接绕了过去，直奔着书摊而去。几经波折，换回了4本书，便心满意足地往自己的摊位走，边走还边说着，让我晚上回去给她讲新的故事书，回到摊位，捧着换来的书和玩具，爱不释手。

接下来的事更让我惊奇：守摊的时候，有一个小男孩抱着一只"会说话的汤姆"玩具过来，跟她交换故事书，她很郑重地说："书不换！"无论小男孩如何说自己的玩具多么好玩，希望她改变主意，她依然坚持不妥协。这件事也让我彻底明白了她真正喜欢的是什么。

收摊时，有一个小女孩希望用自己的毛绒玩具跟馨馨换贴画，起初她并不同意，在我的劝说下勉强答应了，可一转眼就直接用毛绒玩具和她的同学换了个泡泡水回来，那个喜滋滋的样儿特满足，那个瞬间彻底颠覆了我对她喜好的了解。

回家的路上，我不停地反思。如果不是作为旁观者，我不会这么深刻地了解到她的喜好，不会这么直观地体会到她对喜欢事物的坚持。馨馨并不是那个在我心目中"缺乏主见，对喜欢的物品不会坚持"的孩子，她有她的主见，有她的想法，只是，在平时的家庭生活中，我对于她的管教和干预过多，压抑了她的想法。

父母对孩子更多的是应该懂得放手，给她自由，让她自由发挥，我能做的是应该当她的朋友，不应该当她的"领导"。

活动结束了，馨馨和我也都有了各自的"战利品"。

五、专门教育设计下的亲子活动

它是在教师的指导下，家长与孩子一起参加专门设计的亲子活动。在这些亲子活动中，教师将教育内容和要求融合在游戏活动中，向家长提供互相学习、交流的机会，促使家长提高教养素质和能力，也为孩子和家长提供共同游戏、共同成长的环境和氛围，增进亲子间的感情。

家长观摩游戏活动

- 活动主旨：

经过一个学期游戏活动的经验积累，幼儿已经初步养成独立操作的习惯，能够自主进区活动，为了让家长能够更加深入地了解我园区域游戏活动的优势，清楚幼儿在园游戏学习情况，特设计了本次活动。
- 活动目标：
  1. 帮助家长建立区域游戏活动的概念，让家长参与其中。
  2. 了解幼儿在园游戏情况，知道区域游戏的意义。
- 活动准备：
  观摩活动邀请函、区域游戏环境、全班幼儿、家长分析记录表。
- 参与对象：
  所在班级幼儿及家长，适用于小、中、大班各年龄段幼儿开展（建议每学期都举行一次观摩活动，让家长看到不同阶段孩子的发展）。
- 活动过程：
  1. 家长进班观摩前，教师先召集家长，简单介绍区域游戏的概念。
  2. 家长进班观摩幼儿游戏（观摩过程中不要打扰正在进行区域工作的孩子），全程时间可控制在35~40分钟。
  3. 家长在观察中对自己孩子的行为进行记录、分析。
  4. 将记录表交给老师，谈谈通过观察，自己眼中孩子的表现，和自己对孩子行为习惯的心得体会。老师进行专业评价和分析，然后对家长进行一个反馈。

家长分析评价表

不介入，因为孩子在挑战过程中，让他自己尝试找到答案获得成功感。（ ）

介入，因为孩子需要我。（ ）

不介入，因为孩子有自己的想法。（ ）

介入，因为孩子有安全危险了。（ ）

一般不介入，孩子求助我时才介入。（ ）

宝贝，我想对你说：

分析评价

区域游戏活动是现在很多幼儿园的特色课程，也是现在最适合幼儿进行学习的方式。教师将幼儿园的理念和教育方式通过语言告诉家长。家长不是幼教专业人员，不能够刻画出教师所描述的教育形象，因此在需要家长配合帮助时，家长也不会全身心配合。但是通过观摩活动，家长走入教室，作为观察者对孩子进行观察、记录，通过最直观的方式了解和走进孩子们一日生活学习的区域，亲眼看到孩子的发展和进步，不仅可以让家长明白区域游戏的优势，而且还能给他们带来惊喜："原来我的孩子在幼儿园这么棒！"原来老师的教育手段这么丰富，让孩子在玩中学习，玩中成长，真正做到润物细无声，少了灌输式的教育，孩子也更自主、自律。

带给家长这种感受，不是一蹴而就的事情，是一个长期内化的过程。教师平时应该注重对孩子常规上的培养。自主的前提是自律，要做到在进行区域工作时轻拿轻放，轻声细语，不相互打扰，相互合作等都是需要长期培养和坚持才能形成习惯的。

亲子座谈会——爸爸是我心里的保护伞

- 活动主旨：

以家庭教育中父爱的回归为中心展开讨论，通过游戏让爸爸体验自己在孩子心中的重要性，引导父亲怎样去更好地爱自己的孩子。

- 活动准备：

1. 提前发放邀请函给家长。
2. 提前打印活动观察记录表。

观察记录表

幼儿姓名：　　　　　　爸爸姓名：　　　　　　妈妈姓名：

观察游戏名字：

游戏中幼儿值得认同的地方？不足的地方？

游戏中爸爸值得认同的地方？不足的地方？

爸爸和孩子互动时您的感受？（情感、能力等）

- 活动过程：

1. 放松游戏：勇于承担责任（适用：责任心培养）

规则：学员相隔一臂站成几排（视人数而定），喊一，向右转；喊二，向左转；喊三，向后转；喊四，向前跨一步；喊五，不动。当有人做错时，做错的人要走出队列、站到大家面前先鞠一躬，举起右手高声说："对不起，我错了！"做几个回合后，提问：这个游戏说明什么问题？

面对错误时，大多数情况是没人承认自己犯了错误；少数情况是有人认为自己错了，但没有勇气承认，因为很难克服心理障碍；极少数情况有人站出来承认自己错了。在教育上来说，言行反射家长的行为，你就是一面镜子，训练自己敏锐地改变自己，积极地处理问题。

2. 讨论会

爸爸群讨论：亲身感受？你在教育上是什么角色？如何陪伴孩子？

妈妈群讨论：你对于爸爸和孩子互动的感受（情感、能力等）？

讨论完毕后大家分享发言。

3. 总结

《幼儿心理营养，爸爸，你是我心里的保护伞》

4. 漫画式教育理念分享

《帮助孩子面对自己的感受》

天下的父亲们，面对孩子，我们拥有共同的情怀。只是，请暂停你们匆忙的脚步，弯下腰身，露出笑容，抱起孩子，去共同接触自己内心温软的部分，那也是你生命力的核能区。花有重开日，人无再少年，您会怎么做呢？

孩子没有问题，如果有问题，一定是父母的问题，没有任何成功可以替代教育的失败。

5. 知识分享：父亲在家庭教育中的力量不容小觑

价值观：社会性别中，男性是第一大性，你的阳性力量传递给孩子。从爸爸那得到世界观。

自我想象：我认为我是怎样一个人。所以，孩子心理健康的真正守护神是爸爸。爸爸越欣赏，我的底气越足。如果爸爸做得不够，妈妈也可以做，但爸爸的效果超过妈妈的50倍，并且要一致性地做。所以我也呼吁，为了达到事半功倍的效果，请爸爸们眼睛勤快一点，嘴巴勤快一点。举手之劳的事，做吧。

性别认同：爸爸如果表现出对女儿的喜欢，这种孩子长大后会很有女人味和娇媚。当然男孩也一样，会很有男人的样子。如果女儿这部分和母亲连接也好，女儿除了发展女性的一面，还会发展女人母性的部分，即宽大接纳。

分析评价

活动的主旨是父爱的回归，那么一定要让参会的爸爸们学会尝试怎样更好地与孩子沟通。首先，要尊重孩子的意愿与选择，成为孩子的好伙伴；其次，赞美是良好的润滑剂，还要善于与孩子沟通，做父亲的要了解孩子，这是教育和培养孩子的前提。了解孩子最好的方法就是亲近孩子，即与孩子沟通，与孩子经常聊天。

父亲与孩子亲近的方法有许多：比如说与孩子一起亲近大自然，使孩子在大自然中领悟一些道理，增长一些知识。与孩子一起做游戏，通过游戏而心意互通，拥有共享快乐的经验，才能够建立父子之间的心灵纽带。做孩子的好朋友，学着蹲下来，用平等的姿态，与孩子对话，这样会使父亲得到孩子的友谊。或是偶尔带给孩子一些礼物，给孩子一点儿惊喜。

经常开家庭座谈会，不仅能营造出一种和谐、融洽的家庭氛围，而且让孩子参与到家庭事件的讨论中来，这对孩子们的自尊心、自信心及思维能力的发展都有很大的作用。

第四节　幼儿园亲子活动要求

一、幼儿园亲子活动存在的问题

1. 缺乏对亲子活动教育价值的认识

幼儿园亲子活动的教育价值在教师、家长和幼儿方面都有待加强认识。对教师而言，在亲子活动当中，通过观察，可以更清楚地了解幼儿个体方面的发展状况和特点，并根据这些特点及时地调整教育方法，更好地因材施教。对家长来说，在活动当中家长可以更直观地了解幼儿在团体中的表现，以便进行正确的评价；而且通过亲子活动，可以增进亲子之间的感情；在幼儿园的活动中，家长可以对幼儿园的理念更加地了解，促进家园一致，确保幼儿更好地发展。对幼儿来说，在活动中，幼儿各方面能力尤其是社会交往能力会大大增强，让幼儿感受到家庭般的温暖，产生更大的安全感和探索的勇气，在这种氛围下也更利于增进同伴、亲子以及师幼之间的关系及互相学习。①

2. 亲子活动主体地位的缺失

亲子活动的主体应是双主体的，即家长和幼儿共同有效地进行互动，才能更好地促进亲子间的沟通，促进幼儿各方面的共同发展。但在问卷调查及亲子活动过程中发现，互动主体呈现不对等的两极，即家长处于中心、主导、控制地位，而幼儿处于"边缘"——非主体地位。② 这种亲子互动大部分不是真正意义上的互动。主要是师—幼间的互动，缺少教师与家长、幼儿与幼儿间的全互动。幼儿园亲子互动的全面教育价值依赖于互动中的多主体互动、多向互动来实现。但在现实活动当中，互动已变成了单纯的亲子互动及亲子间家长对子女的单向互动。在亲子互动中，家长往往重视的是孩子任务的完成，而忽视非智力因素的培养，缺乏言传身教，互动频率低。因此，其教育价值难以实现。

3. 亲子活动设计忽略了"因年龄而制宜"

在亲子活动中，处于主体地位的幼儿往往被置于"角落"。在开放日等活动中，

---

① 邓子红. 幼儿园亲子活动存在的问题与解决对策 [J]. 需求教育研究，2011 (2).
② 何秀英. 幼儿园亲子活动教育价值的思考 [J]. 教育导刊：幼儿教育，2005 (3).

总是先考虑到"亲"然后才是"子"。活动设计也应该根据幼儿的年龄特点、认知特点及心理发展特点等,将各项活动生活化、游戏化、音乐化,乃至个别化、分组化,而且应该更多关注一下幼儿的情绪、情感体验。

另外一方面,也应考虑到家长对幼儿园及幼儿活动的熟悉度,及不同年龄段幼儿家长的需求。家长是幼儿园亲子活动的又一主体,而且家长合作的态度取决于合作是否满足了他们在教育孩子方面的需要。当幼儿园满足了家长的合理需求时,家长合作的愿望和热情就会更高,态度也会更积极。所以,幼儿园要开展亲子活动就必须调动家长的积极性,让家长热情高涨起来,尽可能满足家长的教育需求,使幼儿园的亲子活动急家长之所急,想家长之所想。

4. 教师在亲子活动中的指导和反思不足

在亲子活动中,教师不仅是活动材料的提供者、活动组织的引导者,还应是家长和孩子们的合作者。教师的每一种角色的定位对孩子、对家长、对整个活动过程都起着至关重要的作用。在幼儿园亲子教育活动中,教师不仅仅要指导孩子,更重要的是要指导家长如何"现身说法"。而且在活动结束之后,教师也不注重对观察结果进行深度分析和反思,不利于吸取经验,总结不足和为以后的活动提出建议和做出改进。总之,教师在亲子活动过程中,对活动的指导应该是立体的、全面的,包括理论的、形式的,也包括活动过程的具体的指导。只有这样,才能使家长对亲子活动目的、准备、过程以及如何引导活动有更详尽的了解,也能使家长更好地观察、体验、享受亲子活动,进而让家长在亲子活动中转换行为和引导语,形成有效的亲子互动,逐步提高亲子活动的质量。

二、幼儿园亲子活动实施建议

1. 调动家长参与亲子活动的积极性

在亲子活动中,如何真正有效调动家长参与的积极性?首先要让家长了解亲子活动的价值,为家长参与活动提供可能性。其次,活动前期也可以通过问卷调查、访谈的方式了解家长的需求,根据家长需求来设置不同的活动内容,为家长参与活动提供可行性。再次,在活动开始之前通过宣传单、邀请函、海报、家园联系册和网站等方式,向家长传递有关亲子活动的信息,向他们介绍亲子活动的目的、意义,为家长提供参与活动的信息准备。最后,还可以邀请家长来参与活动的策划、准备和组织,多角度调动家长参与活动的积极性。

2. 保证亲子活动中幼儿的主体地位

保证幼儿在活动中的主体地位，在设计活动时就要充分考虑儿童的年龄特点和活动的可操作性。活动的设置可以根据幼儿的"年龄而制宜"，不同年龄段的活动内容可以多层次，同一年龄段的活动内容也可以多层次。而且，在活动前期也要让幼儿具备一些信息积淀，特别是一些节日活动，可以让幼儿了解一些节日的起源和风俗习惯等。

3. 教师在亲子活动中角色的转变

在亲子活动中，教师可以充分发挥家长和幼儿的主体地位，让其参与活动的策划、准备和组织，达到"双赢"。同时转变自己在活动中的角色，由主要领导者变为观察者、指导者和参与者，更多的是在活动中观察家长、幼儿的参与情况，为活动后的反思，以及以后的亲子活动的改善留存可行性信息。

总之，在现今幼儿园亲子活动当中还存在很多问题和不足。如何解决这些问题，如何选取更适合的内容、形式和方法，使幼儿园的亲子活动更有效，将是我们进一步需要解决的问题。希望通过多元化、多层次的策略探索，可以逐步解决这些问题，真正提高幼儿园的亲子活动质量，推动家园合作，促进幼儿全面、和谐发展。

幼儿园亲子活动是由幼儿园创造一定的条件，以亲缘关系为基础，以教师为主导、教师与家长共同组织幼儿活动的一种幼儿园教育方式。它是幼儿园亲子活动实施的主要途径。《幼儿园教育指导纲要（试行）》明确指出：家庭是幼儿园重要的合作伙伴。应本着尊重、平等、合作的原则，争取家长的理解、支持和主动参与，并积极支持、帮助家长提高教育能力。亲子活动不仅拉近了幼儿园与家长、家长与教师、家长与家长之间的距离，而且为幼儿园与家庭搭建了互动的平台，为家长主动参与幼儿园的活动提供了契机。同时，也能促使父母自身素质不断提高，亲子关系质量不断提升，从而形成更好的家庭教育氛围，帮助幼儿发展。本章节由四小节组成，分别从亲子活动的含义，开展的途径、形式，以及真实经典的案例等环节展开来谈，章节的最后也分析了幼儿园亲子活动中的不足，学好本章节将有利于教师在今后的工作中拥有丰富的知识经验，对开展家园工作有很大的帮助。

1. 论述亲子教育与亲子活动的关系。
2. 如何指导亲子阅读？
3. 亲子活动的组织形式有哪些？
4. 论述教师在亲子活动中的角色和作用。
5. 设计一项亲子活动方案。

1. 福建省直广厦幼儿园，编. 幼儿园亲子活动［M］. 福州：福建教育出版社，2014.

全书包括理论篇和实践篇，理论篇从幼儿园本身出发，探讨了亲子活动的目标、内容、类型、指导、评价和管理，实践篇收录了广厦幼儿园开展的各领域亲子活动案例，共有41个典型案例，可操作性强。

2. 曼红. 幼儿教师与家长沟通之道［M］. 北京：中国轻工业出版社，2012.

作者根据家长工作的基本规律，结合现实生活中的真实情况，阐述了幼儿教师与家长沟通的智慧与技巧，期待对幼儿教师的家园共育工作有切实的帮助与启发。

3. 教育部基础教育司. 幼儿园教育指导纲要（试行）解读［M］. 南京：江苏教育出版社，2009.

该书是在总结了近年来我国幼儿教育改革的经验，并充分吸纳了世界范围内早期教育优秀思想与研究成果的基础上制定的。《纲要》立足于我国幼儿教育改革的现实，坚持贯彻党的教育方针，坚持全面推进素质教育的思想；倡导先进的教育观念，如尊重每个幼儿，尊重幼儿身心发展规律；力求体现终身教育的思想，将社会、文化、环境与教育密切结合的思想，努力实现教育的目的性与幼儿发展的可能性相适应的思想以及促进教师与幼儿的相互作用，共同成长的思想等。

本章参考文献

邓子红. 幼儿园亲子活动存在的问题与解决对策［J］. 需求教育研究，2011（2）.

福建省直广厦幼儿园，编. 幼儿园亲子活动［M］. 福州：福建教育出版社，2014.

何秀英. 关于幼儿园亲子活动教育价值的思考［J］. 教育导刊：幼儿教育，

2005（3）.

教育部基础教育司. 幼儿园教育指导纲要（试行）解读［M］. 南京：江苏教育出版社，2009.

李冰. 幼儿园亲子活动探讨［J］. 学生之友（小学版）（下），2010（8）.

卢术夷，林民芳. 幼儿园亲子活动实际与指导的实践探索［J］. 学期课程研究，2009（1）.

曼红. 幼儿教师与家长沟通之道［M］. 北京：中国轻工业出版社，2012.

么娜. 浅谈幼儿园亲子活动的组织策略［J］. 教育导刊（下半月），2011（4）.

曲新陵，夏涓，马怡. 改善幼儿园亲子活动中家长育儿观念和行为的策略［J］. 早期教育（教科研版），2012（1）.

严庆. 引领孩子健康成长——由幼儿园亲子活动引发的思考［J］. 网络科技时代，2007（12）.

第四章 亲师教育与社区教育活动

 学习目标

1. 本章导读：亲师教育与社区教育是幼儿园教育中的重要组成部分。现代家长已成为幼儿园教育的合伙人，社区也为幼儿园提供丰富的资源。一个专业的幼儿教师要下功夫做好亲师沟通，让亲、师、生在充满和谐、相互鼓励与支持的良好环境中共同成长。通过本章学习，未来的幼儿教师要将亲师教育和社区教育经验结合起来，了解亲师教育的作用和原则，掌握家访的工作方法，鼓励家长参与幼儿园管理，熟悉社区教育整合活动的设计与实施策略。
2. 教学重难点：亲师教育与家访的方法，社区教育的整合管理。
3. 教学课时：教学 6 课时，实习 2 课时。

第一节 亲师教育

几千年的中国文化和教育传统蕴涵着丰富的亲师关系经验，在中华民族伟大复兴的历史潮流中，幼儿教师很有必要吸取古代教育的精华，探索培养幼儿良好行为习惯的教育方法。一方面发扬优良民族传统，使之在新时代焕发青春；另一方面，贴近幼儿生活实际，适应幼儿教育发展趋势，立足现实生活，包括家庭生活与幼儿园生活的各个环节，以亲师关系为主线，最大限度发挥家庭与幼儿园的"合力"效应，为幼儿良好行为习惯的养成与发展创造适宜的教育环境。

一、亲师教育的作用

亲师教育是由教师根据幼儿潜能开发的原理组织活动，帮助父母及其他抚育者在与孩子一起玩玩具、做游戏的过程中，引导孩子表现其潜能，并促进潜能的发展。亲师教育符合我国新颁布的《幼儿园教育指导纲要（试行）》的要求："幼儿园应与家庭密切合作，综合利用各种教育资源，共同为幼儿的发展创造良好的条件。""家庭是幼儿园重要的合作伙伴。应本着尊重、平等、合作的原则，争取家长的理解、支持和主动参与，并积极支持、帮助家长提高教育能力。"

学前教育作为终身教育的开端以及基础教育的基础，对保证儿童未来的发展具有极其重要的作用，与此同时，对于学前教育阶段的儿童来说，家庭教育的影响也是极其深远的，因此，开展亲师教育，将两个对儿童产生深远的教育环境联合起来，不仅可以提高学前教育的质量，还可视为一种促进儿童和谐、全面发展的有效保障。幼儿园教育和家庭教育有可能采用合作的方式发挥教育的合力作用。

对家长的教育，集中体现在提高家长的教养能力上。家庭是儿童成长过程中的第一站，是儿童早期教养的主要场所。家庭教养以它的启蒙性、普遍性和影响的久远性，在儿童成长过程中起着至关重要的作用。孩子大部分时间是在家中度过的，主要交往对象是家庭成员，许多外在影响要通过主要抚养者才能发挥教育价值。幼儿通过与主要抚养人建立安全的依恋关系，才能获得认知、情感、社会性等各个方面的发展。亲师教育采取"指导孩子的活动中同时指导家长"的"双指导"模式，还包括直接支持（口头传授）和间接支持（给予书面资料、周围人的鼓励）等形式。

幼儿教师假如能够指导父母，使父母以建设性的、更为积极与主动的态度和孩子互动，与孩子进行双向交流和学习，掌握家庭教育的科学方法，走出家教的误区，那么整个民族的素质和社会文明的程度必定大大提高。在亲师教育中学到的互动方法，运用到日常家庭的亲子活动中，使日常的亲子互动成为科学育儿的过程。亲师教育指导家长，是为了更好地教育孩子。家长的素质是影响儿童成长的最重要、最具决定性的因素，亲师教育提升家庭教育质量，从而让孩子受到科学的早期教育，最终实现家长与孩子共同发展。

亲师教育还可以有效地挖掘家长身上的教育资源。与教师一样，家长也是孩子的老师，与教师教育相比，家长教育有一个非常特殊的方面，那就是教师掌握的是一般规律，而家长都是针对孩子发展的特殊性，在实践中带着问题学习的，迫切需要拿来即用的知识技能，是非一般规律所能奏效的。受家长欢迎的教育者往往是家长群体本身。家长自身既可以做受教育者，也可以做教育者。由于家长的想法和做法容易引起其他家长的共鸣，所以也被看做是有效的教育主体资源。亲师教育同时也给家长们提供了一个可以互相交流的机会，家长本身对教育的理解、心得体会也得到了提升，具备了担当教育主体的能力。对于作为教育主体的家长自身而言，这一过程本身也非常利于其反省自己的教养行为，提高自己教养孩子的专业程度。归纳而言，亲师教育的作用有如下几点：

1. 儿童发展最初的奠基工程

在人的发展过程中，完成最初的奠基工程，几乎全靠家庭教育。幼儿阶段的家庭教育是孩子智力发展、身体发展、良好个性品质形成的最佳时期。家长们正是最初奠基工程的设计师、施工员，必须把好孩子起步的关口。

2. 幼儿园工作的助手

孩子入园后，家庭教育则起着幼儿园教育的有力助手作用。教育是一项系统的工程，只有全方位努力，学校、社会、家庭相互配合，协调一致，才能收到实效。

3. 亲师合作对孩子、家长、教师三者均有良好的帮助

（1）对孩子的帮助：父母与教师相处愉快，沟通顺畅，孩子是最大的受益者，可以使孩子觉得在学校生活也能很自在，增强孩子的安全感，提升孩子的自我认同，促进其顺利地适应幼儿园生活与学习，发挥潜能。

（2）对家长的帮助：了解幼儿在学校的情况，了解班级及幼儿园的教学模式和理念，促使自己妥善处理好孩子之间的亲子关系。

（3）对教师的帮助：有助于教师了解孩子在家的情况，让教师有针对性地进行指导，协助父母增加与孩子在生活上互动的机会。

二、亲师沟通的问题

在亲师教育中，亲师互动是亲师关系的动态表征，成为影响亲子教育质量的关键因素。教师平日要主动与家长联系，展现诚心，说实话，切中要领，把话说清楚，不咄咄逼人，保持距离，给家长选择，有说话的机会，让家长觉得友善，维持友谊。要让家长感受到教师专业的素养和对孩子的关爱，以积极善意的态度参与亲师沟通，尊重教师的专业教学理念和方法，用角色互换与同理心的思考模式，来提高相互合作的功效。

1. 沟通中常出现的问题

（1）心理差距。亲师沟通时，常因为心态上的不对称而产生一些沟通不良的情形，如因身份不同，误以为对方的说法较正确、事事依从，或言词偏激，都是不正确的沟通，对幼儿并无益处。在心态上应能互相尊重，才能较客观地面对所发生的事情。

（2）认知歧异。对于同一件事情，若双方各持己见、互不退让，用主观判断来决定幼儿的对错，对幼儿是伤害。应能尽量从同一个角度来看待、解决问题，携手寻求解决之道。

（3）断章取义。当一句话传到对方耳中时，容易只听片面而忽略全部。说者无心，听者有意，曲解了话意。家长和教师所处的立场不同，因此看待同一件事情的角度也各不相同，要把握语境和全貌，确信都是希望孩子发展好。

（4）指责说教。有的家长或教师会有指责说教的强硬态度出现，自以为是，认为自己是对的，数落对方丝毫不留情，一副兴师问罪的样子，破坏了亲师间的和谐沟通。

（5）妄下评断。家长与教师之间彼此不了解，容易产生道听途说的误解、猜测与怀疑，阻碍双方沟通与了解，使得亲师沟通更加艰难。

2. 亲师沟通的原则

（1）持主动积极态度。沟通乃是达成共识，透过澄清、意见的交流、相互讨论，以缩短亲师认知的差距，寻求辅导幼儿的最佳方法。因此教师应主动沟通，以带动家长从被动趋向主动，并把握时机，双方都需要主动、积极地沟通。

（2）营造有利的沟通情境。亲师沟通应有计划安排，制定明确的主题、时间、情境、规划，以认真负责的态度，相互关爱。向家长说明教育子女上的优点和缺点，促进沟通效果。

（3）建立真诚互信的情怀。互信是亲师沟通的基础，展现诚心诚意，抱持对事不对人、就事论事的原则。沟通都是为了孩子的学习和成长，沟通时给予适切的反应，使意见的交流顺畅。

（4）善加运用情绪管理。亲师沟通的历程应重视情绪管理，以成熟的情绪智慧，适度地处理相互间的情绪反应。运用专注倾听技巧，尊重他人，让他人觉得有价值、受尊重，建立良好的关系，互相留下好印象。

三、亲师沟通的类型和要求

1. 亲师电话沟通

（1）自我介绍与说明电话沟通的目的，电话中首先要说清楚自己是谁，希望今后能常联络幼儿的学习与生活状况，特以电话先问好等。

（2）电话礼貌不嫌多，交谈时间尽量少。

（3）事先认识幼儿，预告将作电话拜访，可使亲师沟通愉快。

2. 亲师联络簿沟通

（1）多鼓励，少责备。

（2）有来有往，求回馈。

（3）一视同仁，不忽略任何幼儿与家长。

（4）联系渠道多元化，让幼儿参与，维系公开原则。

（5）真诚。

3. 亲师面对面沟通

（1）事前搜集资料，掌握全盘状况，确定沟通目的。
（2）切中要领，实话实说，清楚表达。
（3）留有余地给对方说话，维持友善。
（4）认识对方情绪反应的正负、强弱，并分析语言方式。
（5）用心倾听、观察，舒缓情绪反应。
（6）引导对方逐步提升沟通等级至成熟、稳定，完成沟通目的。

4. 教师自我沟通

（1）接纳每一位学生。
（2）以时间、空间换取孩子的信任。
（3）随身带记事本帮助记忆。
（4）教师学会控制自己的情绪外，更要认识幼儿，了解他们的需求，进而建立良好的师生沟通渠道。
（5）教师想要做好指导者、教育者、支持者的角色，除了以身作则、有专业知识、具备热忱之外，更重要的是有一颗爱心，愿意营造良好的师生关系。
（6）放下身段，蹲下来与幼儿说话。

第二节　教师的家访

随着信息时代的到来，电话、短信、QQ、微信等现代联络方式得到普及，日益显示其便捷、经济、及时的优越性，而作为家园联系常规方法的家访渐渐淡出人们的视野。尽管如此，教师家访所起到的重要作用仍是不可缺、不可取代的。亲师教育下的家访有什么作用？与普通家访相比，有哪些不同？家访需要完成哪些具体的任务？怎样家访？相关事项如何处理？以下针对这些问题简要介绍。

一、家访的作用与价值

1. 对教师的作用

有效的沟通才能产生家园的真正合作，无论是教师或家长都愿意进行真诚的交流，为的是在教育中有好的方法，能让幼儿更好地成长。在家访中教师与家长沟通，了解情况，达成共识，融合不同的思维方式和教育方法，为解决孩子的教育难题奠定了基础。

2. 对家长的作用

在家访中，教师不辞辛劳、表现出对幼儿教育的责任心，一方面让家长感动、欣喜，另一方面也向家长传递出重视孩子教育问题的强烈信息。这会促使家长将对孩子的教育置于更重要的地位，积极与教师展开合作。在教师的家访中，家长会对自己的教育方式、行为所存在的优劣势反思，对解决问题的方法有更开阔的视野，可能就此下定决心，与教师合作并作出改变。

3. 对幼儿的作用

家访会让幼儿切实感受到教师的关心、重视，就此拉近师生间的感情距离，增添幼儿克服困难的信心和勇气。"一切教育归根到底都是自我教育。"当孩子感受到父母、老师热情的关心和鼓励时，最能产生合作行为。

总之，家访对亲师教育的三方而言，是增进了解、密切情感、强化合作的重要途径，能为幼儿的成长创设一个更有利的环境。

亲子教育家访与普通家访的区别。一是目的不同。亲师教育的家访比普通家访有着更明显的目的。在家访前，双方应该确定合作解决的问题，使得在家访进行前，双方可以进行思想、意识上的准备。二是方式不同。亲师教育没有普通家访的方式那么直接。尽管普通家访会以一种比较委婉的方式提出一些建议，甚至是商讨，但是亲师教育的家访采用的是真正互动、商讨的方式。为了提升合作的效果，强调以行动研究的思维方式引领家长讲述，以此知晓家长教育观念上的差异和漏缺，使得随后的教育观念上的引领更有针对性。

二、家访任务、形式和途径

1. 家访任务

（1）一起针对幼儿成长发展中的问题作出分析，拟定解决方法和分工计划。

（2）敦促家长发挥自身主要教育职责。亲师教育的家访要传递的信息是，在孩子进入幼儿园以后，家长并非处于教育从属地位，仍然是主要责任者，幼儿园教师是自己的合作伙伴。

（3）了解家庭成员的教育观念与教育方法。只有了解这一点，才能有的放矢，和家长更好地合作。

（4）了解家庭成员对孩子不同的影响力。家庭成员对孩子的影响力是不一样的，有正向与反向之别。亲师教育尽可能选择对孩子影响力较大的成员一起合作，这对于亲师教育非常重要。

（5）了解孩子家庭的基本情况。包括家庭成员及专业属性，经济情况、文化水平；孩子起居、玩耍与学习的环境；孩子的生活作息。对这些情况了解，有助于分析孩子问题的成因和拟定有针对性的对策。

2. 家访的形式

（1）了解性家访。主要了解幼儿的家庭情况、在家表现、家长对子女的态度及对幼儿园工作的意见或建议。这种家访形式适应于大部分幼儿。

（2）解决性家访。发现问题，提出问题，和家长共同商量已想好的办法。这种形式的家访一般用于问题较大、急于解决的幼儿家庭，这种家访要避免"告状"，真心帮助孩子和家长。

（3）鼓励性家访。幼儿取得成绩或有明显的进步时，教师应及时反馈给家长，当着幼儿的面向家长汇报，给幼儿及家长以鼓励。

（4）预防性家访。发现幼儿有不良行为或习惯的时候，教师应主动与家庭取得联系，做到"防患于未然"。

幼儿园家长访谈记录表[①]

访谈时间：		班级：	
访谈对象：		教师姓名：	
访谈形式	1）走访　2）约访　3）路遇　4）网络沟通　5）电访　6）其他形式		
谈 话 内 容			
家 长 反 馈			家长签名：

---

① 开发区育才实验幼儿园家访表格。

3. 家访的途径

（1）接送时间交流。每天家长都会接送孩子，利用孩子来园、离园之际与家长进行沟通，是非常切实有效、而且最常用的家访策略之一。

（2）电话短信交流。与家长沟通要讲究时效性，也就是说事前沟通与事后沟通所产生效应是不一样的，因此，电话沟通能在第一时间让家长和教师进行必要的沟通。

（3）网络平台交流。在当前信息快速传递的社会，与家长沟通的方式已不再局限于口传或纸面等传统方式，而是要充分利用现代传媒手段，如校讯通、QQ群、微信等，给家长传递更为真切的信息。

（4）面访。即老师与家长面对面沟通交谈。这种最具活力的传统家访沟通方式，效果也最为明显。在幼儿家中"一对一"面谈的基础上，幼儿教师尝试改变面谈地点和面谈形式，效果也不错。例如，采取把家长请到办公室面谈的形式，有的教师采取把多个家长请到一个集中地点进行面谈的形式等，效果都不错。

（5）书访，即书信访问。有些需要和家长讨论、征求意见、交流的问题，电话不便说清，或教师和家长因事务缠身，工作繁忙不易见面，可采用书信形式，完成家访任务。作为一种家访的辅助补充形式，这种"书访"方式，效果也不错。

（6）突发性事件家访。在幼儿园的一日生活当中，发生意外事件后及时与家长进行电话沟通或进行入户式家访，以慰问孩子、安抚家长。

三、教师如何做好家访工作

要做好亲师教育下的家访工作，教师要将自己定位为平等的合作者，以"发现问题——分析问题——形成经验理论——激发头脑风暴——拟定行动计划——获得双边行动许可"的工作过程模式展开合作行动，让家园双方尽可能地投入到幼儿教育中。在合作者的定位之下，教师还要进行角色的调整。①

1. 作为研究者的教师。作为研究者，教师要做好两件事。一是对即将进行的家访，教师要针对幼儿所存在的问题查阅相关和整理相关资料，为家访内容做准备。家访中交谈的内容要能为合作双方打开思路，开阔视野，提供更多具体的可操作的方法。二是要将家访作为一种研究与考察活动。这就要求教师撇开一些先入为主的观念，更多地去观察、了解，力求每个环节都不放过，并将所获取的信息联系起来。家访后，教师间要进行交流，并及时将获取的信息整理存档，作为后续研究与合作的依据。

---

① 李慧英. 浅谈教师家访的策略与技巧 [J]. 新课程研究：基础教育（上旬），2012（10）.

2. 作为学习者的教师。对于家长教育孩子，"既没有无教育的行动，也没有无行动的教育"。每个家庭都有意无意地教育过孩子，并采取了符合自己教育观念的行动。教师应通过思维方式的引领，引导家长讲述他们发现和解决孩子成长中问题的过程和做法。教师耐心倾听，既是对家长的尊重、鼓励，也是一种真正的学习。

3. 作为引领者的教师。作为引领者，教师要在思维方式、教育观念和教育知识方面发挥自己的作用。所谓思维方式的引领，就是遵循一种相对固定简单而清晰的教育思路对家长进行引领：这个问题是怎样发现的，你当时是怎样想的，有没有采取过什么措施来解决或引导，这些措施的成效如何，还存在什么问题，有什么困难需要帮助等。这样，一是让家长反思和总结教育孩子中的经验教训，二是为了引领家长教育的思维方式，更好地负担起本属于自己的主要教育职责。所谓教育观念的引领，既有的思维模式和教育观念与预期的效果不相符时，教师提出新的教育观念。所谓教育知识的引领，就是当家长误解孩子的表现时，教师可以从专业的角度给予科学合理的解释。

四、家访中需要注意的问题

1. 明确家访目的。每次家访前，教师要认真明确此次家访要达到什么目的以及采取的保障措施。要做到有的放矢，决不能无目的、抓不住关键，否则，不会有什么收获。

2. 把握幼儿在园的全面表现。家访前，教师要对家访幼儿在园表现、学习、兴趣爱好、习惯、优缺点等了如指掌，以便家访时能信手拈来，提高家访的实效性，与家长交流得心应手，避免信口开河、抓不住重点。

3. 做好提前预约和掌控时间。家访前，必须与家长提前约定好家访的时间，切不可盲目家访，这样家长很可能不在家，白白浪费时间和精力，也会大大影响教师的情绪。一定要根据家长时间提前约好。幼儿也可以在场，家访的效果会更好。家访时间不宜过长，以免耽误家长的工作。

4. 讲究语言艺术。教师语言表达方式要得体，要温和礼貌，不恶意伤人，尊重家长，轻声和气，避免高声狂言。

5. 掌握分寸。教师在家访过程中难免要回答家长提出的这样那样的问题，需要教师学会应变，避免出现尴尬的场面，即使遇到不讲理的家长，回答也要讲究艺术，为此，教师应该做到以下几点：（1）避一避：回答家长问题不能伤害其自尊心，切忌当众数落其子女的不是。(2) 忍一忍：当家长在沟通中出现过激的语言和行为时，教师要挑战自己的心态，微笑面对。这时教师应等家长心平气和后再进行沟通，或停止家访。(3) 冷一冷：有时碰到家长思想固执，提出无理要求时，教师可以巧妙地使用冷处理，然后在后续家访中逐步处理。

总之，家访改善了师生关系，弥补了家园沟通的不足，拓展了家园联系的空间，形成了家园合作教育的良性互动。要将家访作为亲师教育的一种常规方法，使得这种沟通方式能更有效地进行下去，发挥更大的作用，真正地实现幼儿园教育与家庭教育的联系与结合，实现教育成效的最大化。

五、面对单亲家庭

1. 为孩子创造一种愉快的家庭氛围

儿童从 2 岁起便能真切感受到家庭的气氛，不同的家庭气氛会使孩子在思想、态度和一般行为中作出不同的反应。如果孩子在家里感到愉快和安全，他们的心理和性格就能得到良好发展；如果家里整天吵吵闹闹，孩子常常处于提心吊胆、担惊受怕的环境中，就易产生不良情绪和行为问题。在幼儿园里，我们常常发现单亲家庭的孩子往往表现出性格内向、恐惧、悲伤、焦虑、冷漠或攻击性强等不良心理和行为倾向，他们常常为一点小事大哭大闹，而且很难制止。这些不良心理和行为倾向，如果不及时加以正确引导，将会出现偏差。因此，单亲家庭要特别注意为孩子创造一种愉快的家庭氛围，以利于孩子良好性格的形成和心理的健康发展。

2. 为孩子营造良好的文化氛围

作为单亲家庭的父亲或者母亲，要十分注意自身对孩子的行为方式、心理状态以及性格特征可能产生的巨大影响，要时刻注意自己的言行举止，不要在孩子面前表现出不良的习性，如说谎、失言及不负责任等。不要根据自己的喜怒哀乐来对待孩子，否则，坏习惯的不良影响，往往会使一个好端端的孩子渐入歧途。可以经常带孩子去听听音乐会，看看书画展，和孩子一起做做有趣的游戏，等等，为孩子营造一个良好的文化氛围，使孩子尽快地从失去父爱或母爱的痛苦中走出来，逐渐养成开朗自信的性格。

3. 让孩子学会承担家庭责任

不要因为孩子失去父爱或母爱就格外地娇惯他，要放心大胆地让孩子去做力所能及的事情，让孩子了解家庭的各种情况，必要时可请年龄稍大的孩子对家庭的重大事情一起参与决策等。在孩子做力所能及的事情的时候要多鼓励他们，从而培养孩子的独立能力。让孩子从小就知道自己对家庭也负有一定的责任，使他们长大成人后能自觉担负起对家庭、对社会的责任。

4. 多为孩子创设人际交往的环境

针对单亲家庭的孩子性格容易趋向内向和孤僻等特点，让孩子多接触社会，多为孩子创设一些人际交往的机会，是一种良好的矫治方法。

在孩子的成长过程中，父爱和母爱都是必不可少的，单亲家庭要努力去满足孩子对这两种爱的渴望。让不抚养方多探望孩子或父母双方轮流抚养孩子，这对孩子的成长是十分有利的。

第三节　家长参与幼儿园管理

家长作为幼儿教师的最好合作者之一，有效地参与幼儿园管理，越来越得到重视，家长的合作成为目前幼儿园管理中的一项"未充分利用资源"。

家长与教师在幼儿教育中存在矛盾，经常会听到家长对幼儿园管理和教学的各种不满，幼儿教师对此常常感到头痛。有位幼儿教师抱怨："有时候，面对家长提出的尖锐批评，我只能不停地为自己辩护。我总是感觉到有人对我的工作指手画脚，告诉我该做什么，不该做什么。于是，我感到很沮丧，甚至恼怒。"

众所周知，良好的幼儿教师和家长的关系有助于孩子在家里和幼儿园中更好地生活、学习，能使幼儿教师在实践中得到情感上的支持。然而很多现实情况却并非如此。家长与教师矛盾的症结关键在于：家长关心自己的孩子，而教师必须考虑班里所有的孩子。家长出于对自己孩子的过分关心，常常会对幼儿教师提出一些要求，而且总是坚持认为自己的要求是合理的。教师认为自己在幼儿教育方面受过专门训练，取得幼教专业学位，是具有专业知识的教育工作者，更懂得儿童的心理，采取的教育方法更为有效。有一些教师从事幼教工作已多年，在工作中积累了相当多的经验，教师觉得在幼儿园儿童的教育中，家长应该给予教师尊重与支持。那么家长与教师矛盾的解决途径是什么？让家长有效地参与幼儿园管理是一种好方法。

一、家长参与幼儿园管理的要求

1. 创造机会，让家长参与幼儿园管理

家长对幼儿园教育管理的误解，很大程度上是由于他们对幼儿园的整体规划不了解。家长总是从自己及孩子的角度出发来看问题，只注重自己孩子的感受。让家长走近幼儿园，目的不仅仅是建议家长如何看待自己的孩子，更是要他们深入地了解幼儿园的管理方法。对此，幼儿园应实行各级管理体制公开化、透明化，让所有的家长了解，幼儿园是从全体孩子的角度出发制定的各项管理措施及具体规划。请家长对于幼儿园的整体规划提出建议，让家长站在幼儿园管理者的角度考虑每一个孩子的利益。

2. 加强教师与家长之间的沟通

加强教师与家长的沟通是促进幼儿园管理现代化的有效途径。教师应利用儿童入园家长会，向家长宣传自己的教育理念和一些新的教育方法；利用家长接送孩子的机会主动出示孩子每天的活动记录，与家长一起为儿童制定共同的学习任务；向家长了解孩子在家的表现、个性倾向等。为幼儿建立个人档案，让家长及时了解到自己的孩子有哪些突出表现或不足之处，是一种教师与家长共识管理；教师与家长一起为个别幼儿制定共同的学习任务，是一种教师与家长责任管理；可在各项活动中邀请家长或有相关经验的家长当评委，直接了解幼儿教师的特种技能和幼教理念内涵，更是一种有形有力的家园沟通效应管理，以家园共同管理来完成。采取多种多样的方式进行沟通，在不知不觉中见效。更重要的是，让家长产生信任和理解，家长和教师彼此都能从对方那里学习有关儿童教育的经验和知识，家长对幼儿园的信任度更会大大提高。

3. 加强活动的宣传力度

通过活动加大宣传力度，如通过宣传栏、家长会、专题讲座等，介绍国内外一些先进幼儿园管理的实际事例，让家长了解当今幼儿管理的最新趋势，鼓励家长对幼儿园管理提出有价值的改进建议。

4. 抓家园合作，促进幼儿和谐发展

幼儿园与家庭合作在幼儿教育中的重要性已被广泛认可，幼儿园正在大力推进家长工作。家园合作是一种双向互动，只有家庭教育与幼儿园教育的相互有效配合，才能促进幼儿健康成长。

二、家长参与幼儿园管理的方法

1. 开展亲子游戏活动与亲子运动会

幼儿教师可以邀请一些有相关经验的家长来园做参谋，共同设计一些符合幼儿活动的趣味游戏活动，这样可以让家长深入了解幼儿园的教育活动和幼儿的生活学习管理措施，共同创造幼儿健康成长的环境。

幼儿出游安全协议书

幼儿园中班家长委员会经商量，决定组织进行春游亲子活动——极地海洋世界一日游，为保证幼儿安全，特约定安全协议书如下：

1）本次活动由中班家长委员会商议决定。

2）家长全程参与春游活动，并对幼儿参加活动的安全负责。

3）不去没有任何防护设施的地方。

4）出发前告诉幼儿要去什么地方，要注意些什么等。

5）到了目的地，家长不要只顾拍照，请照顾好幼儿，并时刻提醒幼儿注意保护环境，不乱丢垃圾。

幼儿姓名	监护人	签署日期

亲子合作做蛋糕

班里开展了一个"亲子合作做蛋糕"的活动。在活动中，教师邀请铭铭的妈妈为甜品大师，教孩子和妈妈们制作蛋糕。

活动前，家长们与铭铭妈妈进行沟通，积极做义工，共同参与活动。活动当天，孩子们的兴趣很大，兴致高昂，在活动中大胆尝试，自己动手，享受着其中的快乐。活动结束后，孩子们拿着自己制作的蛋糕，不仅有成就感，还不舍得吃下自己制作的蛋糕。

孩子非常喜欢这次活动，前来帮忙的妈妈们也像个孩子似的玩得很开心。这样的活动不仅丰富了孩子的生活经验，也让家长们感受到了孩子们纯真的快乐，家长们都受到感染。

亲子合作，快乐成长

为了积极推进幼儿素质教育，掀起孩子们体育锻炼的热潮，幼儿园开展了亲子运动会。

运动会以安全和健康教育为主题来展开。在中大班的安全教育中，幼儿园以消防为主题，通过教师们精心设计的比赛项目，一方面让幼儿了解一定的消防知识，让幼儿和家长体验亲子活动的乐趣，培养竞争意识，增强集体荣誉感。另一方面，观看消防员的表演更让幼儿惊叹不已，为消防员的大无畏精神所感动，为消防员不怕牺牲的精神所感染！

从小树立起安全意识是非常必要的。也从这个简单的演习中让幼儿明白，遇到危险不要慌张，会有人来伸出援助之手，帮助我们解决困难，也让幼儿明白，做一件事情一定要有一份坚持刻苦顽强的毅力。

中大班将大火中如何自救的方法融合到项目中，使比赛项目丰富多彩，富有竞争力。幼儿个个精神饱满，积极性高，《滚火自救》、《与浓烟抗衡》等项目既突出了竞技体育窜、滚、跑的特点，又切合了幼儿们爱好游乐的心理特征，让孩子们在运动中感受快乐，在快乐中锻炼身体。

在比赛进程中，每个幼儿的表现非常积极，"运动员"争先恐后，你追我赶。在迎面接力等比赛过程中，每个班的家长和幼儿们团结一心，配合默契，拉拉队热情高涨，各班级幼儿的集体荣誉感油然而生。操场上不时地传出加油声、欢呼声，每个幼儿都参与了比赛项目，运动能力得到了提升。家长们也不示弱，在遵守游戏规则的前提下，争先恐后，为家庭、幼儿和班级争得荣誉。整个幼儿园里加油、呐喊声一浪高过一浪。在比赛的过程中，孩子们的体育精神不亚于我们的奥运选手，在赛场上展示自己。秉着友谊第一，比赛第二的体育精神，意犹未尽地赛完了比赛项目。最后的亲子律动《手牵手》将整个运动会推向高潮，在一片温馨的气氛中结束了中大班的运动会。

此次运动会在家长、教师的共同配合下顺利完成。本次的运动会旨在激发孩子对运动的兴趣，快乐地体验活动给孩子带来的挑战。提升了孩子的各种运动技能，培养孩子竞争和合作的初步意识，并培养孩子挑战困难、挑战自我的勇敢品质。

用运动会为家园联系提供了平台，使家长了解幼儿园的教育特点，让家长真真切切地看到了孩子的进步、优势和不足，也让他们充分体会到了教师对每个孩子的了解和关爱。同时也给平时工作繁忙的家长一点点放松的空间，完全投入到与孩子玩耍的空间中，用心去感受孩子世界里的快乐和童真。

通过运动会,充分表现出了师幼良好的精神风貌,增进了孩子与父母及教师之间的感情,增强了家长与幼儿园之间的沟通,也突出了运动会的中心:快乐运动,健康成长。

2. 定期召开家长委员会

幼儿园提供一个亲师对话的理想公共空间,亲师将共同关心的教育事务在这个正式会议中提出,进行理性沟通,大家对班级事务、各种活动出谋划策。请家长委员会的家长代表定期向幼儿园反馈广大家长的意见,参与幼儿园的教育决策和监督。

家长委员会组织机构及分工

职务	主 要 职 责	电话
组长	主持家长委员会的全面工作,协助园长工作,召集家长委员会和全体家长开展家长学校活动。	
教育委员	参与幼儿园教育教学管理,定期督促、关心、研究幼儿园教育教学工作,为幼儿园的教育教学工作出谋划策。	
宣传委员	参与幼儿园管理,负责向社会、家长宣传幼儿园的办园理念、教育思想和办园成果,为幼儿园的宣传工作出谋划策。	
保健、伙食委员	参与幼儿园卫生保健、伙食管理,定期督促、检查、讨论幼儿的伙食、卫生保健工作,确保幼儿身心健康。	

家长委员会是幼儿园通过家长进行工作的组织形式,它是幼儿园办学的参谋机构。原则上每班三人,其成员由班主任推荐,幼儿园审核,家长同意,方可成为正式会员。任职条件包括:较全面地理解党的教育方针,热爱教育事业。思想进步,作风正派,乐于为幼儿园教育事业服务,乐于为幼儿服务。具有一定组织管理能力和社会活动能力,能为幼儿园献计献策,肯办实事。教育子女有方,重视家庭教育的研究,讲究家庭教育质量,能创设良好的家庭教育环境。

(1) 组织宣传组职责。

幼儿园大活动:每年度幼儿园会组织或参加各种园方的六一等庆祝活动及社会

活动。在上述活动期间，组织宣传组应做好各项协助、协调工作。包括活动事宜的联络、本班级活动的协助、活动内容的宣传报道。上述活动均应在园方的指导下完成。

亲子活动及班级家教特色活动：组织宣传组在年度内要完成1~2次的亲子活动组织工作，也可以组织本班级的家教活动，以形成良好的家园互动。在年度内向幼儿园园报及幼儿园网站投稿1~3篇。

（2）安全保卫组职责。

外出活动协助：在各项园方组织的活动中，安全保障组应积极参加，在外出过程中协助老师做好小朋友的安全保障，发现、消除安全隐患。

日常设施检查：在出入园时，关心留意大型玩具及周边环境的安全隐患，参加幼儿园的安全检查1~2次，为幼儿园各项卫生工作出谋划策，提供食堂卫生、物品卫生的安全建议。

（3）教育营养组职责。

家园共育方面：参与幼儿园的家园共育、家教指导活动，提出家长问卷的修改建议，定期交流教育经验，在幼儿园的主题活动（例如：环保教育、健康教育等）中提供具体的1~2个活动建议。

健康营养方面：参与幼儿园伙食管理与质量监督，提供餐点的营养建议，在年度内提供1~2个营养餐建议，也可以提供1~2个适合幼儿园小朋友的锻炼项目、民间游戏。

3. 组建家长义工队伍

幼儿园的现代化管理离不开家长的有效参与。为了让家长理解和支持幼儿教师的工作，为了每一个孩子的健康成长，幼儿园应对家长敞开大门，让每一位家长有效参与幼儿园的管理。

"家长义工活动"是指在不计任何报酬的情况下，以自愿参加的方式，由各班级中热心参与幼儿园活动、有一定劳动特长和传统手艺的家长组成的一支队伍，他们根据自身的特长和能力，分别参与幼儿园的安全管理、班级管理、环境创设、主题实施等力所能及的活动。"家长义工"中的家长不仅指在幼儿园的父辈家长，还包括祖辈家长及社区中为幼儿教育服务的人。幼儿园通过宣传发动、建立资源库、制定操作流程、海报招募、活动组织与评价等途径，来运作家长义工活动。

家长义工主要体现了三个满足：满足了家长在参加活动中了解幼儿教育的愿望，促进教育合力的达成；满足了家长家庭教育指导的需求，使其在活动中得到正确的教育方法，提高育儿能力；满足了幼儿的需要，家长义工活动有利于开发整合幼儿园以外的教育资源，充分发挥家长的智慧和特长，充实了教育力量。家长义工活动涵盖着幼儿园管理、教育、服务等，构建了家园一体化的教育格局。让家长参与幼儿园的管理，促进了家园良好互动与沟通，促使家长之间相互学习提高。

家长义工的组织包括以下几部分：

(1) 宣传发动。以让家长了解、支持、参与活动为出发点，开展多种途径的宣传活动。在每一届新生家长会上，幼儿园领导向全体家长宣传家长义工活动的模式，开展活动的目的、任务、做法等，让家长了解活动；可以把有关"家长义工在行动"的活动介绍给家长，向家长解释为什么开展这样的活动，怎样开展，可通过一些活动照片让家长观摩，发出告家长书，主要介绍义工的职责是什么？家长义工可为幼儿园做什么？并附上反馈表，让家长根据自己的能力、特长进行自主选择。还可以通过班级的家园栏经常粘贴与刊登家长义工活动的简讯、文章，让家长进一步对家长义工活动有一个感性的认识。可利用沙龙的形式，和家长一起探讨，教师在家访的过程中了解家长的爱好、特长，鼓励家长参加义工活动。

(2) 建立资源。建立家长资源，把愿意参加幼儿园义工服务工作、愿意成为幼儿园家长义工的家长，根据提供情况进行分析，统计、整理、记录档案，作为资源储存起来，以便幼儿园以后管理选择，合理使用。如安全护卫队：家长自发为幼儿园外出活动、离园保障出行安全，维护幼儿园安全工作的活动小队。爱心服务队：家长自发参与幼儿的课程中，制作幼儿游戏材料，为班级环境、校园环境收集废旧材料，参与环境创设等。教育督察队：由园家委员会组建一支队伍，不定期地观摩考察幼儿园的食堂卫生、幼儿的膳食、教师的教学活动、幼儿园的安全保障，随机向教师进行访谈一些教育教学情况等。智慧参教队：教师根据主题活动的需要、社会热点教育及孩子生成的内容，邀请幼儿家长或相关人员根据自己的学识、特长进园组织集体教学、区域指导、外出参观等多种形式的参教和助教活动小队。

(3) 制定流程。为了保证活动的有序开展，在幼儿园与家长共同讨论下，最后通过审核，制定每个队的活动流程和操作要点，使家长义工在开展活动时做到心中有数。

(4) 活动开展。在建立家长义工资源库的基础上，根据教育的需要，开展和安排多种形式的家长义工活动。首先，海报招募。每次通过张贴海报来发布活动消息，说明本次义工的活动时间、具体的服务事项，以及对家长义工特长的需求，让家长进行自主报名。然后是商讨准备。为了使义工活动顺利开展，在活动开始前邀请几个更专业的家长义工一起进行商讨，大家一起寻找最好的方法，如何分工、准备哪些材料等。最后，活动组织。活动组织前开一个简短的会议，向家长介绍本次义工活动的目的，活动对幼儿园发展、孩子发展的重要性，还可以请专业的义工介绍材料，活动中组织孩子观摩家长义工活动，让孩子在活动中学会感恩。

4. 半日活动开放日

让家长从孩子的表现中，不仅看到孩子的进步，更从中了解教育理念，并将它运用到自己的家庭教育中。

5. 家园联系册

每月一次的家园联系册,能较全面地记录孩子在园在家的生活卫生习惯、动作发展情况、学习能力、语言发展、行为习惯等,从而提出针对性的教育方式。

6. 教育沙龙

撰写家庭教育经验文章,有力地促进了家园合作。

7. 亲职教育、家长会、家长园地

采用亲职教育、家长会、家长园地多种形式,宣传幼儿教育和家庭教育的重要性,提高家长的教育责任感,宣传正确的教育观念,创设良好的家庭教育环境,对家长的家庭教育提供帮助和进行指导,有效提高家长素质和家教质量。

8. 公开的活动

开展国旗下的讲话、特色园本课题教研活动、幼儿兴趣活动、幼儿小组会、幼儿园文化等,让家长了解当今幼儿教育管理的最新趋势,以便家长对幼儿园教育管理提出更有价值的建议。

9. 网上教育论坛

用网上论坛的形式来交流教育的心得和理念,这个管理方式更适合平时工作繁忙、没时间与老师进行沟通和了解幼儿园情况的家长。

家长参与活动设计

在亲子活动中,大多数是一个家长对一个幼儿,有的甚至是两个家长都来参加。在这种情况下,有相当一部分的家长在活动中看到幼儿遇到困难,不是用引导的方法去帮助、提示幼儿,而是代替、包办。他们也许认为只要幼儿高兴就好了。殊不知这反倒害了幼儿。对于知识技能的学习,最好能让幼儿在探索中掌握,这样也有利于提高幼儿各方面的能力,如:想象力、创造力、观察力等。有些家长也意识到这样的问题,经常会问:怎么办?每次我都会给家长提供意见,但家长们还是不以为然,于是我决定让家长一起参与幼儿园教育管理。

在开展活动之前,我请家长一起参与亲子活动的设计,让家长来出谋划策。于是我们商量在《马路上的车》这个主题中，举行了一次亲子活动《自制汽车》。在组织活动时，我们决定请三位家长帮忙指导，分别是两位爸爸和一位妈妈。

活动开始了，幼儿都能很高兴地参与活动，我发现家长在指导幼儿完成作品时真正起到了引导的作用。在活动中我发现了两位爸爸的指导方法很有特色，值得借鉴。在指导方法上以引导幼儿自己探索为主。另一位妈妈在指导方法上是如何进行的呢？我发现在指导方法上可以说基本上代替孩子完成小汽车的制作，而孩子则在一旁看着妈妈制作小汽车。

活动结束后，我请三位家长分别和其他家长谈谈自己的感受，最后得到的效果是我意想不到的，家长们听得很带劲，看到家长的反应，我知道这次家长参与教学活动很成功，让家长深入了解幼儿园在教育活动引导的措施，共同创造孩子受益和健康成长的环境。

分析评价

充分利用家长资源，让家长参与教学活动中，通过这样的形式让家长感受家庭教育的重要性，改变自己的位置，充分调动家长参与幼儿园管理的积极性。在活动后，应及时组织家长讨论：在本次活动中自己是如何指导幼儿的？在讨论中发现其中的好办法，引导大家一起学习，提高家长的教育水平，发挥家长资源，形成教育合力，达到家园共育的好效果。

最有效地利用好家长的教育资源，也是促进幼儿园发展的一种手段。总之，一所发展好的幼儿园离不开家长的配合与支持，离不开家长的理解和参与，更离不开家长的认可与信任。这充分说明一所幼儿园的整体管理不是你、我、他的事，是要靠社会、家长、教师、员工们的和谐力、凝聚力、齐心力共同奋起。

第四节　社区教育的整合

现代儿童所面临的社会生活空间日益扩大，社会价值日益多元化，社会生活环境日益复杂化，这一切都对幼儿适应社会的能力发展提出了新的挑战。目前的情况是，社会、学校、家庭面对这种变化的教育策略相对跟不上，家长对幼儿过分宠爱，使得幼儿处处以自我为中心，缺乏交往，导致幼儿应付社会生活的总体能力发展迟滞。

随着现代社会的飞速发展，人们深刻意识到，幼儿学习不是独立建构的，而是在家长、幼儿园、社区的相互作用过程中建构的，是在特定的文化背景中建构知识、情感和人格。因此，在幼儿活动中，要充分重视幼儿与多方面的互动，真正做

第四章 亲师教育与社区教育活动

到"从儿童出发,以儿童发展为本"。皮亚杰关于儿童与环境作用理论的研究,也揭示了儿童参与社会、与社会交往,从而发展智力以及社会适应能力的重要性。幼儿园应与家庭、社区密切合作,综合利用各种教育资源,共同为幼儿的发展创造良好的条件。

一、社区教育整合的模式

《幼儿园教育指导纲要(试行)》在总则里提出:"幼儿园应与家庭、社区密切合作,综合利用各种教育资源,共同为幼儿的发展创造良好的条件。"在组织与实施中,又指出"应充分利用自然环境和社区的教育资源,扩展幼儿生活和学习的空间"。由此可见,充分开发和利用社区教育资源,建立新型的教育体系,已经成为当前幼儿园课程改革的热点。

社区教育的作用在于:

1. 利用社区资源更好地开展幼儿园教育。社区教育更新教育观念,构建"没有围墙的学校",能满足社区内不同年龄、不同人群的学习需求,教育对象具有了全员性,教育内容丰富多样。

2. 幼儿园能为社区提供教育和文化支持。社区中的现有资源往往种类繁多,而且以分散的形式存在,社区教育作为一种特殊的教育组织形式,对社区内各种资源加以开发和利用,科学地整合,做到横向联合,纵向沟通,形成多层次、多渠道、全方位的社区学习服务体系,实现教育资源共享,使之为各类教育服务,促进终身教育体系的构成。

教育模式是指在一定的教育思想、观念指导下,构成包含主题、目标、条件(手段)、程序、评价五个要素之间的方式及其运作流程的方式。幼儿社区教育整合模式是指在实施幼儿教育中,社区形成友好互通、互动、互惠教育联盟关系,采用多途径的共育方式,逐步形成相对稳定、系统、有典型意义的、可操作的综合教育方式。

二、社区教育整合的原则

1. 注重整合,挖掘价值

首先,注重课程整合。"共育模式"的运行有机融合在幼儿的生活、学习、运动、游戏等课程实施中,根据教材要求,有机选取幼儿园、家长、社区教育资源,发挥家园社区团队式合作共育的优势作用,给幼儿和谐发展提供良好的教育氛围。其次,注重环境整合。在实施社区教育中,以幼儿园内外生活环境为载体,构建开放性、整合性的教育大环境。社区教育更多偏向园外生活，旨在拓展幼儿的教育途径与空间，实现幼儿教育大环境。再次，注重资源整合。如在开展活动中，家园社区资源运用不是割裂的，而是有机融合。此外，注重目标整合。在开展社区教育中，要求参加者多思考活动对于幼儿的发展价值，力求让幼儿有更多的机会接触大自然、大社会，与环境、与人互动，多给孩子自主活动与发展的空间，使幼儿的身心健康、智力潜能、行为习惯、交往能力、个性品质等得到潜移默化的陶冶。

2. 尊重差异，考虑适宜

首先，在制定目标时考虑孩子年龄的适宜性。在开展活动中，经商讨制定各年龄段孩子的共育目标：小班注重兴趣培养、生活习惯的养成教育；中班注重健康身心和幼儿行为习惯的培养；大班注重小主人意识和能力的提高、社会性认知的发展、幼儿学习习惯与能力的提升。其次，选取内容并组织开展活动时考虑幼儿发展的适宜性。如小主人家庭互动活动中，引导大班幼儿学做小主人；小班孩子可观摩教育，如会剪纸的奶奶，请幼儿在创意去发挥作用，组织植树节活动……总之，适宜性原则更有利于满足不同孩子发展的个体差异需要，吸引更多的家长社区资源参与共育活动。

3. 互尊互赢，共同发展

在家园社区教育活动中树立互尊互赢的合作理念，以"家园社区联合主体"的观点，贯穿活动，并考虑共育对于大家的互赢，构建长久的稳定的大教育环境。通过活动，幼儿获得多元发展，家长提高了育儿能力，幼儿园拓展了教育资源，提高了办园质量与声誉，丰富了课余生活，居委会丰富了小区活动……总之，"共享成果，互惠互利"是家园社区共育模式实施应遵守的原则。

三、社区教育整合的途径

1. 建立资源库，为资源整合提供基础。幼儿园可用的社区资源可以说是五花八门、包罗万象，有些资源具有即时性，比如社区内的重大活动——元宵灯会、重阳舞狮会等，对这些活动的时间，幼儿园是无法自己安排的。有些资源具有长效性，如社区内的各种设施等。有些资源具有不可重复性，有些资源可以反复使用等。因此，分门别类地收集各种社区教育资源，建立资源库是运用好资源、形成教育合力的保障。

2. 利用家长信息，对与幼儿共同生活的成人的相关情况进行调查。了解他们的工作单位、职业、爱好及联系途径，挖掘家长潜在的教育因素，把这些调查信息进行汇总，为开展多样化的家园互动活动提供了信息支持。

3. 分类整理资源。社区资源只是潜在的教育资源，只有对资源进行分类和筛选，并根据幼儿发展的需要与幼儿园课程整合，才能使之成为幼儿园的课程内容。因此，有必要对收集到的资源进行分类整理。正是通过分类整理，让一些资源成为了幼儿园的"共建单位"，如消防大队、蔬菜园艺场等；一些资源成为了幼儿园的"材料供应库"，如废品收购站、面包房、家具厂等；一些资源成为了幼儿园的"专题活动库"，如雕塑厂等；一些资源如社区里的医生、电脑工程师等成为了幼儿园的"家长导师"。幼儿园初步建立起了一个教育资源储备库。通过分析和严格的筛选，根据资源在课程中的不同价值，从而为资源的有效利用提供了坚实的保障。

4. 请进来，扩大导师资源库。要用活资源，为资源整合提供平台，充分利用家庭和社区中的人力资源、社会文化资源、自然资源，通过"请进来、走出去"的模式，为幼儿提供多样化的活动平台，让幼儿在自主选择中获得发展。"请进来"主要通过"家长导师"、"家园同步游戏"、"家长辅助教学"等形式，鼓励家园互动，将社区资源中可移动的部分"请进"幼儿园；对于不能移动或不便移动的，采取绘画、录音、录像等方式，将社区的影音图像带入教学情境之中，从而使社区资源真正走进幼儿园。如在"家长导师"活动中，可请家长中的裁缝、木工、护士、鞋匠、剪纸工、编织师、面点师等有一技之长的人，充当志愿者，直接担任幼儿的"导师"，让小朋友根据自己的兴趣自由选导师、跟导师、向导师学习。教师在活动前和"家长导师"共同制定活动的菜单，确定每一个活动的内容、形式和目标，并且在活动中不断丰富导师制的内容，扩大导师资源库，从而加大幼儿的选择机会，也更充分地利用了家长职业或爱好方面的教育资源。社区教育的整合丰富为不同能力的孩子提供了不同的发展空间，促进了孩子素质的普遍提高。

5. 走出去，与大自然对话。幼儿园充分利用周围得天独厚的社区资源优势，组织幼儿参观实践、交流表达、动手尝试，让每一个孩子用心灵与大自然对话。每个活动都融进了孩子的亲身体验、直接感受，让生活和学习真正成为一体。

四、社区教育整合的活动

1. 贴近自然。如春暖花开时，带孩子观察动植物的生长变化；秋收时节，广阔的田野就在眼前，孩子们一起去捡落叶、拾稻穗、剥豆荚，开展丰富的野餐活动，体验生活的乐趣；幼儿园附近有各种各样的农作物，带孩子去田野看农民播种、施肥、治虫、收割、耕田、除草，并让幼儿参与劳动，体会劳动的辛劳及收获的快乐，真正让大自然、大社会成为了活教材。充分利用丰富的社区资源，带孩子们回到现实生活，体会生活的本色。

2. 角色体验。如带幼儿进行商品调查、户外教学等。在热闹的菜场及超市，让孩子们通过自己购物，认识了货币、了解了买卖、认识了各类商品、学会了讨价还价；通过和叔叔阿姨交流以及合作购物，为其学会与人交往、合作奠定了基础。

3. 社会活动。如社区访问、社区参观、社区远足、社区服务。通过参观图书馆、邮电局，了解工作人员为社会服务的情形；认养树木、美化环境、为老人服务等。

4. 艺术活动。如参与节日活动，并且组织幼儿到社区场所展示自己的学习成果，进行美术展览、舞蹈表演、戏剧表演等，不仅增加社区的和谐气氛，而且提高了幼儿自我表现的能力和经验。

5. 社区的大活动。如幼儿园结合社区的要求，让孩子们融入到为社区服务做宣传的活动中去。

在幼儿园、家庭、社区教育资源的这种一体化活动中，幼儿的学习呈现出直接性、经验性与独特性。幼儿可以运用多种感官，通过直接体验和自主操作进行学习，教育过程成为幼儿自发参与、自主学习、自由表达、获得身心愉快发展的过程，教育真正实现了人的发展。

把爱送进社区

- 活动时间和地点：……
- 活动参加者：大班幼儿
- 活动准备

物质准备：捐助的文具、制作饼干的材料。

精神准备：（1）确定活动的具体时间和活动形式，并积极与社区进行联系和交流。（2）进行活动的宣传和活动人员的分工。（3）积极准备活动相关的物品和必备手续。

- 活动目标

（1）帮助孤寡老人做一些力所能及的事情。

（2）通过送真情服务，让幼儿体验社会活动。

- 活动内容

社区爱心活动，主要通过一些有意义的服务活动来为社区做出自己的一点贡献。活动每个月进行一次，采用系列活动形式，让孩子将一些公益服务送到社区。通过互动和互助形式，帮助社区中的老人，"一对一"互帮互教活动。让孩子深切感受到活动的意义。

- 活动过程

(1) 绿化、卫生：进行植绿护绿活动；为孤寡老人或空巢老人打扫房间。
(2) 尊老爱幼：让孩子与老人进行交流，和老人一起做饼干。
(3) 义务家教与扶助：通过"一对一"的结对子关系，帮助社区中有需要、但经济条件有限的户主的小孩，长期捐助文具。
(4) 大班合唱：欣赏孩子的歌曲，给老人带来快乐。

本章首先阐述亲师教育的作用、存在问题、分类和要求，然后重点论述了家访的作用和价值、任务和途径及其注意事项，教师的家长工作要求和家长参与校园管理的要求与方法，强调了社区资源的整合和教育模式，介绍了具体的活动设计方案和家长参与体会。本章对幼儿教师以后开展亲子教育和社区教育工作提供了基本知识和方法。

1. 论述亲师教育中教师的作用和角色。
2. 家访对于现代幼儿教师的意义何在？
3. 如何促进家长参与幼儿园管理？
4. 设计一个亲师、亲子互动的活动教案。
5. 设计一个整合化的社区教育活动方案。

1. [日] 黑柳彻子. 窗边的小豆豆 [M]. 海口：南海出版公司，2003.
该书不仅带给全世界几千万读者无数的笑声和感动，而且为现代教育的发展注入了新的活力，成为20世纪全球最有影响的作品之一。著名儿童文学作家徐鲁就高度评价了这本书：不仅是适合小孩子们阅读的优美的儿童小说和成长故事，同时也是写给全天下的父母亲、教师和教育工作者们的"教育诗"。能使亲子关系更加密切，亲子感情更加亲密。

2. 何幼华. 幼儿园管理创意设计 [M]. 上海：华东师范大学出版社，2006.

> 该书所收集的幼儿园管理创意设计涉及依法办园与制度创新、办园发展决策与规划、幼儿园课程改革、幼儿园文化建设、教师教育与队伍管理、幼儿园资源管理、幼儿园家庭社区互动、幼儿园自主评价八个方面。每个设计案例，都是幼儿园园长在管理改革中的新探索。

本章参考文献

国外家长如何参与幼儿园管理［N］.中国教师报，2011-10-12.

庞君龙.浅谈教师家访中的艺术［J］.广西师范学院学报，2010，6（31）.

毛作祥.亲师行动研究视野下家访的作用、任务与方法［J］.福建教育：学前教育，2011（12）.

第三篇 家庭与社区教育环境建构

第五章　家庭环境创建

 学习目标

1. 本章导读：家庭教育是在一定的家庭环境中实施的，家庭环境有着重要的教育功能。为了保护好幼儿的身心健康，促进他们在智、德、体、美各方面的全面发展，必须创建积极健康的家庭环境。通过本章学习，未来的幼儿教师要将家庭环境创建的理论和家庭环境创建的方法结合起来，了解家庭环境对幼儿个体发展的影响，熟悉家庭环境创建的要求，掌握家庭环境创建的方法。
2. 教学重难点：家庭心理环境与文化环境的创建。
3. 教学课时：教学6课时，实习2课时。

家庭是一个人成长的摇篮，是儿童出生以来的第一环境，这个家庭环境由物质环境、心理环境、文化环境等要素构成，它是儿童健全人格形成和发展的现实土壤。据调查，现代儿童有三分之一的时间是在家庭中度过的，家庭环境的潜移默化对人的影响最深刻，家庭生活给儿童的身心打下的烙印会使儿童终生难忘。因此，为人父母者，必须尽快顺应时代发展的要求，尊重儿童成长的规律，创造良好的家庭环境。

第一节 家庭环境与幼儿发展

一、家庭环境概要

环境，泛指生物有机体生存空间内的各种条件的总和。家庭环境有广义和狭义之分。广义的家庭环境是指个体生活在其中的家庭各种条件的总和。从某种程度上说，家庭环境包括家庭教育，也称家庭教育环境。

家庭教育研究的家庭环境，是指狭义的家庭环境，即家庭中父母及其他年长者教育活动以外自发影响未成年人个体发展的各种因素，这些因素可概括为物质环境、心理环境和文化环境三个层面。

家庭环境是由多种因素构成的复合体。用生态学的观点看，家庭环境可分为自然的、精神的、社会的三种环境圈层。家庭的自然环境，包括放射的光照、通风，室内空气的含氧量和二氧化碳的含量，湿度、射线等个体发育和生长所必需的自然生态因素；家庭的精神环境，包括家风、家庭氛围、家长的价值观念和对子女的期望、态度等心理因素；家庭的社会环境，包括家长的职业、文化程度、生活方式，家庭的经济状况、自然结构，子女的出生次第以及是否独生等社会生活因素。

心理学把影响个体发展的家庭环境因素区分为客观性因素和主观性因素两类。客观性因素一般是不以人的意志为转移的，或是家长在一定时期内难以改变的，如家长在职业和文化水平、家庭的经济状况和自然结构、子女的出生次第、是否独生等；主观性因素是可以由家长及其家庭成员加以调节的，如家庭气氛、家长的价值观念、生活方式和对子女的期望、态度等。

二、家庭环境对个体发展的影响

1. 家庭环境与个体发展

孟母三迁的故事说明，古人已经认识到家庭环境对孩子成长的重要作用。魏斯曼经过在曼彻斯特的调查研究后甚至断言："小学生的成绩与环境因素的关系中，最重要的是儿童的家庭环境。按分量说家庭是邻居和学校两者影响之和的二倍。"美国学者丹尼尔·列文和罗伯特·哈维霍斯特认为，一个孩子生长的家庭环境和社区，主要地决定着他在学校中将会遇到什么问题，也决定着该采取什么办法克服这些困难。

影响幼儿个体发展的家庭环境，包括诸多方面的因素，各种因素对个体发展影响的程度有所不同。家庭环境是人们最早的、最直接的生活环境。人的社会化一般是从家庭环境中开始的，人的自我意识首先也是在家庭环境中萌发和形成的，可以说，家庭环境对幼儿的身心健康、品德形成和智力发展，都有着特别重要的影响。

2. 家庭环境的教育功能

对幼儿发展的影响而言，家庭环境具有以下几个方面的教育功能：

（1）认知功能。家庭是幼儿的第一所学校。家庭环境是儿童的"生活教科书"。儿童在家庭环境这个生活空间里，通过交往活动，不但可以形成丰富而生动的感性知识，还可以升华到一定的理性高度。

（2）参照功能。儿童在理解、接收某种观念、行为方式时，需要一定的"参照对象"，这些参照对象多来自于他们在家庭环境中积累的体验、感受。有的老师说："在幼儿园培养了5天的习惯，回去两天，就打回原形了。"这就说明了儿童在幼儿园和家庭中获得的"参照对象"有不一致性，导致了孩子在不同的环境中的表现不一致。

（3）熏染功能。俗话说："近朱者赤，近墨者黑。"孩子在幼儿阶段，模仿能力极强，在身边成人的环境里潜移默化，自然形成了很多言行举止。

（4）强化功能。良好的家庭环境中包含着许多能够激励未成年子女上进的因素，如赞赏、鼓励或者可以满足某种渴望，就会对原有动机和欲望起增强作用，并可能激发起某种新的动力。相反，不良的家庭环境和生活方式可能使家庭成员养成不良的品性。

（5）筛选功能。家庭环境有影响和制约未成年人个体发展的作用，而且先存的优良环境对个体可以形成一种身心健康的"保护层"，对后来的不良影响起抵御和消化作用，甚至可以化消极因素为积极因素。反之，若先存环境处于不良状况，后来的积极影响会受到淡化处理，而消极影响却会得到强化。

家庭环境对个体发展的影响有正面也有负面，要使家庭环境有利于个体的发展，必须对家庭环境加以优化。

孟母三迁为孩子创造的教育环境

"孟母三迁"的故事，历来被人们推崇为教子经典，对现代家庭教育仍具有非同寻常的借鉴和反思意义。

> 在孟子很小的时候，父亲就死了，母亲守节。他们居住的地方离墓地很近，孟子学了些丧葬、哭号这样的事。母亲想："这个地方不适合孩子居住。"就离开了，将家搬到街上，离杀猪宰羊的地方很近，孟子学了些做买卖和屠杀的事。母亲又想："这个地方还是不适合孩子居住。"又将家搬到学宫旁边。夏历每月初一这一天，官员进入文庙，行礼跪拜，揖让进退，孟子见了，一一记住。孟母想："这才是孩子居住的地方。"就在这里定居下来了。后来孟子通过精学六艺，终成一代思想家。
>
> 故事中，孟母所做的事情只是搬家，也是孟母教育孩子的实际内容，即为孟子创造适合他成长的环境。新环境潜在的力量引导了孟子的情趣，提高了孟子的兴趣层次，为孟子以后的成长和发展奠定了思想和心理基础。就孟母的期望而言，好的环境激发了人的潜能，不良的环境弱化了人的潜能。
>
> 由此看到，成长环境对孩子的影响非常之大，父母应该做的不是整天对着孩子指手画脚，而是把更多的精力用在为孩子的健康成长创造良好的环境上。
>
> 孩子从出生到青少年时期，绝大部分时间生活在家庭里，家庭环境对他们有耳濡目染、潜移默化的教育作用，孩子模仿能力强，这个特点决定了家庭环境对孩子有着重要影响。为此，父母们应当向孟子的母亲学习，努力创设良好的家庭环境，促进孩子健康成长。

三、家庭环境与家庭教育的关系

家庭环境与家庭教育都具有育人的功能，对未成年人个体发展产生非常深刻的影响。家庭教育对儿童个体的发展起奠基作用，在家庭诸多因素中处于主导地位。对于家庭教育而言，家庭环境对个体发展的影响带有一定的自发性，但其影响的深刻性不可低估。家庭环境往往是在潜移默化、耳濡目染中影响个体心理发展的方向。

家庭环境和家庭教育对个体的影响是积极影响和消极影响共存，都具有两重性。家庭环境和家庭教育对个体的影响，是家庭诸多因素的综合影响，而不是某一因素孤立的简单的复印。家庭环境的影响与效果之间，存在着实际起作用的由诸多因素组成的中间环节。其中，最重要的因素是家长有意识的言教和身教。也就是说，家长的职业、文化水平，家庭的经济状况和自然结构等客观因素最终总要转化为家长对子女的自觉的教育要求，或反映、渗透于家长的行为、态度等主观因素之中，成为对未成年的子女或其他年幼者潜移默化的感染力量。同样，父母或者其他年长者的教育与效果之间也存在着实际起作用的中间环节，那就是家庭环境。良好的家庭环境可以使教育事半功倍，而家庭环境不良或某些不良因素，则可能使教育事业事倍功半，甚至完全被抵消。所以，成功的家庭教育，通常都是言教、身教与境教的密切配合。家庭环境与家庭教育对个体发展的影响来说，难以分割。

基于家庭环境与家庭教育之间存在着既对立又统一的关系，我们对为什么同样的教育措施在不同的家庭环境中会有不同的教育效果，为什么生活在相似的家庭条件中的孩子会有不同的成长道路之类的问题，对优越家庭中出现的犯罪青年，条件恶劣的家庭环境中出优秀学生和杰出人物的现象就不难理解了。因此，只有以良好的教育为主导，家庭环境才可能优化；只有优化家庭环境，才会出现真正良好的教育。

功能健全的家庭的特征[①]

美国学者大卫·奥尔森（David Olson，1983）总结了"好的"家庭的特征，他认为功能健全的家庭一般有以下特征：

家庭自豪感：好的家庭对于每一个家庭成员都是忠诚的。家庭成员之间互相合作，他们以积极的观点看待问题，以积极的方式解决问题。

家庭支持：一个好的家庭对于每个成员都是关爱和理解的。它是一个有利于孩子抚养和成长的环境。在这个环境中，家庭成员的需求都能敏感地反映出来。

凝聚力：好的家庭在依赖与独立之间保持一种健康的平衡。家庭的每一位成员都互相信任和欣赏。

适应性：在今天这个瞬息万变的世界里，健康的家庭还有可塑造性，能够适应社会变化。

交流：良好的交流技巧无疑对家庭的正常运转非常重要，我们要在谈话中考虑相互交流。功能健全的家庭很好地掌握了与他人交流的技巧，尤其是要学会善于倾听。

社会支持：就像家庭成员以家庭为荣、为家庭尽力一样，他们还能积极地加入到社区、邻里、学校等各种场合的实践中去。换句话说，这是他们对

---

① 丁连信. 学前儿童家庭教育（第二版）[M]. 北京：科学出版社，2007.

第一节 家庭环境与幼儿发展

社会应尽的义务。功能健全的家庭鼓励它的成员为社会作贡献。

价值观：好的家庭有一个核心的、与目标一致的价值观。这些家庭的父母总是努力通过他们的行为模式来显示家庭的价值观。

欢乐：好的家庭拥有一个欢乐的、自然的、愉快的生活。

幼儿需要什么样的生活环境[①]

幼儿的健康发展受遗传与环境因素的制约。从现代医学模式的观点看，影响健康的环境应该包括生理、心理和社会三方面，这种综合环境观念已成为理解当代幼儿生活环境的关键点。

传统上认为，生活环境是指大气圈、水圈、土壤圈和动植物生态系统，根据与人类的健康关系，又分为原生环境和次生环境。原生环境是指天然形成的环境条件，故称自然环境；次生环境是指工业和人群生活密集、对自然环境添加了额外的污染物和毒物，引起人类生存条件的改变，故又称人为环境。有人将环境分为物质环境和精神环境，有的分为人环境、事环境和物环境，还有的分为自然环境和社会环境。这样宏观地解释环境分类，有助于我们进一步理解幼儿生活环境的大背景。

幼儿生活环境是由多种因素构成的，它包含着人与物、自然与社会、家庭、幼儿园和社区、营养与保教过程、时间与空间以及由此所形成的氛围等因素，大体上可理解为生理、心理、社会三大类，各因素之间相互联系，且动态变化与发展。幼儿在与生活环境的互动过程中可获得必要的体验，身心得到健康发育。

欲创设一个有利于幼儿健康发展的生活环境，就必须了解幼儿需要什么样的生活环境。

幼儿需要符合卫生标准的生理环境。生理环境是指影响幼儿生理状态的各种环境因素的集合，如生活空间的大小、布局、营养、生活制度、活动负荷以及活动材料等。当然，生理环境材料也具有一定的心理和社会功能。生

[①] 郑晓边. 现代幼儿心理保育与教育（下）[M]. 武汉：原武汉水利电力大学出版社，1999：3-6.

理环境的卫生标准和要求比较明确，如幼儿园的建筑和设备要遵循国家规定的有关卫生标准，环境的布局与物品摆设要简单和谐，注意功能分区，强调集体隔离和个人隔离的预防疾病原则，要提供合理营养和平衡膳食，建立科学的生活制度和防病制度，控制合理的活动负荷量，预防疲劳等。活动材料是幼儿环境的重要组成内容，如水、沙、石、泥、玩具、运动器械以及文具等，其样式、数量、配置和陈列方式都会影响幼儿对环境的适应性。要提供丰富合适的活动材料，使他们发展肌肉的协调性，提高认识环境、适应环境的能力。

幼儿需要充满爱心、和谐的心理环境。心理环境是指对人的心理发生影响的全部条件，包括身体以外的客观现实，也包括身体内部的运动和变化。心理环境主要反映在人际关系上，如亲子关系、师生关系和同伴关系等。亲子关系对婴幼儿早期的发展最为重要，如调查表明，早期母子依恋不能形成，会导致孩子终生的社会性退缩和人格障碍；破裂家庭子女会出现较多的身心问题。因此，家庭中的情感联系是良好心理环境所要求的。在幼儿园创设健康的心理环境，教师要起关键作用。教师要有父母般的爱心，教养态度和方法要民主，对幼儿的评价要公正，要能体谅和容忍孩子的所作所为，善于运用表扬的方法，鼓励幼儿生活自理，发挥创造性，增强自信心，帮助他们建立友好的同伴关系，并加强与家庭的联系。

幼儿需要稳定、良好的社会环境。社会环境是指家庭、幼儿园、社区以及政治思潮、道德观念、风俗习惯、文化信仰等因素的集合。幼儿生活环境受到大社会环境的左右，其中家庭环境尤为重要，家庭的经济和营养状况、家庭结构大小和子女人数、家庭的教养方式、家长的身心素质等都会对幼儿的健康发展产生影响。要强调家庭的稳定，家人之间要和睦，教养方式要一致，要保证合理的家庭营养。幼儿园是个小社会，影响健康的因素是方方面面的，要搞好幼儿园的综合管理，加强健康教育，要有良好的园风园貌，使之成为幼儿喜爱的乐园。

家庭和幼儿园都处在社会大系统之中，社会文化背景如风俗、习惯、宗教、信仰都会影响到教师和家长，从而对幼儿施加影响。传播媒介电视的影响不能忽视，幼儿看电视太多，会减少与他人情感交流的时间，还会影响幼儿视力发育。目前幼儿电视节目不少，但优秀的国产片不多，由于存在太多的打斗内容或成人影视镜头，导致孩子们不良的模仿行为时有发生，有的学会"拳打脚踢"，有的学会"拥抱亲嘴"。如何正确引导幼儿看好电视，促进身心健康发展，又不受上述问题的影响，还需要社会各界加强合作，尤其是幼儿教育工作者需对此进行认真研究，家长也要积极参与。全社会要宣传正确的道德风尚，影视节目要有幼儿喜闻乐见的健康片目，培养幼儿形成良好的生活习惯。

幼儿需要富有情趣、熟悉的自然环境。幼儿对周围环境的喜爱带有明显的选择倾向，他们常常喜爱熟悉的环境，可以克服怯生现象。因此，应尽量提供与幼儿生活体验相符合的熟悉环境，使他们有归至如家的感觉。幼儿还喜欢富有情趣和想象力的环境，他们总想看看、摸摸，喜爱动态环境，常常通过不停地活动以了解和参与环境，通过想象把握环境的特点。要为他们创设独特和富有情趣的环境，增加动手操作的机会，提供动态的教育情景、教具和材料，增加具有想象因素的画面。自然色彩的环境也为幼儿所喜爱，利用自然物质设置沙坑、水池和植物角，可提高幼儿学习兴趣。

幼儿需要能够参与和探索的环境。幼儿不只是被动地接受环境影响，而是需要参与、探索和改变环境。他们常常把自然物体赋予生命，以满足自己与周围环境相互交流的需要；常常通过模仿来探索环境，以获得成功的体验，认识自身的价值，表现出探索环境的主动性和创造性。因此，幼儿的环境不宜成人化，应为之提供有情感倾向和拟人化的活动环境，并积极为他们创设模仿活动的环境和游戏材料，使他们从小学习把握各种角色行为与环境的相互关系。幼儿探索环境没有明确目的，只是体验参与过程，如喜欢走凸凹不平的小路，把新玩具拆掉，这些行为常常与成人的要求相左，如果粗暴禁止，会削弱孩子探索环境的积极性。要让孩子多参与和改变环境，有意创设一些不完善、不平衡的环境，提供一些半成品，让他们去尝试错误和失败，独自解决疑难，以满足探索环境的好奇心，培养适应环境与改造环境的能力。

第二节　家庭物质环境

一、家庭物质环境概要

家庭物质环境在很大程度上体现为家庭物质生活条件，包括家庭的经济状况和与此密切联系的居住条件、生活设施。家庭的物质生活条件是家庭生活的物质基础，是未成年人生存和发展必不可少的前提。人们为了生活，首先就需要衣、食、住以及其他东西；他们要接受教育，也有赖于一定的经济条件和物质条件。

相关研究说明，家庭经济状况等物质生活条件对未成年人的个体发展有一定的影响，但没有统计意义上的差异，不是普遍相关。究其原因，在于家庭环境对个体的影响是家庭诸多因素的综合影响；除经济水平因素外，还有经济利用、经济管理等因素，而且后者的影响往往比前者更为深刻。因此，优化家庭物质环境，不能只着眼于经济收入、居住条件和生活设施，更重要的是，对现有物质生活条件科学地管理和合理地利用。就一般具备正常生活条件的家庭而论，特别值得注意的是，要营造一个优美的居住环境，让孩子拥有一块自由生活的空间。

二、家庭的居住环境

居住环境作为家庭成员的生活空间，既直接影响着子女和其他家庭成员的生活、学习、工作和身心健康，也像一面镜子反映了这个家庭里成员的精神世界。但居住环境并不要求华丽。尽管每个家庭因经济水平、住房条件各不相同，其布置标准不可强求，"山不在高，有仙则名；水不在深，有龙则灵"。正是如此，"室雅何须大，花香不再多"。住房布置得体，保持整齐清洁、空气流通，这是一般家庭都可以做到的。这有利于家庭成员养成良好的生活方式，提高生活质量。

布置得体，是指室内家具及其陈设与家具面积协调、恰到好处。房间应尽量留出一些空间和活动余地，家具的摆设既要井然有序又能给人以美感，起到陶冶性情的作用。此外，还可以适当放置一些盆景和花卉，增添孩子亲近自然的机会。室内整体色彩的设计也是可以认真考虑的问题。

整洁的居住环境，既可以保障家人身体健康，还能够给人以舒适、亲切的感觉。浑浊杂乱的居住环境，不仅不利于家庭成员的身体健康，还使人心情烦躁、抑郁，容易养成松懈、懒散的不良习惯。

空气流通是无形的，但同样需要注意。空气污染对人的情绪和健康的不良影响是众所周知的，为了孩子和家人的健康，保持室内空气清新，尽量减少室内有害气体是必须要注意的。此外，室内采光、照明、湿度等也值得注意。

科学研究表明，颜色对人的"开智"与"抑智"有相当重要的作用。红色使人激动，绿色使人柔和，蓝色使人沉思，米色使人轻松，黄色使人幻想，灰色使人消沉，黑色使人压抑，白色使人神往。若用科学配比的方法，形成最佳的颜色氛围，并根据需要定期刺激，将对儿童的智力发展大有好处。

第二节 家庭物质环境

相关实验研究结果表明，结构与形式相同的住房，物品放置杂乱无章、垃圾积存时间长、灰尘较多的家庭，室内空气中的细菌数比整洁的要高 2~5 倍。家庭成员传染性疾病的发病率比不整洁的家庭要低 12%～30%。

美国环境保护署的一位工作人员曾做过一次试验，结果使人感到意外：环境污染程度最严重的地方既不是街道，也不是工厂区，而是自己家里。据分析，煤气、天然气的燃烧，吸烟等都会给空气中增添多种对人体有害的物质。如果室内有一个人不停地抽烟，那么室内空气的污染程度将超过一个工厂在 24 小时允许排出的总污染量。

三、孩子的自由生活空间

让孩子拥有一块可以自己支配的空间，有助于他们从小形成自主的意识，有利于孩子自理能力的养成。居住条件良好的家庭，可以为孩子提供一个安静、独立的房间。孩子的房间，应注意孩子健康成长的一些特殊要求。应考虑到卫生、安全，是否富有童趣，是否能够引起孩子的学习动机。为了充分发挥孩子自由生活空间的教育功能，家长要给予指导和帮助，居室的摆设和清洁，尽量让孩子参与，玩具、书籍的整理，逐步让孩子自己动手。

知识链接

专家建议：可以给孩子设三个柜和一个小园地。三柜，一是书柜（或书架），孩子的书要整整齐齐地立起来，便于取用和存放，从这里培养爱书的习惯。二是玩具柜，把新、旧玩具整齐地摆入柜内，玩厌了的旧玩具，过段时间再玩，又会感到亲切、新鲜。三是工具柜（工具箱），存放适合孩子用的小剪刀、硬纸片、胶水、电池、电珠等，让孩子使用感到方便。小园地，就是在墙上挂一块小黑板或设一个表扬栏，小黑板供孩子画画，认图形；表扬栏可以记载孩子的进步。

如果缺乏上述条件，也应该设法让孩子有一点可以自己支配的地方，如提供小睡床、小书桌、小书架、小玩具箱等，并尽可能使这些"自由领地"不受别人干扰。孩子有了自己的活动小天地，他的精神生活经常处于最佳状态，就会玩得有意义，学得有兴趣。

第五章 家庭环境创建

四、家庭经济与消费观

家庭物质环境是建立在一定的经济条件基础之上的，有赖于对家庭经济的科学管理。在家庭中，一般而言，成年以前的个人消费水平是随着年龄的增长而逐渐提高的。但随着经济的发展和独生子女的大量出现，诸多关于儿童消费的调查研究反映了这样一个共同的社会现实：在我国家庭中，尤其是城镇家庭中，孩子的消费水平高于大人。儿童已经成为了家庭消费的主角，为孩子花钱"舍得"、"值得"成为现代父母们的普遍心态。父母们尤其舍得花费财力、精力为孩子创造更多的有利于身心发展的条件。

然而，在经济发展和家庭物质生活水平提高的同时，超前消费、奢侈消费、攀比消费、迷信消费、人情消费等畸形消费现象也给儿童的成长和家庭教育工作带来了新的问题和挑战。家长在过多地满足孩子消费需求的同时，对孩子勤俭节约、吃苦耐劳等良好品德的培养以及独立生活能力的锻炼等方面都存在着明显的认识和行为上的缺陷。在孩子的身上，贪图享受、不能吃苦、图虚荣等现象已不鲜见。在物质生活条件较为优越的条件下，如何培养儿童从小养成勤俭节约、吃苦耐劳的品质，是当前我国家庭教育普遍面临的一个新课题。

如何创设健康的生活环境①

生活环境的创设是教育过程的重要组成部分，是促进幼儿健康成长的途径和手段。了解了幼儿所喜爱的生活环境之后，就要根据幼儿教育目的和保教过程的特点，确定幼儿生活环境的创设目标和原则，以创设出适合幼儿身心发展需要和健康的生活环境。

幼儿生活环境创设目标。《幼儿园工作规程》提出了幼儿保教工作的主要目标，其核心内容是促进幼儿体、智、德、美的全面发展。这个总体目标为生活环境的创设确定了方向。根据现代健康观念和幼儿与环境相互作用的特点，幼儿的生活环境创设可以确立下述三个目标：

一是安全卫生目标。幼儿的生活环境要安全、卫生，避免环境污染，防止发生各种意外事故。幼儿处于迅速生长发育时期，活泼、好动，缺乏生活

---

① 郑晓边. 现代幼儿心理保育与教育（下）[M]. 武汉：原武汉水利电力大学出版社，1999：6~8.

经验，自控力差，在不良环境中易受身心伤害，发生意外事故。尤其是在幼儿园，幼儿密集一起，白天大部分时间在幼儿园生活学习，其环境质量的优劣更容易对幼儿产生影响。因此，幼儿园的环境创设要以安全卫生为目标。为了实现这一目标，生活环境创设要有一系列的要求，如正确选择园址，合理安排房舍用地，遵循集体隔离和个人隔离的原则，预防疾病流行，控制噪音、烟尘等污染源，建立合理的室内通风换气制度，改善微小气候，配备符合卫生标准的采光照明设备和教玩具设备，防止水火灾患和意外事故，保证幼儿健全发展。

二是教育卫生目标。生活环境的创设本身就是一个教育过程，幼儿的生活环境应具有教育功能，促进幼儿认知发展。幼儿园是教育机构，环境的创设要以教育目的为根本目标，生活环境不仅要有利于保育过程卫生，还要有利于教育过程卫生和教学管理。教育卫生的要求也有很多，如以班为单位的房屋设计，各房舍的布局和结构与幼儿学习相适应，采光照明、桌椅符合学习卫生要求，室内外的学习角、动植物角和活动场地的安排都要适合各科教学的需要，使幼儿园成为幼儿学习的乐园。家庭和社区的环境也要注意教育性。

三是心理卫生目标。心理卫生是健康的组成部分，也是现代幼儿教育的目标之一。生活环境创设要有利于发展幼儿的健康心理。心理卫生环境从物质环境和精神环境两方面得以体现：在物质环境上，要搞好生活环境的净化、绿化和美化，栽种树木花草，配置盆景雕塑，设计走廊橱窗，铺设道路草坪等；在精神环境上，主要是强调健康的人际交往，如良好的师生关系，友好的与同伴相处，和睦的亲子联系，家园密切同步合作等。

幼儿生活环境创设原则。生活环境的创设不仅要反映上述目标，还要考虑社会经济的发展水平。很难提出一个"放之四海而皆准"的理想化的幼儿生活环境，因为生活环境的创设要考虑它是否符合生活实际，是否符合幼儿园、家庭和社区的经济承受能力。但下述的原则是环境创设中必须共同遵守的，它是实现幼儿生活环境创设目标的一般准则。

一是全面性原则。幼儿生活环境的创设应根据全面发展的教育目标和幼儿身心特点，提供多层次、多侧面的教育内容和教育条件，有利于幼儿的身心健康发育，有利于幼儿智力和非智力因素的培养，有利于知识的积累，有利于能力的提高。全面性反映在为幼儿创设基本的生活环境条件，提供幼儿吃、喝、玩、睡、学习、游戏和运动的必要设施；其次，要根据地区的差异和幼儿个体的差异，创设与幼儿实际情况相符合的专门环境条件，以满足幼儿的不同需要。如对天才幼儿或弱智幼儿创设不同水平的发展环境，对城乡幼儿依据不同的经济条件规划出各具地方特色的最佳生活环境。

二是互动性原则。幼儿与环境之间相互作用、动态变化。幼儿不只是被动地接受环境,他们对环境还有能动作用,总以自己独特的方式去变化、改善环境。因此,生活环境创设要注意幼儿与环境的互动过程,一方面尽量根据幼儿的身心特点来创造他们需要的环境,另一方面要促进幼儿最大限度地参与环境,发挥主动作用,与环境产生互动效应。

三是安全性原则。安全性体现在环境中的各项指标要符合国家卫生标准,加强对幼儿的安全教育,排除环境中的各种隐患,进行经常性的环境监督,制定相应的防范措施。还要考虑幼儿的心理安全需要。生活环境的氛围、教师的态度、与同伴的关系、幼儿在园的状况和地位,都会影响到幼儿的心理安全感。要为他们创设一个宽松、和谐、平等、自由的环境。

四是效用性原则。幼儿生活环境的创设是一种投资,应力求以最小的投资获得最佳的效用。环境材料要注意旧物利用,尽量使环境设施具有多功能性,如一室多用,设置活动床等;还要注意环境的教育性和发展性,不断更新教育观念,利用自然环境,丰富幼儿活动内容,扩大活动空间,使环境效能充分发挥。

第三节 家庭心理环境

一、家庭心理环境概要

对于家庭成员而言,家庭不仅是一个生活和文化的实体,还是心理归宿。家庭心理环境也叫家庭心理氛围,它是指在一定的家庭物质环境和文化环境下,家庭成员在家庭生活中逐渐形成的感受、情绪和态度等心理状态的总和。它由家庭的人际关系所决定,洋溢在家庭这一特定的环境中,具有相对的稳定性。家庭中亲子之间的互动及影响,始终是在一定的家庭心理氛围下发生的,因而它既是家庭幸福或不幸的一个重要标志,又直接影响着未成年人个体的发展和家庭教育的效果。

民主的、平等的、和谐的家庭关系,以及家庭气氛,有利于孩子形成热情、活泼、乐观、善良、有礼貌、情绪稳定、善于交往等特点;而专断的、紧张的、经常有冲突的家庭关系,以及家庭气氛,却不但难以保证孩子正常的生活和教育条件,而且会使孩子感受不到家庭生活的愉快和温暖,导致严重的心灵创伤,使他们变得冷漠、自私、心情暴躁、缺乏同情心。

二、营造和谐幸福的家庭氛围

1. 和谐幸福的家庭成就健康的心理

家庭和谐、温馨的基础在于爱。有了和谐、温馨的气氛，家庭便真正成了可以停泊心灵之舟的"避风港"，家庭幸福也就有了可靠的支柱。置身于这种心理氛围，心理无须设防，即使外界风雨交加，电闪雷鸣，家里仍然是温存的、平安的、亲切的、惬意的港湾。

> 美国一位心理学家曾对 4 000 名儿童作了调查，结果表明，生活在常有笑声的家庭中的孩子，智商都比父母不和的孩子要高。其原因在于，一是孩子可以在不受束缚的环境中，毫无顾虑地提出自己的见解，这对儿童思想的成熟、智力的发展、认知的巩固有深远的影响；二是儿童性格开朗，求知欲旺盛，从而促进脑细胞发育；三是父母有充沛的精力来培养孩子的兴趣，对提高孩子语言能力和社会活动能力起到早期教育的先导作用。
>
> 美国伯克利研究中心对 61 名儿童进行了长期的追踪研究，从婴儿一直观察到 18 岁。结果发现，有 20 名生长在情感气氛极差的家庭中的儿童，不仅其智力落后于其他儿童，个子也明显矮于其他儿童。另有一些研究者发现 10 多个发育严重不良的儿童，大多来自心理环境不良的家庭：有的父母离异或者分居，有的家庭成员之间长期不和睦……这使孩子的大脑皮层经常接受不正常的刺激，时间一长，便功能失调，引起内脏功能发生障碍，进而导致生理发育不良。研究者们想办法将几个年龄较小的发育不良的儿童转移到一些家庭情感气氛较好的家庭中抚养，并让这些家庭像对自己亲生孩子一样爱他们。后来，这些孩子在不采取其他任何措施的情况下，发育速度大大加快，短短几年间，其生理发育水平便赶上了正常的同龄儿童。

2. 夫妻关系和谐是家庭幸福的基础

和谐幸福的氛围里，夫妻关系是非常重要的部分，夫妻关系和谐是和谐幸福的家庭氛围的基础。要使夫妻关系和谐，还必须经常注意心理调适。遵循心理学规律，加强心理上的联系与调适，将使夫妻关系更为密切，夫妻生活更加愉快。

知识链接

国外心理学界揭示的有关夫妻关系的几条主要的心理学规律[①]：

（1）男女之间相爱，决定建立新家庭，愿望是共同的，个性也有共同点；但必须承认，双方的立场、价值观、行为会有所不同。

（2）男女双方既有汇合的要求，又有保存与承认各自个性、价值的愿望；夫妇必须选择双方最能接受的，既能满足汇合要求又能实现保存个性愿望的距离。

（3）和谐的夫妻关系的建立，有赖于相互作用的诸种因素的最佳结合；由于"互补"作用，具有两种性格特征的夫妇的结合是比较稳定的，表现行为色彩的次要的个性特征的协调使夫妻生活融洽，而深层的个性特点则决定着感情基础。

（4）夫妻关系的和谐，最重要的是具有共同的生活目的；而在日常生活中，要求夫妻一方放弃自己的计划而采纳对方的计划，是常有的，这就要求夫妻具有一定的与心理上自我完善相联系的灵活性、应变能力和自我批评精神。

（5）人的情感、个性特点、内心世界是不断变化的，有时还是充满矛盾的，夫妻在共同生活进程中应有不断相互认识的愿望，而不能奢望一劳永逸地彻底认识对方。

（6）"幸福就是被他人理解"，和谐的夫妻关系在很大程度上取决于在多大范围内允许没有"假面具"地进行交往；接纳意味着双方能理解、原谅，承认任何人都有弱点、缺点和错误，使人有时能表现情绪、情感矛盾，安全地抛掉"假面具"。

（7）情感成熟，其特征是"给予"大于"索取"，而且这种"给予"不要求等价交换；为了关心对方，夫妻又有保持一定行为方式的责任，这种责任感也称为家庭纪律。

3. 家庭气氛的营造需要每个成员的努力

一般来说，良好的家庭氛围应该表现在：家庭成员和睦相处，平等待人，相互关心，相互信任，相互支持，相互体谅。这种氛围是和睦、温馨的，它是以团结合

[①] [苏]阿·斯·斯皮娃夫斯卡娅. 怎样做父母——关于父母爱的心理学（中译本）[M]. 长春：吉林教育出版社，1988：1-14.

作的家庭关系为基础，当然同时也需要家庭的每一位成员来努力营造。

  为了密切家庭成员之间的感情，营造和谐、温馨的家庭氛围，国外研究者提出如下建议①：
  （1）爱每一个成员，使家庭生活能给每一个成员留下最美好的记忆。
  （2）努力相互了解，相互咨询彼此感兴趣的问题。
  （3）分担家里的忧愁，增强对家庭的责任感。
  （4）晚餐桌上聚会，即使是最忙碌的家庭也要尽量作出安排。
  （5）制订挑战性计划，共同参与大家都喜欢的活动。
  （6）大人小孩同游戏，为家人提供欢聚一堂的机会。
  （7）常讲亲人有关的故事，给孩子一种归属感。
  （8）关心对方的工作和学习，让孩子理解大人离开他时在哪里，干些什么。
  （9）别让时空把大家分开，家庭成员离开家时采用多种办法保持感情联系。

  和谐、温馨的家庭气氛，还需要在家庭生活中，夫妻共同避免走入误区，及时改善可能出现的不良的家庭气氛。

  据一些学者研究，不正常的家庭有几种类型②：
  （1）表面平静的家庭。在这类家庭里，责任感比关系的真诚性与自然性更占优势，在美好的"正面"背后隐藏着夫妻双方长期被压制的消极的情感。
  （2）火山似的家庭。夫妻关系不断变化，一会儿吵吵闹闹，一会儿又温柔地、真诚忘我地相爱。在这种情况下，情感的自发性和直接性超过了责

---

　① 陈可培. 都想有个和睦的家［J］. 中华家教，1995（3）.
　② 斯皮娃夫斯卡娅. 怎样做父母——关于父母爱的心理学（中译本）［M］. 长春：吉林教育出版社，1988：47-56.

任感。

（3）疗养式的家庭。丈夫或妻子对周围世界有一种强烈的惶惶不安的情绪，他（她）要求得到爱与关怀，为自己设置了特殊的屏障。这类家庭表面上似乎是团结的，而在相互关系的深层，则隐藏着一方对另一方充满忧虑的依赖性。这就意味着家庭某一成员限制自己的责任，迫使亲人围绕着他（她）转。

（4）堡垒式的家庭。这类家庭的思想基础，是认为周围世界很残酷，富有威胁性和侵略性。为了维护家庭的稳定，夫妻将其相互间不可忍受的敌对行动转向外部世界。这类家庭似乎是建立了完全相互理解的关系，实际上是夫妻将自己的内部矛盾转移到了外部，家庭角色的情感内容早已消失和变化，家庭内部的情感气氛已失去了自然的温暖。

（5）庭院式的家庭。这类家庭的稳定性是通过一种特殊的剧院式的生活方式来实现的。有时家庭成员之间在"演戏"，有时家庭成员组成"剧团"，在周围人面前"演戏"。这类家庭注意的中心是如何演戏以及演戏中的效果，而这些行为在多大程度上能反映实际，对他们是无关紧要的。

（6）孩子是多余的家庭。这类家庭往往是由于父母一方或双方心理不成熟，未能做好当父母亲的准备而造成的。他们自觉不自觉地把当父母看成自己幸福的障碍，因而在亲子关系中隐藏着不愉快的成分。

（7）带偶像的家庭。当孩子的教育成为巩固夫妻关系的唯一因素，或者当对孩子的关心变成唯一有助于维持父母的相互关系时，家庭成员之间的关系就导致建立"家庭的偶像"。父母双方都加倍关心子女，把自己未能实现的情感转向了孩子。孩子成为了家庭的中心，成了父母高度注意与关怀的对象。

（8）假面具的家庭。这类家庭，是由夫妻生活目的与计划不一致而造成的。他们表面上相安无事，实际上按各自不同的价值观安排生活，为各自不同的"偶像"效劳；他们对孩子提出不同的要求，进行不一致的评价。因而，世界对孩子来说是不同的，有时是充满矛盾的，假面具的出现更使孩子感到忧虑。

三、家长对孩子的合理期望

期望是个人基于过去经验和目前情况而对未来的预料或预想。母亲对子女的教育期望，是直接影响着个体发展的家庭心理环境因素。1968年，美国哈佛大学的罗森塔尔等人以某小学一至六年级学生为对象研究了教师对学生的期望,结果发现,期望会发生自我实现的语言效应,即教师根据有关学生的信息而对其形成一定的期望,会促进该学生向着教师期望的方向发展。这便是心理学上所谓"罗森塔尔效应"或"皮格马利翁效应"。这一效应,同样适用于父母对子女的期望。

父母对子女有各种各样的教育期望,如品德期望、学习期望、身心期望、职业期望等。父母较高的期望,只有在子女经过努力可以达到的情况下,才会促使子女向着父母期望的方向发展。

给孩子更合理的期望①

"现在的孩子都是越来越聪明了,真是一不留神就落后了啊!"这是一位大班幼儿家长的肺腑之言。这句话反映了家长的担忧,同时也让我们为孩子捏了一把汗。

在与孩子和家长交谈的过程中,我们了解到有不少家长到处打听关于孩子的舞蹈、绘画、钢琴之类的艺术学习培训的信息,总希望自己的孩子也有一个、甚至几个一技之长,不输给别的孩子。随着孩子临近进入小学学习,部分大班幼儿家长对孩子期望和对孩子学习的要求,有时候甚至超出了幼儿园对孩子的要求。

于是在孩子与家长之间就出现了这样一种奇怪的现象:家长对孩子的关心和付出常常令身边的人感动,但家长的期望却使自己的孩子很反感。有很多家长苦恼于自己对孩子的苦心,孩子不仅不能领会,很多时候还有厌烦和抵触的情绪;而孩子却觉得爸爸妈妈对自己的要求太高了,自己已经很努力了,但是常常得不到爸爸妈妈的鼓励和满意的笑容,慢慢地便有了很多不愿跟爸爸妈妈表露的心声。

以下节选了两段分别与母子交流的片段:

与幼儿交流情境:大一班幼儿果果手里把玩着橡皮,拘谨地说:"在幼儿园里,叶子老师只教了我们加法,回家了妈妈给我出了两道减法题,我不会,我说老师没教。妈妈说这么简单的,只要加法会了,减法一学就会了。可是妈妈说了半天我还是不会,她就开始骂我笨了,说我一点也不聪明,这么简单地变了一下就不会了。"(说着说着,孩子的神情中流露出一种失落和

---

① 付晶艳. 给孩子更合理的期望 [J]. 中华家教,2014,4:14-15.

沮丧)

与家长交流情境："你看他整天那么淘气，学习的时候一点也不上心，在幼儿园学了算术，回来我随便出个简单的题，他都不会，说幼儿园没教。还嫌我出的题太难了，哪里难了啊！现在的孩子一个比一个聪明，你不学多一点，以后上了小学怎么跟得上呢？哎……真愁人！你说我该如何是好？"(妈妈的眼神中透露出一种恨铁不成钢的无奈)

从孩子的言语中，我们感到了他渴望爸爸妈妈理解的迫切心情，他觉得自己怎么努力都不能达到爸爸妈妈的要求，觉得学习一点也不快乐，甚至有了一些爱的危机感；从家长的话语中，我们不难感觉到家长对孩子寄予了厚望，家长总觉得孩子的表现不如自己的预期，于是过早地对孩子的未来有一些担忧。

事实上，幼儿各方面的发展具有明显的年龄特点，孩子在幼儿阶段的各方面发展水平受其身心发展的局限；此外，不同家庭不同孩子的个体差异是不可忽略的，幼儿的性格迥异，教育方法也可以是多样的，幼儿各方面的发展水平不能用同一个标尺来衡量。有的时候并不是我们的孩子不优秀，关键在于家长们是否能客观而理性地去认识我们的孩子。

当然家长要对孩子提出合理的期望，这也不是一蹴而就的，这需要家长花时间去观察和了解自己的孩子，发现问题，鼓励孩子，并关注孩子的进步。那么家长究竟该如何去做呢？只要把握了一些基本原则，具体做法是可以灵活变通的。

家长可以通过以下的几个步骤，一步一步地实现对孩子提出合理的期望：

（一）了解自己孩子的现有发展水平

在制定目标前，家长首先是要了解孩子的现状，帮助孩子客观分析现在的问题，再对孩子提出要求。用维果斯基的"最近发展区"心理理论解释，就是说家长对孩子的期望，最好是基于孩子通过努力后可以达到的水平。让孩子明确自己努力的方向，看到成功的希望，从而获得前进的动力，一步一步地提高自己，一步一步地向一个一个具体明朗的目标靠近，而不要一下子对孩子提出太高的要求。若家长很好地把握了孩子的"最近发展区"，能够动态地识别孩子的进步空间，对孩子提出合理的期望，那将是对孩子成长的最大帮助。

（二）随时观察并用合适的方法鼓励孩子进步

在实施的过程中，家长一定要细心关注孩子的变化，肯定孩子的进步，坚持对孩子报以持久的信任。适当的时候是应该对孩子实施一些奖励的，在奖励孩子的时候，可以用孩子喜欢的东西或感兴趣的事情作为一种强化的手段，刺激孩子做他们本不太乐意去做的事情。应该注意的是，激励的事情要放在希望孩子做出的行为之后，否则，效果就大打折扣了。例如，要求孩子保持一段时间集中注意力去学习。如果有一件愉快的事情等着孩子去做，他们时常会较好地完成另一件不喜欢的任务。但切忌事事给孩子奖励，那样反而不能达到激励的效果了，因为经常这样做，可能容易让孩子形成一种"完成这个学习任务是为了获得某一种奖励"的惯性思维了，这样可能会让孩子缺乏真正持久的学习动力。在与孩子活动的过程中，怎么来平衡这个奖励的度，需要家长根据自己孩子的特点用心去把握。

（三）兑现承诺，用鼓励增添孩子的信心

家长的鼓励是孩子取得持续进步的优质催化剂。当孩子实现了与家长约定的目标以后，家长千万不要吝啬对孩子的鼓励和表扬，一定要兑现事先对孩子有过的承诺，这不仅会增添孩子的成就感，更能让孩子在这个过程中受到诚信好品质的感染，也让他们能在家长的肯定中，为以后取得更大的进步树立充足的信心。如果孩子的表现暂时还没能达到预期，请家长一定要有耐心，正面、积极地引导孩子，若能跟孩子一起来分析孩子遇到的困难，帮孩子总结经验，同时对自己的教育方式进行反思，调整对孩子的期望，相信一定可以帮助孩子建立持久的自信。

我们的孩子还处在幼儿这个特殊的成长阶段，请家长对孩子各方面发展的年龄特点和个别差异多一点关注，多多欣赏自己的孩子，发现孩子的进步。请给孩子一个合理的期望，让他多一些成就感，从而更加自信快乐地成长。

父母的期望既可能给子女带来奋勇前进的动力，也可能带来不堪忍受的心理压力。只有当父母的期望转化为子女对自己生存和发展的内在需求，期望才能变为现实。作为父母可以从以下几点出发：1. 激发子女动机。父母应当在充分认识子女的特点、兴趣和潜能的基础上有所期望，并在适当的时间和场合，与子女探讨实现期望的途径和方法，以激发子女的动机。2. 以表扬和鼓励为主。在子女实现期望的过程中，要以表扬鼓励为主，批评惩罚为辅。3. 让子女自主选择。在实际期望发生冲突的情况下，不能强迫子女接受父母单方面的期望，而应多让子女自己作出判断和选择，以子女的期望为中心来修正父母的期望。

四、促进留守儿童的心理健康

农村留守儿童家庭教育调查[①]

留守儿童是指因父母双方或者一方外出打工,孩子留在户籍所在地,不能和父母共同生活的儿童。在我国,留守儿童人口规模庞大,而且增长迅速。随着社会的发展,农民外出务工的增多,留守儿童在很长一段时间内还将继续存在,因此对留守儿童这一庞大的群体的研究具有重要的现实意义。

我们根据湖北省家庭教育状况调查和访谈研究项目的部分资料,进行质性研究分析,以期发现留守儿童生存发展现状和家庭教育所面临的问题,找出阻碍其健康成长的影响因素,为解决留守儿童问题和提出针对性对策的提供依据。

1. 调查中发现的留守儿童家庭教育问题

儿童期是身心发展的重要阶段,人际交往、情感表达、人格完善等方面的发展都需要父母正确的引导,如果缺少科学合理的教育,他们的身心健康将会受到影响。

在对留守儿童的调查中发现,留守儿童长期与父母分离,缺乏亲情关爱,62.6%的孩子对外出打工的父母"非常想念",26.9%的孩子感到孤独;隔代监护人对留守儿童的学习缺乏指导,39.4%的儿童学习无人指导监督。这表明,留守儿童的家庭教育已经严重缺失。

留守儿童的父母由于常年在外忙碌,留守儿童家庭亲子之间的交往具有长期间断性、空间上的远距离性、交往的非面对面性,这直接影响亲子教育的质量。而亲子家庭教育是任何一种其他教育都无法取代的教育方式,亲子教育的缺失阻碍了孩子社会化的发展并导致他们心理问题的发生几率。孩子不能从父母那里获得关爱和情感的支持,他们需要独自面对很多他们无法解决的问题。父母榜样行为的缺失,父母对儿童监控机制的弱化,都是他们与正常儿童相比所欠缺的。

而其他的家庭监护人对留守儿童大多采用"物质+放任"的教育方式,除了给孩子提供物质上的保障外,教育等其他的问题都让孩子放任自流。父母爱的缺失和其他监护者爱的"补偿"使孩子得到更多的是溺爱和娇惯,毋需置疑,这对孩子的

[①] 王坤,郑晓边,孔令丽,刘文雯. 农村留守儿童家庭教育问题及干预对策——基于湖北省11市调研报告[J]. 教育与教学研究,2013(2).

发展将产生非常不利的影响。除此之外，调查结果显示，留守儿童家长对孩子的教育理念存在偏差，家庭教养方式存在缺陷。大部分家长忽略孩子的早期教育，不重视孩子婴幼儿时期的教育培养。但是在孩子步入学龄期，却对孩子期望过高。38.3%的父母希望孩子能获得博士、硕士学历，但是孩子认为自己能达到的最高学历水平却远低于父母。家长普遍关心的是孩子的学习态度、习惯和方法，而忽视了德育等方面的培养。55.2%的家长认为，目前孩子最需要的是学习习惯、方法的教育，但是在法制教育、美育教育、集体主义教育等方面他们却考虑甚少。家长们把主要的精力放到了孩子学习成绩的提高，而不是孩子身心健康的培养，人格和能力的完善，家庭教育仅仅成为了学校教育的附属。

再次，农村地区的家庭教育指导缺乏、家庭教育资源匮乏。有的留守儿童家长虽然重视家庭教育，但是缺少科学的知识来源，在针对教育孩子的具体问题、了解孩子身心发展的特点规律和年龄特点等具体问题时，他们常常是无所适从。很多家长渴望能够获得解决孩子具体问题的指导建议。但是调查中发现，农村的家庭教育无论是在管理体制、组织形式方面，还是在家庭教育的具体实施、保障措施等方面，都未得到有效的法律和政府支持保障。经费短缺、制度不健全、家庭教育服务队伍缺失，这些问题都严重阻碍了留守儿童家庭教育工作的顺利开展。

2. 留守儿童成长中出现的问题及其影响因素

早期亲子关系是儿童社会化和人格发展的核心和主要动因，家庭教育对儿童的成长有着决定性的影响。缺少科学、合理家庭教育的留守儿童在成长中或多或少会出现心理问题。调查中发现，相比城市儿童，农村留守儿童的问题行为更多，如抽烟、打假、旷课等。而且随着年龄的增长有明显增加的趋势，家庭亲子关系越差，儿童的问题行为越多。另外，留守儿童存在不良的情绪和情感问题，抑郁是留守儿童内部失调的一种表现。留守儿童的抑郁指数显著高于非留守儿童，甚至存在留守儿童自杀现象的发生。孤独感是留守儿童面对最多的情感问题。调查中发现，大部分孩子非常想念他们的外出打工的父母并经常有孤独感。当他们在面对学习困难，身体出现疾病，缺少同伴关系时，他们的孤独感将更加严重。留守儿童还会表现出恐惧、委屈难过、敏感自卑等不良的情绪情感特点。再次，相比较其他普通儿童，留守儿童学业成绩相对较差。这一方面是由于父母都外出的留守儿童，隔代抚养人等文化水平较低，在学业上不能给予帮助。或者即使父母有一方在家，他们也是忙于农活，无暇顾及孩子的学习。另一方面"读书无用论"的传统观念也在农村存在，这种情绪会影响儿童对学习的态度和努力程度，因此很多孩子将自己的人生发展方向定位于打工赚钱。

亲子关系和家庭教育的缺乏对儿童的心理的影响是直接而必然的，但是也并非所有的留守儿童都是"问题"儿童，很多留守儿童与非留守儿童的心理健康水平不存在差异，虽然留守儿童经历负性生活事件，但是有一些因素会对儿童的心理健康起调节作用。在本研究中发现，在留守儿童不良生活事件与心理健康之间，存在着保护性因素。首先亲子关系与孩子的问题行为呈负相关。亲子关系好的孩子的问题行为明显少于亲子关系不好的家庭，亲子冲突多的家庭孩子问题行为也多。其次，父母对孩子充满期待会更有利于孩子的成长，家长通过鼓励、强化的方式不断激励孩子，会让孩子按照家长的期望前进。再次，良好的社会支持对留守儿童各种问题的产生有缓解作用。缺少家庭教育的留守儿童，如果能够获得足够多的社会支持，如同学、老师、邻居等的支持，他们同样可以健康地成长。在研究中还发现，父母的收入高低和孩子的问题行为不相关，留守儿童孩子的身心健康更多受家庭教育质量而非经济条件的影响。

3. 促进留守儿童健康成长的对策

综上所述，留守儿童家庭教育的缺失导致了他们身心健康面临着严重的挑战。家庭教育问题的产生是社会转型中各种矛盾和冲突集中出现所导致的，并且受很多因素的影响，因此，要改善留守儿童的生存状况，就必须努力改善他们的家庭教育质量，改善留守儿童成长的影响因素。只有如此，才能从根本上解决留守儿童的生存状况。

(1) 提供法律支持保障

留守儿童的健康成长关乎社会的协调发展，也是建设和谐社会的必然要求。从宏观角度看，如果缺少法律体系的保障，那留守儿童问题将无法彻底解决，他们的健康状况也将无法改善。因此，应该加大对留守儿童的法律保护力度，以此来保障留守儿童家庭教育质量。国家政府应当制定相关的法律法规来完善留守儿童的各项权益保障，强化法定监护人责任，完善委托监护制度，建立以家庭监护为主，以社区、学校或其他人员监护为保障，以国家监护为补充的监护制度，使他们的正当权益受到保护。同时，发挥社会各界的作用，通过广泛宣传，吸纳更多的部门和有识之士加入到留守儿童的帮扶队伍，使整个社会加大对这一社会群体的关注和关心，为留守儿童解决实际困难，努力营造促进留守儿童健康成长的社会环境。

(2) 加强科学和专业化研究

对留守儿童健康心理的培养和家庭教育质量的完善并不是盲目的，无规律的。相反，它是一门科学，需要有基础理论、专业知识的支撑。必须以正确的观念、知识和科学的方法为前提和依据，这样才能有效科学的改善他们的状况。因此，积极开展留守儿童科学化、专业化研究，既注重基础理论研究，又注重经验和应用研究，这是十分必要的。通过科学化和专业化的研究，对留守儿童的成长规律有了彻底的了解，对留守儿童家庭教育因素有了全面的认识，这样留守儿童的预防和干预工作进行有针对性的开展,使留守儿童工作得以顺利进行,以达事半功倍之效。应当依托于高校的培养和相关机构的认证,加强对留守儿童的实务人才的培养,使留守儿童问题行为的预防和干预更加科学化、规范化、专业化。

(3) 改善家庭教育质量

家庭是孩子成长的第一所学校,家庭教育对于培育青少年健康成长与成才起着重要作用。家庭教育的质量直接决定着留守儿童的未来。亲子关系作为儿童身心的发展重要的影响因素,改善这一关系是十分重要且必要的。家长应该不断提高自身的科学教育水平,改变教育观念,提高家庭教育的责任感,努力给孩子树立一个好榜样,让孩子学会自我约束、尊重他人,让整个家庭有学习的氛围和学习的环境。并且父母应该最少留一方在家中陪伴孩子,而且最好是母亲,保持家庭教育的存在和完整性。并且经常回家看望孩子,即使在外,也应该加强与孩子的联系,多与孩子进行情感上的交流,多倾听孩子的心声。

(4) 营造社会支持系统

社会支持能够使儿童免受社会环境不良因素的伤害,它能够缓冲应激事件和困难处境的影响。虽然留守儿童生活条件和生活环境相对较差,亲子教育缺失,他们遭受着负性生活事件的打击,但是很多因素会对他们的心理健康具有补偿作用。如良好的友谊能够缓冲留守儿童的孤独感,老师和亲人的帮助对儿童的压力应对有积极的作用,有效的社会支持还可以减少他们问题行为的发生,社会支持越多,他们的违法、违纪行为越少。因此,应当逐步完善这些保护性因素,增强留守儿童的支持系统,提高他们的心理弹性,并使他们学会对资源的把握和利用,学会发现、寻求、利用支持系统,使这些因素能够发挥积极的作用,让他们增强对不良环境的免疫力。

除此之外,在对留守儿童进行心理健康预防和干预时,还要因人而异,不同的留守儿童因年龄、性别、性格特征等不同,需要采用不同的方式和方法,这是一个长期的工作,只有多方关注,从不同层面入手才能有效地促使其健康发展。

留守儿童作为中国一个特殊的社会群体,他们的家庭教育环境有很多挑战,他们的成长面临着很多问题。如何客观、全面地了解农村留守儿童问题,找到解决问题的途径,给留守儿童的健康成长提供良好的制度保障和教育保障,进而能够构建一套比较成熟的解决留守儿童问题的体系,这具有深远的理论和现实意义。解决"留守儿童"问题是一个系统工程,需要社会各方的共同努力,局部的任何努力都是必要的,但都不可能是彻底的。因此,政府、社会和家庭要紧密配合,形成人人都来关心留守儿童的浓厚氛围,我们要努力改善他们的生活环境,改变他们的心理状况,真正为留守儿童的健康成长撑起一片蓝天。

第四节 家庭文化环境

一、家庭文化环境概述

广义的文化,是指人类改造客观世界和主观世界的活动及其成果的总和。家庭文化作为社会文化的组成部分,是家庭和家庭成员在长期共同生活中形成的各种文化形态的综合体。家庭文化集文化传承、生活实用、凝聚协调、社会交往等多种功能于一体。家长是家庭文化的创造者和传播者,优化家庭文化环境,建设健康、文明、积极的家庭文化环境,是家长的重要责任。家长应重视提供有利于孩子发展的家庭文化设施,建立健康文明的家庭生活方式,形成与时代精神融合的家庭舆论,树立积极的家庭观念,努力营造一个与现代社会生活合拍的家庭文化环境。

二、家庭文化设施

不同的家庭,由于经济条件和文化素养的不同,文化设施会有很大的区别。一般来说,家庭的文化设施,既要考虑家人在家里休息、娱乐的需要,以发挥家庭的休息、娱乐功能,更要着眼于成年人的继续学习和未成年人的全面发展,以发挥家庭的教育功能。

家庭文化设施包括报刊、书籍、音像设备、乐器、游戏器具、体育器械等。书籍、报刊等精神食粮在家中是必不可少的。家长为孩子建立小小图书馆,逐渐增加其藏书量,吸引孩子在课外时间和假日把注意力集中到课外阅读上来,这不仅对孩子丰富知识、开阔视野、陶冶情操、净化心灵大有好处,而且有助于推动成年人继续学习和提高家庭文化生活的品位。家长要针对不同年龄阶段孩子的特点,为孩子选购类别多样、内容健康的书刊,家长要成为孩子读书看报的楷模。

三、家庭生活方式

家庭生活方式,是指家庭成员在家庭生活方面的追求倾向和行为方式,具体表现在饮食、起居、行为举止、人际交往、闲暇利用等方面。现代家庭闲暇文化生活丰富多彩,家庭管理学把它概括为十个方面:广播、电视、录音;电影、戏剧、音乐、舞蹈、曲艺;图书、报刊;体育活动;旅游、逛公园、摄影;书法、绘画、写作;乐器、歌唱;棋类、扑克;集邮、收藏;种花、喂鸟、养鱼等。每个家庭的具体情况不尽相同。有的家庭充满了文学气氛，有的家庭却是体育世界，还有的家庭是花鸟的世界。

影响着家庭闲暇文化生活的因素很多，如经济因素、时间因素、文化因素、居住条件等。家庭闲暇文化没有褒贬之分，重要的是要健康、益智、适中，这样才利于孩子健康全面的发展。

四、信息化的有效利用

随着信息化时代的到来，现代信息传播工具大量进入家庭生活。电视、移动电话、电脑的普及以及信息高速公路的开通，社会影响进入家庭领域的途径越来越多，周期越来越短，从多方面影响着人们的心理和行为，对家庭教育产生了直接的影响。

从积极方面来看，信息来源的多样化，极大地拓宽了家庭教育的内容，孩子们接触家庭生活以外的机会大为增加，他们的生活内容发生了极大的改变。他们一出生，就生活在各种媒体信息的包围之中，开阔了视野，并从中得到娱乐、受到教育。媒体成为孩子们了解社会、学习知识、陶冶性情的大课堂。

从消极方面来看，以电视、互联网为代表的大众传媒日益抢占孩子在家庭中的时间和空间，减少了亲子之间沟通和交流的机会，减少了孩子的户外活动和与外界的交往。有的孩子沉浸在媒体，尤其是电视、互联网带来的消遣娱乐之中，以致对学习、劳动等需要付出脑力和体力的活动感到厌烦。儿童年龄幼小、缺乏对信息进行判断和选择的能力，家长不可为图清闲与安静，便将儿童交给电视或者手机，这对他们的身心发展极为不利。

妈妈的"放心"

公园里，年轻妈妈们聚在一起，坐在草坪上有说有笑，旁边孩子们有的拿着手机，有的拿着iPad，有的是自己一个人玩儿，有的看着别人在玩儿。涛涛的妈妈对甜甜的妈妈说："我家涛涛现在都离不开手机了，可怎么办啦？一天到晚地找你要，你不给，他还不依不饶了。"甜甜妈妈自信满满地笑着说："这个得有方法，我把手机上的游戏软件都删了，现在就剩下一些可以供她学习的软件，什么猜成语啦，智力过关啦，也算是在边

> 玩儿边学嘛，这也是一种学习方式，以前我没想到这个方法的时候，我也是不放心，现在我可是放心啦，任她拿去，想她也玩不出别的什么新花样来。"

分析评价

案例中两位妈妈的对话，表明了她们对待孩子玩手机的一种态度，涛涛妈妈是在孩子的软磨硬泡面前，毫无办法。而甜甜妈妈，则是自认为想到了可以"放心"让孩子玩儿的好办法。其实，现在网络信息平台逐渐强大，通过网络游戏学习也是一种有效的方式，但是甜甜妈妈可能没有考虑到一个度的问题。毕竟孩子的自控能力还比较弱，面对电子产品的吸引力，很不容易自主地停下来，时间长了必定会对视力造成很大的伤害。看似"放心"的举动，时间长了，很可能带来"伤心"的结果。所以即使电子产品是有好的一面，家长也应该引导孩子学会适度地使用，而不是放纵。

大众传媒对学前儿童的影响利弊兼有。如何正确对待各种媒体和使用现代信息工具，如何指导孩子有计划有选择地看电视、上网，如何选择合适的孩子读物、做到趋利避害，家长的科学指导尤为重要。

本章小结

本章首先阐述了家庭环境创建的重要性和幼儿发展的关系，然后从家庭物质环境、心理环境和文化环境创建三个层面分别进行了介绍。强调了家庭环境创建在家庭教育中的重要作用，提出了一些环境创建的具体做法，并结合案例分析了家长在家庭环境创建中应该注意和防范的一些问题及解决措施。学好本章，对教师全面把握幼儿园和家庭教育因素有很重要的意义。

本章思考题

1. 论述家庭环境创建与幼儿发展的关系。
2. 家庭物质和心理环境创建中应该注意哪几个方面的问题？
3. 家长应该如何给予孩子合理的期望？
4. 怎样引导孩子适度地使用电子产品？
5. 设计一项家庭教育环境创设方案。

1. 丁连信. 学前儿童家庭教育（第二版）[M]. 北京：科学出版社，2007.

该书从当前我国家庭的变革和幼儿园教育改革的实际出发，比较系统地阐述了学前儿童家庭教育的基本理论、原则和方法，分析了特殊类型和特殊年龄儿童的家庭教育问题，并以学前教育机构家庭教育的指导为重点，论述了幼儿园、家庭、社区的合作共育问题。

2. 陈鹤琴. 家庭教育 [M]. 武汉：长江文艺出版社，2013.

该书分12章，立家庭教育原则101条。前2章讲述儿童心理及普通教导法，为提纲挈领之讨论；后10章都是拿具体的事实来解释各项建议之涵义。在这书里，小孩子从醒到睡，从笑到哭，从吃到撒，从健康到生病，从待人到接物的种种问题，都得到了很充分的讨论。这些讨论对于家庭教育负责任的家长都有很具体的指导。本版根据书的内容请插画名家配了极为活泼灵动的插图。

3. 关颖. 社会学视野中的家庭教育 [M]. 天津：天津社会学院出版社，2000.

从社会学的角度研究家庭教育，是将其置于与家庭、个人、社会的相互关系中进行的。依据系统研究的步骤，各部分形成一个相互联系、相互制约的整体，从而使全书有一个较为清晰的理论架构。第一章至第五章，论述家庭教育与家庭诸要素的关系；第六章至第九章，论述家庭教育对不同个体的影响；第十章和第十一章，论述社会因素与家庭教育的相互作用；加之家庭教育研究与指导的社会学方法，共设12章。以全新的社会学视角研究家庭教育的理论问题和现实问题，探索新的社会背景下家庭教育对少年儿童成长的作用，介绍家庭教育研究和指导工作的理论与方法，帮助少年儿童家长开阔视野提高素质。

本章参考文献

[苏] 阿·斯·斯皮娃夫斯卡娅. 怎样做父母——关于父母爱的心理学（中译本）[M]. 长春：吉林教育出版社，1988.

蔡迎旗. 留守幼儿生存与发展问题研究 [M]. 南京：江苏教育出版社，2009.

常瑞芳. 家庭与社区教育 [M]. 北京：高等教育出版社，2014.

陈可培. 都想有个和睦的家 [J]. 中华家教，1995，3.

陈淑萍. 论家庭教育中儿童人格的塑造与培养［J］. 泰山学院学报，2003，25（4）.

丁连信. 学前儿童家庭教育（第二版）［M］. 北京：科学出版社，2007.

鲁洁. 教育社会学［M］. 北京：人民教育出版社，1990.

权月彤. 家庭环境中创造性人格的培养［J］. 牡丹江教育学院学报，2007（4）.

吴航. 家庭教育学基础［M］. 武汉：华中师范大学出版社，2010.

徐昭. 家庭环境的"威力"［J］. 教育界，2010（1）.

郑晓边. 心灵互动——学习、生活、择业、家庭辅导手记［M］. 武汉：华中师范大学出版社，2004.

郑晓边. 现代幼儿心理保育与教育（上下册）［M］. 武汉：武汉水利电力大学出版社，1999.

周雪艳. 学前儿童家庭与社区教育［M］. 上海：复旦大学出版社，2012.

Baker, A. C., Manfredi, L. A. Relationships, the heart of quality care: creating community among adults in early care settings［M］. Washington, DC: NAYEC, 2004.

Lombardi, J. Time to care: Redesigning child care to promote education, support families, and build communities［M］. Philadelphia, PA: Temple University Press, 2003.

第六章　教养方式与教育资源优化

 学习目标

1. 本章导读：家庭教养方式是家庭教育的主要组成部分，它不仅渗透在亲子一日生活的每个瞬间，更应该扎根在家庭主要成员的教育智慧与技巧中。通过本章的学习，未来的幼儿教师要了解教养方式对孩子成长的重要作用，熟悉目前家庭教养方式的常见问题和改善策略，掌握正确教养方式的训练办法，帮助家长有效利用社区教育资源，促进幼儿健康成长。
2. 教学重难点：家庭教养方式的问题、原因和训练方法。
3. 教学课时：教学6课时，实习2课时。

　　家庭是孩子成长的港湾，家长就是孩子的第一任老师。从孩子在母亲的肚子里孕育开始，到长大成人，家庭环境、家庭教育等因素都影响着孩子的身体发展、认知情感、心理健康、社会性养成等方面。父母的言行举止对幼儿的个性形成有着巨大的影响，这种影响潜移默化，深刻而持久，因此家庭环境、教养方式的好坏有可能决定孩子的性格，将影响孩子的一生。3~6岁的幼儿，带着不同教养方式下的表现从家庭走向集体，要科学地帮助他们顺利适应、富有个性地发展，正确地处理家长工作的问题，幼教工作者就要从此入手学习研究。

　　俗话说，三岁看到老，看的就是孩子所受到的早期家庭教育。母亲如果爱打扮，女儿也会爱穿妈妈的高跟鞋；母亲虚荣心强，女儿也会爱与人攀比；父亲邋遢，谈吐粗鲁，儿子往往也会油嘴滑舌，口出脏言。有的父母情绪不稳定，爱当着孩子的面争执、吵架，甚至打架，如此环境下长大的孩子，性格情绪也会多变、易急躁、易怒、敏感。家长在处理困难面前常显得胆小退却，那么孩子便不易形成坚强、有担当的性格。有心理工作者经过调查，发现家长对孩子的教育方法和管教态度的不同，也会直接影响孩子心理品格和性格特征的发展。例如：家长对孩子的过分照顾和保护，不愿放手让孩子自己去独立活动，养成孩子的性格大多消极、依赖、缺乏忍耐力和独立性，适应不了集体生活，优柔寡断，遇事胆小。家长对孩子缺少关爱，对孩子冷漠、置之不理，孩子的性格会变得冷淡，缺少热情，甚至形成压抑、怪僻的性格。家长对孩子凡事迁就，过于溺爱，孩子性格大多表现出骄傲、放肆、懒惰、任性，也会表现出自私，不关心他人。家长对孩子的管教过分严厉，孩子一般会缺乏自尊心，会养成当面一套、背后一套的虚伪性格，甚至容易性格变态。家长对孩子采取养而不娇，民主而又严格的态度，孩子大多表现为活泼、自信、直率、热情、独立、大胆、既不屈服权威、又尊重别人的性格特征。

什么是教养方式？教养方式的类别有哪些？制约教养方式的影响因素是什么？教师如何对家长的教养方式进行指导？本章将对这些问题进行阐述。

第一节　家庭教养方式

前苏联教育家苏霍姆林斯基把孩子比作天然的大理石，认为有六位雕塑家把他们变成千姿百态的雕像。这六位雕塑家依次是：家庭、学校、集体、孩子自己、书籍、偶然因素。家庭被列在第一位，说明家庭在孩子个性发展和社会化中的突出作用。前苏联著名教育学家马卡连柯曾经说过："父母是孩子人生第一任老师，他们的每句话、每个举动、每个眼神，甚至看不见的精神世界都会给孩子潜移默化的影响。"父母的一言一行，一举一动，甚至习性爱好，都会在孩子的心灵上打下最初的烙印，所以正确的家庭教养方式对孩子的个性发展起到重要的作用。

家庭教养方式是指父母在抚养、教育孩子的活动中通常使用的方法和形式，是父母的教养观念、教养行为及其对儿童情感表现的一种组合方式，是父母各种教养行为的特征概括。针对普通父母来讲，这种组合方式是相对稳定的，不随情境的改变而变化，这种教养方式也反映了亲子交往的实质。

孩子生活在美满和睦的家庭中，性格开朗、活泼、合作友爱；孩子生活在有教养文化的家庭中，举止文雅、有礼貌。父母朴实勤劳、诚恳待人，孩子在对己对人的行为和生活态度上也会如常言道："孩子身上有父母的影子。"孩子的有些个性正如家长的写照。父母在家庭中对孩子的各种行为给予恰当的赞扬或批评，使孩子逐渐懂得什么是"对"、什么是"错"、什么是"好"、什么是"坏"。家长的赏罚褒贬、言传身教，对于一个缺乏选择能力而又具有高度模仿性的孩子来说，会起着个性上的奠基作用。

一、家长的教养态度

1. 家长的教养态度在幼儿家庭教育中的作用

家长的教养态度是家长教育观念、情感的反映，并会转化为教育行为表现在家庭生活中，直接影响孩子的行为。台湾学者朱瑞玲提出："自婴儿时期开始，一直到青少年阶段，父母的教养或纪律方式成为子女人格、认识能力及社会行为发展的基本要素。"教养态度是教养行为的预备阶段，而教育行为则是教养态度外在的实现与完成，态度决定了行为方式。家长的教养态度是家长教育素质众多构成成分的核心，对家庭教育的目标、方向以及家长的教育行为起着制约和指导作用，也是影响家庭教育质量的决定因素。

2. 家长的教养态度对幼儿产生影响的途径

西格（Sigel，1982年）提出了家长的教养态度对学前儿童产生影响的三种途径。

（1）作为心理来源。教养态度作为教育行为发生的心理来源，以教养行为为中介影响学前儿童的发展，这一中介作用通过亲子交往的过程实现。

（2）通过环境设置。家长可以通过对家庭环境的设置来反映自己的教养态度，如限定生活时间、空间，提供不同物质材料以及子女选择同伴的标准，来构成不同的家庭生活环境，从而会塑造出不同发展特征的儿童。

（3）直接作用于学前儿童的发展。家长的教养态度可以形成一种对学前儿童发展的特定氛围和期望，以儿童的自我图式为中介，将其纳入学前儿童的自我行为标准之中，并引导儿童向这一期望靠近，最终转变成为教育结果。

3. 家长教养态度的类型

（1）专横、遵循封建旧规。这类家庭常常强调辈分，强调绝对服从父母的意志，学前儿童只要稍有不听从就会受到父母的惩罚。在这类父母的教养态度下，孩子自身缺少自主权，要看父母脸色做事，一方面，儿童会形成胆小、自卑的心理，缺乏自信和独立性，或者另一方面，儿童会暴戾、横蛮、撒谎、逆反心理强，并往往爱在作弄别人，寻找报复中得到心理上的补偿和平衡。

（2）过分娇宠，有求必应。这类家庭，家长只想为儿童提供无所不至的帮助和保护，想方设法满足孩子的一切要求，甚至是无理要求，对子女只有赞许和肯定，没有批评和惩罚，对子女的不良行为不加以适当引导。父母的权威丧失殆尽，教育无从谈起，同时由于父母过分包办代替，使孩子养成极大的依赖性，就会形成自私、任性、放肆、易发脾气、好夸口的品性。

（3）放任自流，不闻不问。这种忽略型家庭中无论子女想做什么一点也不关心，放任儿童自行发展，对子女的行为没有明确的或者根本就没有的要求，对孩子的奖惩往往是随心所欲，没有一定的标准和依据。儿童因为得不到关心和得不到父爱与母爱而产生孤独感，逐渐会形成富于攻击、冷酷、自我显示甚至放荡的不良品质，常常会有情绪不安，反复无常，容易触怒，对周围的事物漠不关心的心态。

（4）民主型。这类家庭中父母与子女平等相处、随和谅解、相互爱护、关心，父母能多给子女鼓励和诱导,而对子女的缺点、错误,能恰如其分地批评指正,并提高子女的认识,改正缺点。这样就逐渐培养了孩子对别人坦诚友好、自尊、自立、大方、热情的性格,并能接受批评,经受压力,关心他人,有独立处事的能力。

可见,不同类型的家庭教养态度对学前儿童个性品格,心理素质的形成的影响是不同的,它也是家庭成员形成教养方式的基础。年轻的父母是学前儿童家庭教育的主要承担者,是孩子言行举止的示范者,待人接物的指导者,孩子成长的责任人,因此有责任形成正确的教养方式,使家庭呈现民主、和谐、平等的融洽气氛,才能培养孩子讲责任、讲民主、讲勤奋、讲进步,不骄不宠、自尊自强的好品格。

郊　游

周末,风清日朗,带上孩子去郊游!

"孩子,今天你给妈妈做向导,如何?"

"妈妈,什么是向导?"

"就是走在前面,引领方向,带领别人走到应该去的地方。"

"哦,好呀,好呀!"孩子兴奋地又蹦又跳,显然他对这个职责很渴望,很感兴趣,很好奇,很有信心!

每一个母亲的目光都是温暖的、柔和的、坚定的、信任的、喜悦的,我也是!

每一个孩子都是在这样的目光铺就的无限的路途中成长!他也是!

我蹲下来望着孩子说:"走吧,我相信你一定会带妈妈去到很美很美的、妈妈不曾到过的地方!"

他兴致勃勃地活像一个小大人一样一直跑在我前面带路,一边走一边讲:"妈妈这是青青的小草,这是粉色的花,这是绿色的树叶,这是桥,这是路,这是水,妈妈,快看野鸭在游泳。"

"妈妈快看天上有飞机,妈妈快看这里有个蜗牛的壳,蜗牛哪里去了?他为什么不要这个壳了?"

"妈妈快看,这有一个多么漂亮的小石头啊,妈妈,快看,这里写的是什么字啊?""这些字告诉我们不要踩了小草,是不是啊?""这些字告诉我们是这条路的名字,是不是啊?""这些字是谁写的啊,这些名字是谁起的啊?""妈妈,这是蒲公英,啊,妈妈,我可以吹蒲公英的花,以后

第一节 家庭教养方式

再也不买泡泡水，不吹泡泡，玩泡泡水还要花钱，是不是？吹蒲公英的花还可以不花钱还可以帮助他们飞……"他兴高采烈全情投入地履行着一个向导加讲解员的职责，不停地有新发现，有无数的什么和为什么，他看到的点点滴滴大大小小的事物都要百分百地传达给你才算完事。

更重要的是，他从没疏忽对我的照顾的任何一个小细节！"妈妈，你累了吗？可以坐这个凳子上休息。""妈妈，你渴了吗？可以喝点水，小心点，别烫着！""妈妈，你饿了吗？等会儿哪里有吃的，我带你去吃！"

孩子越来越有信心了，也越来越有责任感，他放眼往远处四处打量，然后说："妈妈，快看，那里有个城堡，我要带你去那个城堡的最高处！""OK！走！"

我紧随其后，向目的地出发，走啊走，走啊走，呵呵，真是累了，孩子开始没耐心了："妈妈，我怎么觉得这个城堡在跟我们玩游戏，咱们走，它也走！""哈哈，儿子，你可真有想法！那你想这个游戏的结果是输还是赢？儿子发现的一个会玩游戏的城堡，我可真是太想去看看了啊！这么有意思的一个城堡究竟是谁建造的呢？它为什么要跟我们玩游戏呢？难道它很喜欢我们？"儿子一下子兴致高昂起来："是啊，是啊，它一定是……"哈哈，发挥了他一大堆的想象……暂时忘却了初露端倪的累！再走，左边隔着一片花圃就是孩子所谓的城堡了，花圃中间依稀可见有人踩过的痕迹，一条似有似无的路，如果从这里穿过去那可真是就到了啊，孩子已经跨出了脚，此刻，是我一整天来，唯一没有紧跟的一步，也没有喝住他，我停在那里，望着他笑，孩子回头看着我："妈妈，快点啊，咱们马上就到了啊，我带你上城堡上去！"我依然站在那里，望着他笑，我说："是啊，马上就要到了，那，咱们能不能看看有其他的也能够到达城堡的路呢？"孩子往右前方看看，收回了脚步，回到正路继续走："哦，妈妈，我们从这里走，刚才我忘了啊！"我说："没关系，你现在选的这条路只是稍微远了一点，但是，也可以走到城堡，而且脚上不会沾上泥土，重要的是，不会踩到那些花儿，对不对啊？"孩子认真地说："是的，妈妈，刚才我忘了，对不起，我太着急，我忘了'生而勿杀'。"

健的妈妈

分析评价

周末，一些孩子在培训班里学习技能，一些孩子在父母的期望里增长才艺，而

149

这位妈妈让孩子来做"向导",满足孩子渴望认可和信任的需要。妈妈认为综合素质"德,智,体"中的"德"必须走在最前面,成为社会一分子,首先要懂生活会生活,其他的,日后随着孩子自己的爱好而选择。成人不能用一颗钝化的心、一副大人的姿态去应付孩子,看看孩子在自由追求,创造付出,她愉悦、幸福、满足!哪怕这只是孩子的郊游活动,孩子幼儿时期游戏方式恰恰是他成年后处世方式的基础的建立,不否定孩子的梦想,不摧毁他的计划,一个拥有自由的,被信任的灵魂,一定能成长为自觉的,有责任感的真正的人!

二、父母教养方式相关研究

在家庭教育中,父母教养方式是一个重要的内容。采取何种家庭教养方式对学前儿童进行家庭教育,是家长必须重视的一个重要问题。

家庭教育方式是由家庭成员之间的权利分配和沟通方式决定的,是家庭教育思想观念的真切反映。教养方式与父母的人生观、价值观密切相关,也受当前社会经济、文化、意识形态的影响。它不单纯是由个人的知识多寡、文化高低决定的,家长一贯的品德修养、性格倾向、待人接物、兴趣爱好都会从中反映出来。

美国心理学家西蒙兹(P. M. Symonds)的研究发现,在亲子关系上受父母支配的孩子常表现为缺乏主动性、自信心、顺从,依赖性强;而让父母服从自己的孩子则多表现为独立性强,行为多攻击性。被父母接受的孩子与被父母拒绝的孩子心理行为表现有明显不同:被父母接受的孩子一般表现为兴趣广泛、情绪稳定、富有同情心,而被父母拒绝的儿童则常常表现为冷漠、情绪不稳定、任性、逆反心理较强。由此西蒙兹提出亲子关系中的两个基本维度:一是支配与服从,二是接受与拒绝,并据此说明教养方式对孩子的不同影响[①]。

美国心理学家鲍德温(A. L. Baldwin)采用观察的方法,通过家庭拜访,观察家庭互动的基本频率,从中研究发现了父母的宽容、民主态度对儿童社会化的影响。鲍德温发现:一般受教育程度较高的父母,常采用宽容民主的教养方式,在这种家庭中成长的儿童会形成更多的亲社会行为,爱憎分明,有较多的领导行为,好奇心强,求知欲高并且极具创造性,而父母的限制和不宽容则容易使儿童表现出与此完全相反的特点[②]。

心理学家鲍姆林特(D. Bauarind)通过采用观察的方法,研究了父母的限制性态度对于不同家庭环境中的儿童社会化的影响,她通过分析研究,认为父母对儿

---

① 陈陈. 家庭教养方式研究进程透视 [J]. 南京师大学报(社会科学版), 2002(6).
② 夏明珠. 儿童气质与父母教养因素相互作用的研究新进展 [J]. 大连理工大学学报(社科版), 2004: 282.

童的限制应分为两种,即"合理而严格的"和"惩罚性的",她还认为以下三种父母的教养方式对孩子的影响较大,即权威型、宽容型和专制型。鲍姆林特认为权威型父母对孩子多理解和尊重,他们会经常与孩子沟通、交流,适时地对子女给予帮助,因此受到孩子的尊重,在孩子心目中很有权威性,这样的家庭中的孩子,会形成更多的社会责任感,具有更多的成就倾向;宽容型父母很少强迫孩子遵从父母的要求,他们把尊重孩子的个人意愿放在首位,给孩子最大的行动自由,甚至采取"听之任之"的态度,这样的父母与孩子的沟通比较好,交流比较多,他们愿意在子女需要帮助时提供帮助,但这样的家庭中的孩子容易缺乏独立性;专制型父母要求孩子绝对服从自己,对孩子的自由有很强的限制性,对孩子的行为要求有很强的强制性,希望孩子按照自己为其设计的方向成长,甚至对孩子的所有行为都加以保护和监督,这种亲子关系是不平等的,因此父母和孩子之间的沟通是不好的。这样的父母往往不能向孩子提供切实有效的帮助;这样的家庭中的孩子容易缺乏社会责任感①。

霍夫曼等人研究了"惩罚"这一普遍性教养方式在儿童社会化发展中的作用,通过研究,霍夫曼将惩罚分为两种方式,即强制惩罚和心理惩罚。霍夫曼将强制惩罚解释为父母对儿童的体罚、冷漠地拒绝、剥夺以及威胁等,并且在研究中发现,强制的教养方式会阻碍儿童对社会道德规范的内化,同时也会降低儿童个体道德品质的发展,因为强制会引发孩子的敌意,同时又会使孩子学会这种表达敌意的方式。霍夫曼将另一种惩罚方式称为"爱的收回",就是一种心理上的惩罚方式,它表现为父母对孩子不理睬,孤立孩子,对孩子表示失望等,这种惩罚方式会导致父母与孩子之间的感情破裂,使孩子体验到对自身安全的威胁感,体验到焦虑感,霍夫曼认为父母使用这种方式,会使儿童产生过重的内疚感,容易形成刻板地而不是灵活地遵守社会行为准则的习惯。

美国学者鲍姆林德提出的学前儿童父母的教养风格:

1. 专断型父母:专断型父母在教育子女中表现出对儿童的完全控制和要求儿童对父母的决定服从。父母是完全正确的,家长的尊严受不到半点挑战,儿童要严格遵从父母的标准。如果需要,父母可能会使用体罚来强迫儿童顺从他们的意志。这种类型的父母,主要是通过奖励和惩罚来控制孩子,孩子没有提问题和父母商量的机会。

2. 权威型父母:权威型父母会在考虑到儿童的发展和个性差异的基础上,对儿童的行为进行适当的限制,这种教养类型的家长在不能损害他人利益和权利的前提下,给孩子一些自由,允许孩子对规则和责任提出自己的意见,并以此来培养儿

---

① 徐丽敏. 儿童自我概念的发展及社会互动的作用 [J]. 辽宁师范大学学报(社会科学版), 2002, 25 (1): 52-55.

童的责任感,大多数的美国父母认为自己是这种类型的家长。

3. 纵容型父母:纵容型父母希望子女能有良好的自我管理能力,在这种思想的影响下,家长给了孩子很大的权力,让孩子尽可能地进行自我控制,而不是依赖成年人的控制性训练。

放学路上

一天放学的路上,我突然发现天上的晚霞特别的美,就忍不住多看了一下。锅仔这时也学着我看着天上,问:"妈妈,你在看什么?"

"你看,锅仔,那天上的云好像一只火红的凤凰啊,白的是凤凰的头,橙色的是翅膀,红色的是它的尾巴,你看美不美?"我指着天上的云对儿子说。

"是好像啊!后面还有很多小鸟跟着它在飞呢!妈妈你说是不是?"锅仔也仰着头,说道。

"瞧,那只凤凰的头不见了,变成了一只大狮子。"我多观察了一会儿,又对锅仔说。

锅仔兴奋地说:"小鸟也都飞过来了,被大狮子吃掉了。"

"难怪狮子的肚子越变越大,它吃饱了。"我对着儿子笑一笑说。

"妈妈,狮子快没有了,看不见了。"

"它要到哪里去了呢?"我问。

"它要回家去了!"

"是啊,天快要黑了,大狮子跟着晚霞回家去了,我们也要回家啦!"锅仔笑呵呵地拉着我的手朝家的方向走去。

回家的路上其实有很多值得亲子互动的地方,发现当中有趣的事物和孩子进行互动,不仅能增进亲子关系,更加能培养孩子对周围生活的观察能力、表达能力。在此案例当中,妈妈一个发现美的举动,对于孩子来说是一种隐性的提示;一来一往的对话让孩子在轻松的感觉中,用具有想象力的话语启发孩子幻想,是一种开放式的教养方式,这样的教养方式平等、尊重,会帮助孩子形成良好的个性特质。

三、教养方式的类型

1. 我国学者有关家长教养方式的研究

我国教育学者在这方面的研究成果不少。关颖曾就家长的教养方式做过调查，列出 32 项教育行为，请家长做出符合自身情况的选择，经过对所得数据进行统计分析，归纳出目前家长所采用的 6 种教养方式类型，即：溺爱型、否定型、民主型、过分保护型、放任型和干涉型。

（1）溺爱型：溺爱型家长过多地满足孩子的各种愿望，把孩子摆在高于父母的不恰当的位置上，家长宁肯自己省一点也要满足孩子，包办孩子的一切，常常因为心疼孩子而迁就他，这使得孩子勤劳俭朴的作风较差，而且助长了孩子学习不努力的不良习惯。

（2）否定型：否定型家长经常责怪、批评，甚至打骂孩子，对孩子管教过于严厉，否定多于肯定，使得孩子较少接受正面的教育引导，这样不利于孩子的社会道德的养成和学习努力精神的养成，而表现出文明素养较差、个人信用较差、勤劳勤俭精神较差。

（3）民主型：民主型家长给孩子自我发展的自由，尊重和信任孩子，并以平等的身份与孩子交流，鼓励孩子上进，这样有利于培养孩子的社会道德规范。而且孩子在和谐的家庭气氛中容易产生发挥自身潜能的能力，在学习上表现出主动性较强，很少有学习不努力的情况。

（4）过分保护型：过分保护型家长把孩子囿于家长控制之下，经常按照家长的意志为孩子安排学习内容，陪孩子做作业，帮孩子做他力所能及的事情，结果妨碍了孩子独立性的发展和勤劳简朴美德的养成，同时助长了孩子的不良习惯和不思进取的思想状态。

（5）放任型：放任型家长对孩子的独立行为了解较少，甚至对不良行为也不加干涉或过分迁就，孩子缺乏来自于家长的道德规范教育，这不利于培养孩子的社会道德，同时使孩子学习不努力、勤劳节俭精神较差。

（6）干涉型：干涉型家长对孩子的日常活动包括看电视、交友等日常活动限制过多，管教过于严厉，使得孩子经常处于被动状态，缺乏自制能力，因而在学习的主动性方面表现较差，学习不努力的情况十分突出。"严厉"的教养方式指的是家长过分重视自己的尊严和权威，总认为孩子年龄小、不懂事、幼稚可笑。他们要求孩子事事处处"听大人的话"，平时不和孩子商量就决定一切。常粗暴压制孩子的意愿，禁止孩子的活动，或当着别人的面粗暴地批评、责骂、体罚孩子，孩子不愿对他们讲心里话，不敢向他们提出特别的要求和问题。

2. 父母教养方式维度

根据国内外的一些研究，国学者刘金花认为评定父母教养方式的维度有两个：控制（对孩子是否提出成熟的要求）和爱（即是否关心、信任和理解孩子），根据这两个维度可以把父母的教养方式分为四种类型：权威型、专制型、娇宠型、冷漠型。

（1）权威—控制型

父母对儿童的态度积极肯定，热情地对儿童的要求、愿望和行为进行反应，尊重孩子的意见和观点，鼓励他们表达自己的想法并参与讨论；父母对孩子的要求比较明确，对他们的不良行为表示不快时，会严格按照规则说服教育；而对其良好行为，则表示出真心的支持和肯定。这种高控制、情感上便于接受的温暖式的教养方式，对儿童个性的发展有积极的影响，易使孩子形成亲切温和、情绪稳定和深思熟虑的性格或者形成独立、直爽、积极协作的个性。

不必代劳

一个周末，我和孩子在家包饺子，我准备好馅料和饺子皮，然后让她看我包了一个，接着我们就各包各的，一个下午，包了一百多个饺子，也没听她喊一声累，到后来都不让我包了，一定要一个人干。还剩最后几个时，孩子实在忍不住去小便，我看时间不早就赶紧把那几个包完放进冰箱了，等她来一看，委屈得眼泪都出来了："你不让我好好做事，以后我再也不帮你了！"我一个不经意的举动，却伤害了一颗热爱劳动的幼小心灵，以后绝不代劳了！

宸的妈妈

妈妈在家里的角色是既要带孩子玩，又要做给孩子吃，还要洗洗涮涮，难免有时候会感觉分身乏术，因此很多时候都是很无奈地任由孩子自己玩。比如洗衣、做饭的时候就把孩子放在自己视线所及之处，让她在确保安全的前提下自己独自玩耍。慢慢长大些了，她反而不太愿意自己玩，而是经常要求家长陪她一起玩，成人说有事要做，她就会要求一起做。从内心来讲，有的家长是不太愿意让孩子做家务的，一来无形中影响了成人做事的效率，二来还会把现场弄得一片狼藉，不得不重新收拾整理。但当孩子每次被无情地打击了积极性后，受伤是绝对的。于是偶尔也应该让孩子做一些比较容易做好的事情，只要能确保安全，基本都给孩子尝试的机会。时间久了，试得多了，孩子的能力远远超出成人的认知，也可以做些"高难度"的家务。通过孩子在家务劳动中的参与，能让亲子在这种共同的劳动中增进了互动，既完成了家务又促进了感情，并且提高了孩子的动手能力。

激励大将军

周日的下午，因为有雨，不能出去，我在收拾衣服，他一个人在玩游戏，模拟红军和蓝军激烈的对战，用积木搭出自己喜欢的枪的模型，口中念念有词，有时狂奔，有时隐藏，玩得不亦乐乎，累的时候会过来和我聊几句，和我讨论一下他的疑惑，分享一下他的快乐的心情。我很开心他能这样，因为在3岁的时候，他还是一个有点内向、黏人、胆小并且不会自己玩的小孩子。

虽然我那时也很焦虑，但所幸还是一个很有耐心的人，没有一味地用简单粗暴的方式来要求他改变，因为我知道他很敏感，简单呵斥会使他更加胆小，忧郁。仔细观察我的宝贝，他比同龄的孩子早熟，理解力更强。于是我们在一个温暖的下午，漫步在在放学的路上讨论理想，他想了一会，用亮晶晶的眼睛看着我，认真地说："我想当大将军。"我没有像一般人一样哈哈大笑，笑他的幼稚，而是很高兴他有如此崇高的理想。我笑着对他说："宝贝，你这个理想很好，我很支持哟，那么我们现在应该做些什么呢，比如大将军应该是什么样的呢？我们走路的时候让妈妈抱吗，比如你是不是应该保护妈妈了呢？"

从此我经常喊他"大将军"，并且很多事情都让他用将军的标准要求自己，包括兴趣班，也是和他协商后确定，只要做得比以前好，我都会表扬他的进步。我能明显感觉到他的自豪感和由此产生的自信。平时，我和他一起的时候，他经常和我讨论有关军事的话题，我能答的尽量认真回答，如果不行，我们就一起上网查。他也渐渐有了一些变化，比以前勇敢，开朗一些。有一次在书店，他看到一本军事方面的书，很厚，他犹豫了很久和我说："妈妈，我想要这本书，但是很贵，你可以给我买吗？"我没有犹豫，说："嗯，我的大将军想读的这本书，如果你能看得懂的话，我可以给你买哟。""谢谢妈妈，我会认真读的！"

我没有刻意监督过他读书，因为我相信他，只要他感兴趣的，他一定没问题的。果然，在幼儿园里，他的领导才能和军事方面的知识使他成为了班级里的"大元帅"，经常调兵遣将，不亦乐乎。我很欣慰看到他的这些微小的进步，因为这是他一步步成为男子汉的必经之路。

晨的妈妈

家长在教养方式上属于权威型（民主型）的教养方式，他们首先尊重了孩子的想法和意愿，对于孩子的表达和表现给予了肯定和支持，尽管有时心中会有疑虑，但也理智地进行处理和调整。其次，从孩子的各种表现中找准了他的兴趣，用兴趣不断推动孩子探究和成长。第三，家长适时地采用了"鼓励"式的引导，提供了平等的交往环境，创造了积极向上的心理氛围，能将孩子引向成功之路。

（2）专制—控制型

这属于强制性控制教养方式，但在情感上父母倾向于拒绝和冷漠孩子。父母往往表现出缺乏热情的情感反应，很少考虑儿童自己的愿望和要求；对孩子的一举一动都横加限制，要求孩子无条件地遵循有关的规则，如果违反规则，父母就会采取强硬措施，有的甚至动用暴力。这种方式下教养的儿童往往会有恐惧心理，缺乏自信心。

孩子的纠纷

两位妈妈坐在一起聊天，孩子已经玩得不知道在哪儿了。一个小男孩哭着跑了过来。

妈妈："干什么哭啊？男孩子哭什么哭？别哭了！"

男孩："是别人！"

妈妈："别人怎么了别人！叫你别哭了，多丑啊！"

> 男孩:"别人打我!"
> 妈妈:"别人打你,你不知道打别人?还好意思哭!"

分析评价

以上案例在生活中很常见,放任孩子肆意地玩,出现问题不给予正确疏导,只是严厉地指责孩子,教导方式也是野蛮、不讲道理的。面对这样的事件,首先,家长应该以温和的态度对待孩子,抚慰孩子的情绪。其次,家长要了解清楚事件的缘由始末,帮助孩子分析事情,客观判断自己的行为和他人的行为的对错。最后,要协助孩子用恰当的方式处理后续的事情。如此一来,孩子的情绪得到父母的接纳及安抚,面对身边发生的事情会自主作出判断,逐步学会如何恰当地处理纠纷和他人关系。

案例导入

孩子的好奇心

周末的时候,妈妈在家打扫卫生,孩子在小区和同伴们玩耍。

孩子在小区的草坪上收集了一小瓶色彩鲜艳的甲虫,兴奋地跑回家,拿进屋一边给妈妈展示,一边说:"妈妈,快看哪,看我捉到了什么?漂亮不漂亮?"

正在拖地的妈妈,看到的是孩子满脚的泥、满身的土,还想到小虫子会爬到满屋子的可能。"不要进来,把这些东西拿出去!"妈妈严厉地说道。

孩子开始抗议:"你看都没有看!它的身体会打开,翅膀还会发光呢!"

妈妈快速地看了一眼瓶子,然后拉起孩子的胳膊走到门口,提醒他说:"虫子是生活在室外的,你应该把它放到外面去!"

分析评价

在上面的情景里,孩子错过了一次难得的情感经历。他的发现和喜悦没有得到母亲的共情、肯定和分享，而且可能会让他对这次的经历所发现的意义和作用感觉到困惑。他对自己的发现感觉"良好"并为之兴奋，然而妈妈的态度却是"抗拒"。他的争取是"乞求"，可妈妈的拒绝是"严厉"，妈妈所有的反应好像是在告诉孩子"你这样是不对的！"如果要站在孩子的角度，父母首先是要迎合孩子的情绪，拿出接纳和包容的态度，可以惊奇地说："哇！谢谢你带给我看这么漂亮的甲虫！""你看，妈妈把家里打扫得这么干净，你能收拾一下自己，我们再来讨论吗？"然后可以带着孩子展开对甲虫的兴趣研究，如果实在不方便也可以和孩子商量："你在哪里捉到它的？""你不认为它们生活在自己的世界里会好一些吗？"这样不仅拉近了亲子间的距离，更建立了孩子的"自我感"，有与他人平等对话的勇气，也学会体谅父母的辛苦。

案例导入

必须做好数学题

今天早上，艺馨妈妈送她来上幼儿园，妈妈一脸不高兴，艺馨也低着头，好像做错了什么事情。

妈妈开口了："老师，你看她昨天在家里做的作业，字写得歪歪倒倒，数学题做错了两道，真是完全不认真。我们今天晚上还要学舞蹈，麻烦你让她在幼儿园重新做一下！"

幼儿园里从来不布置作业，哪来的这么多作业要写呢？原来是艺馨妈妈为了让她能顺利过渡到小学生活，自己在家里布置的。

为了照顾孩子的情绪，我接过了艺馨妈妈给的作业本，一边把艺馨牵进教室，一边对她妈妈说："我们没问题的！"

分析评价

面对幼儿园和小学衔接的问题，内心不强大的家长就会找寻各种补习班、特长班强加给孩子。不管孩子愿不愿意，反正家长就是逼着孩子学，这是专制型（专断型）父母的特征。6岁不到的孩子能正确地握笔，写端正的字，是不容易做到的，不是孩子不想，而是与生理机能有关，无法完全做到。数学题的失误不能原谅，必须全对，这也是专制型家长的苛求。对于小小年纪的孩子，没有时间享受童年，却要背负如此之多的负担。现在的社会竞争固然残酷，但学习是每个人终生的坚持，孩子的学习成长需要一步步快乐的体验。家长的一味强求，只会让亲子关系越来越远，孩子的信心越来越小。家长只看到了严厉之下眼前的"效果"，却造成孩子成长之后胆怯、自我否定的恶果。

(3) 娇宠—不控制型

爱得不理智，控制不足。父母对孩子百般疼爱，过分娇宠，任其呼风唤雨，对小孩的任何要求不假思索地答应。这样的教养方式导致孩子的行为和性格发生扭曲，使孩子容易形成较强的冲动性和攻击性的心理行为，缺乏独立性和责任感，形成懒惰、自私、任性、撒娇、为所欲为等一系列不适合社会要求的行为习惯和性格特征。

外公吃了蛋糕

毛毛三四岁的时候，在外婆家住的时间比较多。外婆外公很宠他。

"毛毛，你吃的蛋糕放在桌上了。"我对毛毛说。

"知道了，一会儿我就吃。"正玩得开心的毛毛答应道。

外公从外面回来，肚子饿了，见桌上有蛋糕，便把它给吃了。

"外公，那是我的蛋糕，妈妈说好了的。"毛毛见外公吃了他的蛋糕，不高兴了。

"哦，外公不知道已经吃掉，那你就吃饼干。"

"不，我就要吃蛋糕！"

"好好好，外公给你再买一块蛋糕，行了吧？"

"不行，我就要我刚才的那块蛋糕！"

"外公已经吃下去了，怎么给你呢？"

"吐出来！我要你吐出来！"

"好好，外公不对，外公不对，你打外公！"

毛毛在外公身上打了几下。

隔代教养是最容易出现娇宠型孩子的。父母及长辈的无限度的宠爱、平日里的及时满足，孩子容易养成任性、不讲理、不达到目的不罢休的性格。在家庭里，无论父母及长辈都要保持一致的教育方法,首先,要是平等的,吃东西之前,长辈可以询问一下"这个蛋糕是谁的?我可以吃吗?"看似是长辈在谦卑地问,其实是在给晚辈做榜样。到了社会上每个人仍然需要这样,这是尊重。第二、好的东西不一定都要给孩子,但一定要先给长辈。第三、大家相互分享也是不错的体验。第四、对长辈说话一定要有礼貌。

案例导入

打板凳

明明看电视的时候,没注意,从小凳子上摔了下来,疼得哇哇哇地哭,爸爸这时候迅速地跑了过来,抱起明明,用手从上到下摸一通。

"怎么样了?怎么样了?"明明说不出来,只是哭。

爸爸看着哭个不停的孩子,手足无措,"都是板凳不好,打板凳、打板凳!"明明一看爸爸的动作,马上停止了哭泣,学着爸爸的动作打板凳。

爸爸一看方法有效,用脚跺起地板来,明明也不哭了,边打边说:"打板凳、打地板!"

分析评价

面对孩子哭闹的情况,爸爸通常会不知如何是好。打板凳可能是爸爸自己的早期家庭教育经历,这样做的弊端有两点:(1)虽然能暂时转移孩子的注意力,停止哭闹,但是孩子下次仍然还会摔跤,因而他没有从父亲的教育那里得到自我保护的方法,反而是学会了暴力解决问题。(2)父亲的方法是一种过度呵护孩子的表现,孩子一哭就能换取父母的及时关注,长此以往,无论在孩子身上发生什么,他首先就会用哭来吸引父母,没有达到自己想要的,也会用"哭个不停"来惩罚父母,让孩子养成唯我独尊的性格。

(4)冷漠——不控制型

父母对孩子既缺乏爱的情感和积极反应,又缺少行为的要求和控制,亲子间交往甚少,父母对孩子缺乏基本的关注与了解,对孩子的一切行为举止采取不加干涉的态度,给孩子一种被忽视的感觉。这种教养方式下的儿童容易形成较强的冲动性、攻击性、不顺从、自傲、自狂、目中无人、自以为是的心理,使他们在青少年

160

时期很容易发生不良行为问题。

离异母亲的脾气

一位刚离婚的母亲因自己三岁的儿子要她陪伴而大发脾气。这位母亲不能接受离婚带给她的孤独感和被抛弃感,她觉得儿子的"过分要求"对她来说是一种威胁,其实儿子只是表达出了想和她亲近的愿望。当她把自己因为没有人关心而产生的怒气发泄到孩子身上时,年幼的孩子就成了她的出气筒。她时常感到孤独无依,也不能满足孩子对她的亲近需求。

分析评价

母亲内在的不良情绪妨碍了与孩子进行交流,对这种烦躁情绪的感受会唤起孩子情绪的防御状态,产生心理隔阂。这种情形一旦发生,亲子就不会再有和谐的关系,每个人都进入自己的内心世界,因此就会感到孤独和疏离。父母的这种冷漠和疏离,也会使孩子缺少关爱意识和能力。

四、正确的教养方式

1. 尊重:父母从内心尊重子女,不把子女当不懂事的孩子,能放手让孩子去做自己喜欢、有能力做的事情,很好地培养了孩子独立自主的精神。尊重孩子的个人意识,鼓励子女勇敢尝试,并委托一定的任务让其完成,激发其责任感。在家庭的重大决定之前,子女可以民主地参与讨论和商量,家长不强势、逼迫,能采纳子女的意见,即使子女有不对的地方,也能在往后的行为中给予建议,帮助其发展健康心理和完善处理事情的能力经验。

2. 信任:子女成长过程中,会遇到很多思想困惑和挫折,需要父母正面、激励来支持。父母对孩子抱有希望,相互之间无障碍地交流,保护他们的自信心、自尊心、好奇心。相互之间的信任,能帮助亲子之间建立和谐的亲子关系,也能促进孩子在各方面的健康发展。

3. 接纳:孩子是一朵静待开放的花儿,每一朵都有自己的盛开方式和结果,成人应该接受他们不一样的成长速度和方式。孩子本身就和成人有不一样的思维方式和行为特征,这种成长过程中不稳定的行为特点、不成熟的心理状态和无意的行为过失,父母则应该采取接纳、包容、理解的心态,对于孩子的错误和叛逆,也应该采取冷静、说服的态度,不能一味放任、偏袒,也不能打骂、压制。父母对孩子有了同理心,孩子则会开朗、乐观、爱父母。

家长体会

家庭值班人

阳春三月,春暖花开季节。

周一早上六点,闹钟响起,优优睁开眼睛,她知道,这一周她是"家庭值班人"。她关好闹钟,打开音乐播放器,里面播放了是她喜爱的《灰姑娘》主题曲。伴着音乐开始起床,床头摆放着昨天晚上她自己准备好的衣服,先穿的摆在上面,外套在最下面,她说这是她自己"琢磨"出来的方法。然后她敲门走进奶奶、爸爸妈妈和哥哥的房间,向他们问早上好,告诉他们该起床了。

大家洗漱完后,优优提醒每人喝了一杯温水,然后一起出门去小区附近的一个广场,优优今天给大家安排的晨练活动是慢跑和跳绳。她已经准备好了跳绳工具和音乐播放器。半小时的活动结束后,大家都认为优优跳绳进步最大,爸爸给她加1分。

优优现在已经上幼儿园大班了。哥哥果果是小学三年级的学生。在奶奶做早餐的时候,大家各自做好出门前的准备工作。优优把自己需要带的隔汗巾、水壶等都整理好,放进她的书包里。洗完手后她还协助摆放餐具,然后和一家人一起开始吃早餐。"哥哥,你的脚。"大家发现,原来是果果坐在椅子上把拖鞋脱掉了,两只腿还不停地晃动,优优发现后就提醒他。

"爸爸,我们安全带都系好了。""爸爸,我带你过马路。""阿姨好!""叔叔好!""老师好!"……

这是六岁小朋友优优的生活片段。

对于一个家庭而言,每个人都扮演着不同的角色。爸爸妈妈是孩子的父母,同时也是爷爷奶奶的孩子。在不同的角色中,主动性、责任心和思考方式会有很大的不同。优优是家庭成员中最小的一员,家庭中的其他成员通常会是"要她做什么""要她吃什么""要她学什么",而当她作为"家庭值班人"的角色出现时,表现出来的更多的是"我要怎样、怎样"。对于孩子的教养,需要更多地体现在与平凡的日常生活相结合,让孩子在家庭活动不同的平台上学习、成长。

弦的爸爸

培养孩子独立

在孩子四岁多的时候,我和孩子爸爸决定让孩子分房睡。分房睡经历了三步走。

第一步是让孩子知道并接受他要在他的房间里一个人睡觉。分房的第一晚很顺利,但从第二晚开始,孩子不愿意了,说一个人睡觉很害怕,一会说害怕影子,一会说害怕大灰狼、狮子、老虎等动物跑来吃了他。我好言劝说加奖励后,他同意一个人睡,但条件是开着灯,并且要我陪在他旁边看到他睡着后再离开。但是半夜里他经常会醒,醒了叫喊时我必须马上到他房间去安慰一番,等他再次睡着后离开。一晚上要来回折腾好几次,折腾得我们也动摇过,与其这样孩子家长都睡不安稳,还不如晚些时候再分床,但慎重考虑后,我们还是决定坚持下去。睡前我的陪伴,开着灯的光明,半夜醒来后我的安慰和陪伴,让孩子慢慢地接受了他必须在他的房间里一个人睡觉。

第二步是让孩子在没有我的陪伴下一个人入睡,我在给孩子讲完睡前故事后,亲吻孩子并告诉他爸爸妈妈爱他,但妈妈工作了一天也累了,需要马上去洗漱,希望宝贝能体贴体贴妈妈,并保证如果他有事叫了妈妈,妈妈一定会马上来到他身边。当孩子通过实践发现妈妈确实能够"随叫随到"时,他真的可以不需要我的陪伴而独自入睡了。

第三步是帮助孩子改掉开灯睡觉的坏习惯。我们使用了"道理+奖励"的方法,一方面给孩子讲开灯睡觉的弊端,另一方面许诺如果他能够关灯睡觉就给他奖励。

经过这三步,大概一个月的时间,孩子已经能够不开灯独自安稳地睡觉了。让孩子适应独自睡觉,实质是一步一步引领孩子走向独立。我看着孩子向到我们家来玩的客人高兴地介绍他的房间,并告诉大家他已经一个人独自睡觉了,可以感觉孩子更自信了。

蓉的妈妈

让宝宝吃青菜

毅霆是双独家庭中唯一的孩子。小时候,因为喂养精细和溺爱,养成了偏食的习惯,尤其不待见"青菜"。我们一家对他采取了一瞒、二劝、三威胁的方法引导他吃青菜。

"瞒",是爷爷奶奶外公外婆的经验做法。他们把青菜剁碎埋在大块肉的下面,然后边放电视边喂饭,他们趁孩子专注电视时,用大勺快速地喂食,不等孩子察觉,青菜带肉就全部滑进孩子的肚子里了。这一招,开始挺管用。一直到孩子上幼儿园时,我们才意识到,这种治标不治本的方法必须淘汰,因为孩子到了幼儿园就不吃青菜了。

"劝",我们照搬了别人家的育儿经,给孩子讲道理。我们讲述了青菜的益处,也讲述了不吃青菜的害处,结果是鸡同鸭讲,效果不佳。

最后我们选择了最传统、快捷的一招——"威胁",甚至是体罚。每天吃饭时孩子泪流满面,老人唉声叹气,一家三代沉浸在紧张而矛盾的吃饭气氛中,最终孩子"接受"了青菜。但是,不久我们发现了比偏食更严重的问题,孩子开始撒谎了!

一天,在幼儿园分享的孩子进餐照片中,我们发现孩子的餐盘里剩下的全是青菜,可是回家后孩子一口否认了,"那是别的小朋友剩下的青菜,我的都吃完了"。我打电话向老师询问,最终证实"孩子为逃避父母责罚撒谎了!"我们一向高调地教育孩子,这次却沉默了,是我们的教育出了问题,我们太急于求成,却弄巧成拙。

我和他爸爸开始反思,不再逼迫他吃青菜,而是在他吃完几口青菜后奖励一颗巧克力或糖。渐渐地,孩子习惯了青菜的味道,觉得青菜不是那么难吃。家里人自然是非常高兴,换着花样做青菜。每次吃饭,我们观察并记下了他的爱好:莴苣丝,刀拍黄瓜,黄瓜蛋饼等。虽然,直到现在,青菜也不是孩子的最爱,但是他在改变和接受,我们的一切努力也值得了。

霆的爸爸

给孩子安全感

早上的时候,看着外面狂风大作,便开玩笑地对儿子说:"风婆婆来了,小心她把你吹跑了。你再也找不到回家的路了。"儿子重重地拍了我一下,看了我一眼,把我抱得紧紧的,眼圈红红的。我心头一紧,儿子的安全感或许便是在我们无意的言行中越来越缺失,作为母亲,我该承担责任。

萨提亚说,要理解父母也是人。言外之意便是父母都是普通人,都会犯错。这或许能够在一定意义上减轻我的自责,可是给孩子的心灵留下的伤害有时却终其一生。工作的压力、生活的琐碎让我无法在任何的时刻对孩子始终保持温和的笑脸,指责、威胁,甚至必要时出手是如此司空见惯,可是父母在孩子的心中可能就会有撕裂感,妈妈不爱我或不要我,可能会引发他们心头重重的不安全感。

儿子这学期上了近四个月的幼儿园,除去生病,实际上了不到两个月,最初哭了约十天,上幼儿园每次都会哭,到期末的时候,他成了全园唯一一个上幼儿园还在哭的小朋友。通常在好言劝说无效后,我们只会指责,却很少去深究其中更深层次的原因。因为工作性质的关系,我不用坐班,所以儿子从小主要由我自己带,导致他特别黏我。他上幼儿园的这段时间,显得格外明显。除了偶尔投入游戏或动画片外,他玩一会都会来找我,需要我陪着他玩,甚至刷牙,上厕所也要跟着,我一方面极度疲倦，另一方面则在考虑，是什么原因导致了现在的情况。

今天睡觉前，他躺在我怀里，我有意识地问他，"妈妈爱你吗？"他坚决地摇摇头，"那你爱妈妈吗？"他仍然摇头。我问了几次，他的答案是一致的。我紧紧地抱着他，泪水忍不住流下来，是什么时候他觉得妈妈不再爱他，他也不爱妈妈了？我还清晰地记得不久前，他抱着我的脖子说："妈妈，我永远爱你！"

所以，我写下这篇文字，感谢这几年学习的心理学和社会学相关课程，让我知道幼儿期对人的一生会产生重大的影响。我写下这些文字只为了警醒，我必须为我的孩子负责，从此刻起，做一个温和的好母亲，给儿子他所需要的全部的爱，不计较，不斥责，把他丢失的安全感找回来。以后，在日后漫长的一生中，他依靠最初几年建立起的足够的安全感，让他能够成为一个身心健康的人！

禹的妈妈

我和孩子共同成长

孩子的诞生是一个幸福、值得庆贺的时刻。虽然婴儿时期她看起来是那么娇小柔弱，但实际上已经具有了惊人的能力。如何教育好孩子也成了父母们一生的课程，在这条漫长的道路上有坎坷、有欢笑、有泪水……，但收获更多的是成长的喜悦。

每个孩子都需要引导和沟通，父母如果忽视引导和沟通，就会给孩子带来麻烦和困惑。我有一个5岁的女儿，她从小就比较活泼、好动。只要是天气好的时候，她每天晚上吃完饭都要下楼去玩，和小朋友们玩得不亦乐乎。可是，她偶尔也有不开心的时候，回到家就对着我们大哭。

记得有一次，她和小区里几个小朋友在玩游戏时，刚开始你追我赶，扮演不同角色，笑声、叫声不停，我和老公在不远处看着她们的一举一动。突然，我看见女儿和一个小朋友发生了矛盾，我没有立刻上前制止。我一边观察一边听她们两个人的对话，原来是我女儿刚开始搬的一个小凳子这个小朋友不让她坐了。女儿说这是我搬的凳子，那个小朋友声音分贝比较高，越说越大声，临了还在女儿的脚背上踩了一脚。女儿强忍着泪水去告诉了这个小朋友的奶奶，我也过去抱住了女儿。一般情况下，这种事情我从来不插手，都是让女儿自己解决。我就和女儿说，小朋友一起玩，踩一下脚没什么，女儿听我这么一说也准备不计较了。可是那个小朋友却不依不饶地过来说"我没有踩你，你是个骗子。"女儿听后终于爆发了，哇哇大哭起来，游戏没法继续下去了。老公听到别人说女儿是骗子，开始有点坐不住了，一脸不高兴地和女儿说："回家，还玩什么玩"。女儿一边走一边哭，老公是一边走一边不停地责备我，我边安慰边询问女儿刚才发生的事情，知道事情的经过后，我内心不免对孩子的懦弱有些生气，但没表现出来。

回到家后我和女儿进行了严肃的谈话，我说："别的小朋友欺负你，不能一味地哭着让爸爸、妈妈解决问题，我们也不是让你去打别人，只是把话说清楚了，有了委屈你要讲出来，别人才知道。"老公说："以后遇到同样的事情，只要不是自己的错，就要学会反击，学会保护自己，别人大声指责你，你不要忍着，说不说得过不重要，这是态度问题。"女儿似懂非懂地听完我们的话后点点头。

当女儿睡着后，我和老公在关于孩子的教育方面发生了分歧，老公觉得孩子在社交中要强势一点，不然总是被人欺负。而我主张和小朋友在交往中不要斤斤计较，吃点小亏也没什么大不了。虽说有时看到她受委屈时我心里难受，但每次看到她和小朋友发生摩擦时，能主动地和别人沟通并道歉，我心里也感到欣慰。因为我看到她和别人和好后开心的笑容，这就足够了。有的时候我经常在想，孩子们的世界其实很简单，他们不懂得撒谎，平时发生在她们身上的任何事情，其实都是周围大人和环境对她们造成的影响，孩子的一言一行是家庭教育最真实的写照。他们会简单、直白地看待问题，喜怒哀乐会第一时间表现在脸上，所以我们大人就要不时地在旁边做出正确的引导，发现问题及时沟通，给孩子一片和谐的环境。如果要强加一些成人的想法给她，也许她会点头，但她能体会得到吗？

随着孩子一天天地长大，作为第一次为人父母，第一次陪同孩子接触社会、了解社会，父母和孩子的角色充满了各种各样的第一次。怎样陪孩子健康、快乐地长大成人，怎么能够让孩子长大后适应社会，能够在激烈的社会竞争中生存下去等一系列的问题，对于我来说，都是一个又一个必须跨越过去的难关。对于没有经验的我来说，育儿唯一能做的，套句广告语"沟通从心开始"吧。我控制自己的情绪，凡事尽量跟孩子商量着来，多点沟通少点责骂，这也许是我一直要坚守的职责。

林的妈妈

分析评价

没有谁一生下来就会明白事理，没有谁一开始就会当父母，也没有谁一来就能辅导他人的进步。以上的案例中，家长都是通过孩子的表现、与孩子的互动、自我的学习反思，才慢慢悟出了作为父母适合自己孩子的教养方法。教师要协助家长做好家教工作，辅导重点如下：

1. 父母要认识自己，才能教好孩子。很多父母成长的往事和自己经历过的旧伤，都会影响自己对子女的态度和方式，在亲子之间存在一种隔阂。家长客观认识自己的成长，善于反思自己的问题，妥善处理自我成长时的误区，减少负面影响，就能更加理智、灵活地对待孩子，为孩子营造相互改进的健康发展环境。

2. 父母要走进孩子内心，才能理解他们。家庭中的角色定位是平等的，父母不是高高在上，也不是一味地顺从、讨好。父母只有多多走进孩子的内心，让他们说说自己心里的故事，才能够加深孩子对自我的认识，加强他们对世界的理解。善于倾听的家长，也能够更深入地了解孩子，理解他们的行为和认知。

3. 父母要学习体会孩子的情绪。情绪是人与人交往的重要因素，父母能接纳、体谅、理解孩子的各种情绪，就能使孩子在生活中善解人意、充满活力、会换位思考，这些品质对孩子人际交往非常重要。培养良好的人际关系需要渲染和分享积极的情绪，减少和抚慰消极的情绪。亲子的这种情绪互动作用过程，也是建立和谐家庭关系的重要内容。

4. 父母要与孩子建立联结，经常沟通。如果家长每天有与孩子建立情感联结的机会，往往能倾听和正确地回应孩子，就能和他们内心建立起联结。父母能感受和理解孩子的需求，并作出积极回应，而不是一味地说孩子不对，让孩子按自己的想法做，能使他们获得安全感，培养健康的心智，进而提升亲子间的幸福感。

5. 父母要给孩子成长的机会。孩子成长的很大一部分是要靠他自己的探索和犯错，家长是否给予机会、支持鼓励，便能让孩子从中进行自我调整、自我完善，逐步具备独立克服困难、处理问题的能力。这种相互扶持、相互成长的关系，才能建立起孩子的成功感。

第二节　教育资源优化

孩子的成长问题，不仅仅依靠父母和家庭就能全面得到解决的，还要依赖教育资源。未来幼儿教师了解教育资源优化的常识和途径，有利于今后的职业发展。教育资源包括自有教育活动和教育历史以来，在长期的文明进化和教育实践中所创造积累的教育知识、教育经验、教育技能、教育资产、教育费用、教育制度、教育品牌、教育人格、教育理念、教育设施以及教育领域内外人际关系的总和。

一、教育资源的分类

千百年来，教育资源伴随着教育实践，不断积累着、扩展着、丰富着自身精神的和物质的内涵，成为今天的教育事业得以生存和发展的基础和土壤。教育史学家认为，自有人生，便有教育。历朝历代的、全球各地的精英圣贤们，基于对各种各样的与教育有关的资源的认识、利用和积累，使得教育资源逐步形成了今天这样内涵丰富、理念纷繁、结构庞杂、产业兴盛的资源系统，成为源远流长的人类文明的重要组成部分。从本质上说来，教育本身没有高低、上下、公私、贵贱和内外之分，有教无类。由于教育的客观性赋予了教育所具有的公共性和产业性的双重属性，在实践中，教育资源便呈现类型的多样性。

教育资源的分类方法有多种，按其归属性质和管理层次区分，可分为国家资源、地方资源和个人资源；按其办学层次区分，可分为基础教育资源和精英教育资源；按其知识层次区分，可分为品牌资源、师资资源和生源资源；按其政策导向区分，可分为计划资源和市场资源，等等。制度作为教育资源，它既可以是市场导向的，从而充分发挥市场机制在其他教育资源配置中的基础性作用；也可以是计划导向的，从而使教育资源符合特定条件下的个别配置。古往今来，在各个不同的历史发展时期，人们因各自所处时代的社会制度、意识形态和物质生活水平的不同，对于教育资源的属性、价值、用途、利用方法和实现途径等有着各自不同的认识。新资源观认为，在知识经济条件下对某种资源利用的时候，必须充分利用科学技术知识来考虑利用资源的层次问题，在对不同种类的资源进行不同层次的利用的时候，又必须考虑地区配置和综合利用问题。教育资源作为公共资源的一种，受教育者始终是受益主体。因此，自从有教育历史以来，教育资源便承载着人类理想和社会公德的期许，被视为厚德载物的载体。教育资源是公共社会资源和市场经济资源的混合体。教育资源在具备其他公共社会资源所具有的属性和功能的同时，也具备其他市场经济资源所具有的属性和功能。市场配置教育资源，就是按照市场运作规则，将教育资源的经营、管理、收益等权利，以制度的形式明确赋予教育主体——学校、幼儿园以及各类教育培训机构。

二、教育资源的特点

教育资源的构成，由其自身的规律和特点。教育资源在具备社会资源的一般性特点外，还具有以下几方面的自身特点：

1. 公益性

教育资源的公益性是指公众受益的特性。公众受益是教育资源最为集中的体现。教育是一项公益性事业，这是人们对教育的利益属性和价值特征的基本判断，事实上也是人们从利益归属和资源配置等方面对教育运行规律的基本概括。维护教育的公益性是我国宪法和法律赋予各级政府、社会组织和每个公民的责任和义务。国家和政府的责任，是在制定涉及教育的法律法规时，要在保证公正公平的前提下，首先考虑以教育资源的投入使用方式来确保公益性的维护。教育资源的公益性的实现，是教育本质的根本体现，也是教育资源的核心价值所在。

2. 产业性

教育的产业属性是与工业经济的发展、知识经济的出现，以及教育内容和教育模式的变化紧密相关的，同时，也应看到教育是一个复杂的社会结构群体，具有多重性、类别性、动态性和交错性。教育的属性并不是单一的，它既有传统观念的社会公益属性，也具有产业属性，但两者并不对立。教育资源的产业性是教育的物质属性的客观特征。

3. 理想性

教育本身就是一项寄希望于未来的事业。教育理念、教育方针和教育价值观念，通常直接体现着现实的人生理想和追求。教育是一种期待，教育者对受教育者的期待，社会对人发展的期待。而期待本身就是对理想的憧憬；或者干脆直接说，教育就是对理想的追求。

4. 继承性

和所有的资源积累一样，教育资源也不是现代人独有的发明创造，是伴随着教育的传承，一代一代继承而来的，是古今中外教育实践经验的总结和许多先行者教育理论思维的结晶。所不同的是，教育资源的继承总是带有鲜明的公共性和崇高的社会理想性色彩。教育资源的继承多以社会化公共产品为载体，以精神文化成果为体现，最终为实现教育自身价值服务。教育资源，是人类精神财富的核心体现。

5. 差异性

教育资源的差异性是由于社会发展的不平衡性所造成的教育资源分布的不平衡性、管理体制和供给方式的差异性、社会对人才需求的信息不对称等原因形成的。教育资源的差异普遍存在于人类教育的各个层面，各个角落，构成了教育行为过程和效果的差异。在我国，教育资源的地区和城乡差异，是教育发展的一个突出矛盾。教育投入的差异，教育环境及条件的差异，生均教育经费的差异，教师收入的差异，师资水平及教学质量的差异等，说到底，都是教育资源的差异。这种差异在地区和城乡之间明显地、普遍地存在着，直接影响着教育的整体平衡发展，是制约国家教育战略实施的关键因素。

6. 流动性

教育资源的构成因素的多元性和复杂性决定了教育资源本身的不稳定性，其中有人的因素，也有物的因素，还有政策导向和社会经济条件发展变化的因素等。教育资源流动性主要表现在：教师资源的流动、学生资源的流动和经费资源的流动等方面。

三、教育资源的配置

具体到教育领域，政府有承担教育发展和进行教育资源合理配置的义务和责

第六章 教养方式与教育资源优化

任,只有科学合理的规划与分配教育资源才是最佳的选择。

对于教育资源配置,既要充分发挥政府的主导性作用,同时又要积极引入市场竞争机制增加教育供给,只有两者的有机结合,才能达到优化教育资源配置的最终目的。无论是政府的控制干预,还是市场的竞争调节,其出发点必须要明确教育是一种培养人的社会活动,学校和幼儿园教育从根本上说不是为了谋求经济利益,获得丰厚利润,而是为了造福他人、造福社会,为人类生存和社会发展提供各种基本的条件。任何一种偏离了这个原则的过激做法都是不可取的。

1. 明确政府职责,提升教育资源配置层级。

亚里士多德主张"教育不应该作为家庭的私事,而应该由城邦来组织、实施。"因为基础教育的公共属性及其正外部性,政府对教育资源的投入不仅会使个人、家庭受益,而且也会给社会和国家带来收益。因此,政府作为公共生活的管理者和维护者,必须明确其职责,以行政干预的形式介入基础教育领域,对基础教育资源进行统筹配置。

幼儿园教育是基础教育的重要组成部分。我国县级及以下政府承担了过多的投入和管理责任,又因基础教育的长期性特征以及地方政府有限的财力,特别是分税制改革后,地方基层政府对基础教育资源的投资更是处于"危机"状态。随着我国经济社会发展不断增强,城乡间、区域间劳动力流动规模不断加大,政府对教育的投资与收益分离,致使流出地与流入地政府对基础教育投入和管理的矛盾不断加深。因此,提升政府配置层级,由中央及省级政府承担我国基础教育资源配置的主要职责,是解决现有问题的有效途径。

2. 实施教育补偿,确保教育资源均衡配置。

解决我国当前教育资源配置失衡的严峻现实,要求政府特别是中央及省级政府对弱势地区和弱势群体实行教育补偿,以维护弱势群体的利益,实现社会的公平和正义。师资队伍的质量是教育质量的保障,实现师资队伍质量的补偿是教育补偿的关键。我国大量优秀教师主要集中在城市,落后地区特别是偏远农村地区的教师质量普遍比较低,单靠征募志愿者教师来支援农村地区的教育发展,虽然有一定的效果,但这不具有长期性而且规模较小。因此,中央政府作为宏观调控的主体应积极介入,以实际需要来确定教师编制,规范岗位设置,加强编制管理。同时,在确保各地教教师工资福利待遇一致标准的基础上,通过自主流动与行政指令相结合的方式,推行优质教师资源在区域、城乡、校际间的流动。在此基础上制定教师流动的法规制度,实现优质教师资源流动的长效性和持续性,促进动态平衡。在引入优秀教师资源的同时,还应努力提高落后农村地区已有的教师资源。地方政府应加强农村师资队伍建设,鼓励高等教育机构对教师进行培训,更新其已有课程知识,增强其教育教学能力。同时还应该为他们提供继续教育的机会,以便提高他们的文化水平和专业素养，逐步提高农村教师的学历结构。

社区活动设计

社区商业街活动

随着周边社区环境的不断完善，人口越来越多，商业街组织方极力邀请幼儿园去参加他们的活动，大力支持幼儿园在社区商业街休闲广场开展一系列活动，并给孩子们提供喜爱的礼品，前提是设置的活动一定要有教育意义，能起到丰富社区文化生活、面向社区全辐射正确教育理念的作用。

因此，我们组织了一次社区亲子活动，让家长和孩子共同去看、去听、去玩耍，充分感知和体验，增进亲子感情，加大家园与社区互动的力度，体现"亲亲一家人"的社区理念。

活动之初，幼儿园做了充分的前期准备，如粉笔、礼物、相机、调查问卷、报纸、剪刀、彩纸、笔若干。社区方面提供：播放音乐的设备、背景的制作、场地氛围的营造、地垫、奖品、孩子运动装备（自行车、轮滑、滑板等）。有了双方面的充分准备，为此次社区活动的有效开展创造了良好条件。

这次社区活动方案，以简约的"废旧报纸"为主线，有目的、有计划的组织六个亲子游戏，热闹活跃的场景吸纳周边社区居民参与进来。

活动开始前，请家长和孩子们站成一个大圆圈，孩子们在内圈，家长们在外圈，并交代在活动中家长们需要注意的事项：1. 孩子不能离开家长的视线，保护好孩子的安全，防寒保暖。2. 如有特殊情况，请尽快和老师联系。3. 请保护好周围的环境卫生，爱护公物、不随地乱扔垃圾，争做环保小卫士。

活动中的六个亲子游戏分别是：

- 游戏一　《看看谁的报纸长》

  游戏准备：每家一张同规格的报纸

  游戏的玩法：在同一时间内谁家的报纸撕的最长，谁家获胜。要求：报纸不能撕断，不能粘贴。

- 游戏二　《坐报纸》（幼儿与家长分组参加）

  10人一组，3组同时进行，每组取9张报纸铺在地上摆成圆形。听音乐围着圆圈顺时针走动。当音乐停止，要快速找到报纸坐下，注意一张报纸上只能坐一人。没有坐到的人，旁边休息，报纸和人数依次减少1个反复进行，最后剩下的一位获奖。

  规则：1. 每个家庭先派一名家长参加游戏。2. 铺的报纸规格同样大小。3. 幼儿一轮，家长看；家长议论，孩子加油。

- 游戏三 《抢帽子》（幼儿与家长同时参加）

每个家庭拿一张报纸出来，跟老师一起学习叠帽子，折好帽子后戴在家长的头上。

15人一组，在规定的范围和时间内，家长背着宝贝，宝贝去抢其他家长头上的帽子，并且要保护好自己家长头上的帽子。音乐停游戏结束。抢到帽子多的家庭胜利。

规则：分2组玩

- 游戏四 《过河》（幼儿与家长分组参加）

10人一组，3组同时进行，每组取比人数多1的报纸（11张）铺在地上摆成一条队。依次往前跳一格，看哪队减少1个，反复进行，最后剩下的一位获奖。

规则：1. 每个家庭先派一名家长参加游戏。2. 铺的报纸规格同样大小。3. 幼儿一轮，家长看；家长议论，孩子加油。

- 游戏五 《剪雪花》

规则：每组家庭利用手中剩下的报纸，尝试剪雪花；合格成功了的家长请领取彩纸剪雪花，并上交老师。

- 游戏六 《投篮》

规则：每组家庭利用手中剩下的报纸，揉、撕、捏、折等方法做成球，往指定的篓子里投篮，看谁投得准。

随着活动的逐步进行，吸引许多社区的居民参与进来一起游戏。

分析评价

社区提供这么好的场地和条件，让幼儿园来丰富社区文化生活，促进社区精神文明建设，间接起到了宣传幼儿园的作用。社区亲子活动适时适地，顺应而生，活动的构思到流程的落实，方案一次次调整，考虑问题一次比一次全面。

1. 孩子年龄小，动作技能有限，而且穿的比较多，不适宜运动，所以大肢体动作的游戏减少。

2. 结合以往组织亲子活动的经验，为了孩子的安全，担心孩子大量运动后会感冒生病，所以游戏项目以"亲子游戏"为主，让孩子在玩中学，在学中玩。

3. 小班上学期组织亲子活动的主要目的是，创造机会让孩子们在一起沟通、交流、互动，促进家长们的相互了解和认识，增加班级、社区凝聚力。

整个活动过程没有一个宝宝无理取闹，许多自主前来的社区居民一起参加其中，孩子无论是律动还是亲子游戏，以及食物分享和骑行等，一直都按预先设计评价表的标准要求自己，没有乱跑现象，也说明了活动前的教育起了作用。直到最后都不觉得累，甚至结束了，嘴里还嘟囔着说"没玩够"呢。平时忙碌的家长，放下身架和工作中的烦恼，全身心投入到活动中来，感受着活动带来的快乐。这次活动说明，社区资源靠大家去充分挖掘，其教育价值会发挥到足够大。

（张学英）

本章对家庭教养方式和教育资源的优化进行论述。分析了家长教养态度、教养方式上的一些问题，提出了正确教养方式的意义和要求，对教育资源优化的宏观和微观措施作了简要讨论，汇集了部分教师和家长的体会，为幼儿教师开展亲子教育和社会服务工作提供了参考。

1. 论述家庭教养态度与教养方式的内在联系。
2. 不同类型的家庭教养方式对孩子的发展有哪些利弊？
3. 教师如何正确引导家长改变不良的教养方式？
4. 教师如何参与优化教育资源的工作？
5. 写一份家长教养方式与幼儿发展的调查报告。

1. ［美］尼娜·布朗. 自私的父母［M］. 北京：金城出版社，2012.

该书能帮助你真正理解自己的父母对孩子管制行为的背后原因，理解父母对自己造成的影响，从中也会学到如何与父母建立新关系的方法，摆脱父母对自己造成的消极影响，最终达到自我成长的目的。

2. 梅龄·霍普古德. 跟全世界的父母学教养［M］. 天下文化，1970.

该书收集了很多不同家庭父母对孩子从小的教养故事，从这些故事中可以学到各个国家对孩子成长教育的不同观点和做法，能让读到的人在不同的父母教养方式中受到启发和思考。

3. ［日］Kelko Takayama. 儿童教养难题家园互动解决方案［M］. 北京：中国青年出版社，2010.

由日本儿童教育专家临床心理咨询师Kelko Takayama倾心力作，很适合幼儿园老师及家长读，有非常多的案例供参考，形式多样，可以借鉴国外的做法，帮助老师了解家园互动中相关儿童教养方面的难题。

第六章 教养方式与教育资源优化

本章参考文献

Daniel J. Siegel，Mary Hartzell. 由内而外的教养［M］. 杭州：浙江人民出版社，2013.

陈晖. 享受成长［M］. 北京：中国妇女出版社，2004.

李季湄，冯晓霞. 3~6岁儿童学习与发展指南解读［M］. 北京：人民教育出版社，2013.

李生兰. 学前儿童家庭教育［M］. 上海：华东师范大学出版社，2000.

徐慧. 幼儿教育心理实践活动案例［M］. 北京：高等教育出版社，2009.

徐丽敏. 儿童自我概念的发展及社会互动的作用［J］. 辽宁师范大学学报（社会科学版），2002.

第四篇
家庭与社区教育工作实践

第七章 幼儿园家长工作管理

 学习目标

1. 本章导读：家长工作管理是幼儿园工作的重要组成部分，家长是幼儿园的合作伙伴，教师应本着尊重、平等、合作的原则，争取家长的理解、支持和主动参与，并积极支持、帮助家长提高教育能力。通过本章的学习，未来的幼儿教师要从思想上重视幼儿园的家长工作，了解家长工作目标，掌握家长工作要求，熟悉家长工作存在的问题和对策。
2. 教学重难点：面对不同层次的家长，教师的应对策略与方法。
3. 教学课时：教学6课时，实习2课时。

家长不仅是幼儿教育的重要资源，更是幼儿园教育的重要伙伴。幼儿园的家长工作在不断地探索、实践、改革中成长，经历了从传统模式到突破模式"质"的飞跃。家长刚开始只是一味地听从教师的安排，接受幼儿的教育结果，逐渐转变成能够配合幼儿的活动，为班级出力，家长的文化程度有所提升，逐渐转变观念，能够有目的地参与活动，明确了自己在教育中的责任和义务。如今的家长能够联系密切，积极主动地与教师沟通，并想办法提供各种教育资源，一起解决班级中的各种问题。家长们教育观念、意识的转变，意味着幼儿教育的发展迅速。作为幼儿教师，应该不断地提升自己的专业水平，真正从教育理念、专业水平上引领家长，为幼儿的教育发展添砖加瓦！

第七章 幼儿园家长工作管理

第一节 家长工作目标

《幼儿园教育指导纲要》中指出,幼儿园应与家庭密切合作,与家长相互配合。家庭是幼儿园重要的合作伙伴,应本着尊重、平等、合作的原则,争取家长的理解、支持和主动参与,并积极支持、帮助家长提高教育能力。重视家长工作,努力做好家长工作,帮助家长转变观念,及时与家长进行沟通,让家长主动参与到幼儿园教育中来,使他们成为教师的合作伙伴,才能有效地提高幼儿园保教工作的质量,促进幼儿全面健康的发展。由此可见,幼儿园管理好家长工作,在幼儿教育工作中起着极为重要的作用。家长工作目标包括以下几方面:

一、帮助家长转变观念,提高育儿水平

由于年龄、学历层次及环境的不同,家长们在对待幼儿的教育问题上所持的态度、观念往往也各不相同。调查"家长如何对待孩子提出买昂贵玩具的要求"的问题时,有的家长认为,孩子是家庭的唯一希望,只要是孩子喜欢的就应该买,为了孩子什么都可以舍弃,唯独不能让孩子受委屈;有的家长认为,孩子的这种要求是无理的,应该制止,实在不行就打;还有的家长则认为,买不买应由家长说了算,不能由孩子来决定……观念各不相同,行为、方法也就自然不相同,有的家长主张采取粗暴的打骂,有的家长则主张以哄骗为主。当然,家长的这种观念,不是一时形成的,因此,在开展家长工作的时候,教师不能寄希望于一次、二次家长指导活动就收到实效,而应该把家长工作纳入日常工作之中。可以利用早晚接送孩子的时间与个别家长进行沟通,利用幼儿园的宣传栏,家长园地的"教育信息"栏目等向家长介绍最新的教育观念,向家长发放宣传材料,同时还组织家长听专家的讲座,看有关的录像,举办"家长沙龙"、"专题家长会"等多种形式的指导活动,多渠道地开展家长工作,让家长通过对照自己与他人的教育方式来自觉地更新自己不正确的观念与方法。实践证明,通过一系列的指导活动,家长们都认识到,如果一味地满足孩子,对孩子今后的发展将有害而无益。一些原本主张打骂的家长,现在已能采取说理的方法与孩子交谈,有的家长则变得越来越民主了,能够从孩子的角度去考虑问题,而不再是一口拒绝了。由此可见,重视家长工作,并努力做好家长工作,对于转变家长的观念至关重要。家长观念转变了,落实到行为上,也会相应的有所改变,观念、行为转变了,家长的育儿水平也就慢慢提高了。

二、家园协作，形成家园合力

"家园共育"的本质特点就是一个"共"字，即幼儿园与家庭，教师与家长的相互配合，共同促进幼儿的发展。家长观念一旦转变了，家长就会正视家庭教育与幼儿园教育之间的关系。要达到"共育"，仅仅转变家长的观念是不够的，还应该让家长了解幼儿园的教育目标，了解教师的工作。因此，在改变家长观念的同时，把家长请进幼儿园，开放"家长半日活动"，举办"亲子活动"，成立"家长委员会"，让家长直接参与孩子的活动，观摩教师的教育工作。同时，还通过家长园地向家长介绍幼儿园的教育目标、内容，近期开展的活动，让家长了解幼儿园，了解教师和孩子，明确家园配合的重要性。只有在了解的基础上，家长才有可能来配合幼儿园的一切工作。如在"争做文明小卫士"活动中，仅靠幼儿在园学习一些文明礼貌用语是远远不够的，还需要有家长的配合。为此，幼儿园注重转变家长的观念，让家长明确从小培养孩子文明习惯的重要性，明确幼儿园开展活动的目标及手段，然后注意在家对孩子进行引导，并让家长用自己的言行举止潜移默化地影响孩子，从而达到家园目标一致，促使孩子从小养成讲文明懂礼貌的好习惯。重视家长工作，努力做好家长工作，有利于家长的主动配合，从而达到家园同步，形成家园一致的教育合力。

三、充分利用家庭资源，为课程建设服务

随着教育的发展，幼儿园课程也在不断地进行改革。如今每个幼儿园都在努力地探索适合自己幼儿园实际的课程，即"园本课程"，而实践告诉我们，在课程建设的过程中，教育资源的利用至关重要，其中就包括家庭资源的利用。

幼儿园课程在实施过程中，往往需要有一定的物质材料的支持与准备，比如：图片、资料，以及与主题相关的事物材料等。光靠教师一人收集材料往往是十分有限的，只有平时重视家长工作，努力做好家长工作，动员家长和孩子一起收集、准备，才能使活动开展得更加生动、活跃。现在的孩子已不同于以往的孩子，他们的知识已不再局限于在幼儿园学到的，他们提出的问题有时甚至连教师也回答不上来。在信息社会的今天，就可以发动家长，让他们协助上网查阅资料，或者教会孩子如何从广播、报刊等媒体中主动获取信息资料，提高孩子的学习能力，满足孩子的求知欲望。在课程实施的过程中，一些家长往往本身就是现成的教育资源。比如：有的家长是设计师，有的家长是医生，有的家长是警察等，主动争取这些家长，让他们参与到课程中来，为主题式课程提供更加专业的知识，可以使课程的内容更加丰富和生活化，组织形式也更加活跃和贴近孩子的生活，同时还有利于提高

孩子的学习兴趣，从而使孩子得到全面、健康的发展。

四、促进教师自我成长

21世纪，对教师素质与能力的要求越来越高，开展家长工作已成为每个幼儿教师必须具备的基本能力之一。能否成功地开展多种形式的家长活动，也是体现一个教师开展家长工作能力高低一个方面。如果重视家长工作，努力做好家长工作，学会与不同的家长进行沟通，作为一个教师，开展家长工作的经验就会越来越丰富，与家长之间的交往能力就会越来越强，这是其一。其二，家长是孩子的第一位老师，也是终生老师，孩子与家长相处的时间比教师多，因此，家长和教师相比，更了解自己孩子的脾气、性格与兴趣爱好，在教育孩子方面或多或少会积累一定的经验。虽然这些经验不一定都是成功的经验，但肯定也有教师可以借鉴的地方。因此，如果重视家长工作，努力做好家长工作，平时能多开展一些诸如"家长沙龙"、"育儿经验交流会"等活动，让家长畅所欲言，相互交流，对教师来说，无疑也是一个良好的学习机会。教师从家长的交流中，不仅可以进一步了解孩子在家的表现，及时调整自己的教育目标，使教育更加有针对性，同时，还可以发现自己在教育工作中的不足，以便把今后的工作做得更好，不断成长。

五、提高幼儿园声誉

幼儿园服务的对象是孩子与家长，如果能在尊重孩子的同时，做到尊重家长，在争取和吸引家长主动参与幼儿园活动的同时，鼓励他们提出宝贵意见，并加以重视和及时的反馈，那么，家长就会感受到幼儿园对他们的尊重，从而增加对幼儿园，对教师工作的信任。如此一来，家长就会更加积极地参与家园共育活动，发挥自己的聪明才智，为幼儿园献计献策。从家长的意见中，教师可以了解家长们最关注的重点是什么，幼儿园在教育观念、教育方法上还存在哪些误区，以便幼儿园及教师及时调整自己工作，以便把今后的工作做好。幼儿园工作做好了，知名度也就自然会相应地提高。现在的年轻家长平日都忙于工作，他们无暇顾及自己的孩子。如果教师做好家长工作，一心为孩子着想，全心全意为家长服务，并尽自己最大的努力为家长解决一切后顾之忧，那么，家长把孩子送入幼儿园时就会更加放心，家长对幼儿园，对教师的信任度就会增加，家长对幼儿园的服务就会越来越感到满意，幼儿园的声誉也会大大提高。

作为幼儿教育工作的一个方面，家长工作的确有其开展的必要性和重要性。重视家长工作，做好家长工作，对幼儿园、教师、孩子皆有利。为了幼儿园的发展，为了教师自身的成长，更为了孩子的健康发展，重视家长工作势在必行。

第二节 幼儿园家长工作要求

一、幼儿园家长工作的意义①

家长工作的意义可以概括为以下三个方面：

1. 通过家长工作，家园配合一致，促进幼儿健康和谐发展。

我国幼儿园教育与幼儿家庭教育在目标和方向上是一致的，都必须依据国家的教育方针，为培养社会主义的建设者奠定良好基础。幼儿园的教师与家长均作为教育者，是对幼儿实施促进发展教育的主体。

幼儿园作为正规教育机构，要发挥主导作用，必须将家长工作列入议事日程，把家长工作放在与保教工作同等重要的位置上，充分重视并主动做好家长工作，使幼儿园与家长在教育思想、原则、方法等方面取得统一认识，形成教育的合力，家园双方配合一致，促进幼儿的健康和谐发展。

2. 通过家长工作，指导帮助家长，发挥家教优势，给幼儿以积极和富有成效的影响。

家庭是儿童成长发展的第一环境。由于家庭对儿童的影响最直接，家长与儿童有着亲密的关系，因而对其健康发展所起的作用是重要而又十分独特的。近年的一些研究表明，特别在幼儿期，孩子年龄小，对家长的依赖性大，依恋情感深，家庭的影响作用就更大。家庭教育对幼儿的影响是幼教机构不可替代的，幼教机构保教质量也是一个不容忽视的影响因素。

家庭教育的特点或优势体现在：家长与幼儿之间是血缘亲情关系；家庭成员间在时间和空间上交往互动频繁，接触亲切；家庭主要是在日常生活中进行教育，可以随时随地、潜移默化地感染和影响着幼儿；家庭教育是一种个别教育，是一对一进行的，对于独生幼儿甚至是几个成人对一个幼儿的教育；家庭教育更应侧重引导儿童学习做人，学前阶段的教育主要在于培养幼儿良好的品德行为习惯等。家长虽然作为教育者，是儿童第一位教师，但他们毕竟不是专业的教育人员，许多家长往往只是按照自然法则扮演家长的角色，并不了解幼儿教育的真正含义，缺乏科学方法，在教育观念和教养方式上存在着种种误区和偏差。相当一部分家长自身的文化水平和文明素养也不尽如人意，因而使幼儿受到不同程度的消极影响。

幼儿园及其教师要了解和分析家教的特点与问题，通过家长工作，引导帮助家

---

① 邓惠明. 幼儿园家长工作指导 [M]. 上海：复旦大学出版社，2013.

长，改进家庭教育，树立正确教育观、教养态度方法，提高科学育儿的自觉性，发挥家教的优势，给幼儿以积极良好的影响。

3. 通过家长工作，调动家长关心支持参与幼儿园教育和管理的积极性，共同办好幼儿园。

家长是幼儿园的服务对象，幼儿园应增强服务意识，主动做好工作，为家长提供方便。然而，以往园所与家长的关系常常是将家长看作被动的服务对象，家长到园所只是为听取园所的要求和了解幼儿的表现，家园联系仅为单一方向，这种状况不能同幼儿教育发展的要求相适应。

事实上，家长是园所积极主动的服务对象，可以看作是幼儿园的主体。从幼儿园的教育与管理过程看，家长是教育的合作者，家长自身作为重要的教育力量和资源，幼儿园教育要取得成效，必须得到家长的积极配合和参与；家长的关心、支持和监督评价也是搞好幼儿园管理提高工作质量的促进因素；从幼儿园的社会生存与对外交流看，家长是幼儿园走向社会，获得广泛的理解支持，扩大教育和服务功能以及树立园所自身良好形象，从而扩大社会影响力的重要中介和桥梁。

幼儿园要努力做好家长工作，争取家长的关心、支持，激发其参与幼儿园教育与管理的积极性，对幼儿园工作和保教质量的优劣作出评判，提出建设性的意见、建议，帮助幼儿园工作人员，共同办好幼儿园。

二、幼儿园家长工作任务

幼儿园家长工作任务可概括为以下四个方面：

1. 指导家庭教育。

幼儿园应主动承担指导帮助家长的责任，要在了解幼儿家庭教育状况的基础上，有针对性地宣传科学育儿知识，介绍或传授具体保教方法。特别应注意向家长宣传国家的教育方针，引导他们树立正确的教育观念。通过家长工作，最大限度地调动积极因素，抑制消极因素，帮助家长创造良好的家庭教育的环境和氛围。

2. 加强家园联系，实现同步教育。

幼儿园应密切与家庭的联系沟通，一方面可以使教师了解每个幼儿个性特点、生活习惯、家庭环境及家教方式等，以便有针对性地进行个性化教育；同时，家长也可以及时了解幼儿在园情况，了解幼儿园要求、教育重点等，与幼儿园配合一致对幼儿实施教育。教师和家长均作为教育者，应通过加强联系，达到互相了解、理解建立起一种相互依赖的关系，进而还可以相互交流、学习，探讨有效的教育途径、方法，从而较好地协调配合，实现同步教育。我国有着重视教育特别是重视家庭教育的传统，家教成功的经验不乏其例，值得很好地学习。

3. 发挥幼儿园的社会功能，更好地服务家长。

为家长服务是幼儿园双重任务之一。在市场经济的社会大背景下，幼儿园必须增强"顾客第一"的意识，决不能颠倒服务关系。以往一些幼儿园自恃条件好，"门难进，脸难看"，不为家长服务，这种老大思想必须克服。我国幼儿园是社会主义性质的，兼有教育性和社会福利性、公益性特点，不得以营利为目的，而应通过增强服务意识，改进服务质量，以质量求生存，以服务求发展。幼儿园要做好家长工作，了解他们的需要、要求、存在的困难和问题等，尽力帮助解决。要分析自身条件，发掘内部潜力，主动为家长服务，较好地发挥幼儿园的社会职能。如寒暑假开放，接送幼儿时间合理，根据家长需要，相应延长服务时间，还可以考虑双休日服务等。总之，幼儿园要在教育好幼儿前提下，尽可能方便家长，搞好服务。一些幼儿园在对全员进行增强服务意识教育之同时，尝试新的方法形式，及建立"服务公约"，要求各班级教师主动了解家长的需要、困难，采取相应措施帮助解决，改善了服务质量，受到家长的好评。应当认识到，幼儿园在向家长提供服务的同时，也在传递着一种文化，一种组织精神和办园思想、教育观念，这对幼儿园自身形象的塑造具有重要意义。

4. 争取家长的配合支持，并通过家长打开幼儿园通向社会的渠道。

幼儿园要争取家长对工作的配合支持和积极参与，协助园内的教育和管理。应注意使家长了解幼儿园工作情况、各阶段计划与重点、教育活动安排等，争取他们的理解、支持和积极配合；同时，要注意征求家长的意见和建议，不断改进工作，提高保教质量，较好地实现教育目标。特别在幼儿入园适应、生活自理和非智力因素的培养等方面，如果得不到家庭教育的配合，很难取得成效。还要探索家长参与幼儿园教育与管理的有效方式，动员和依靠家长，群策群力，共同办好幼儿园。幼儿园要注意通过家长工作，有效的组织和利用社会力量，争取并动员全社会各方面关心幼儿园工作，给予大力支持，帮助解决幼儿园面临的问题与困难，改善办园条件，从而打开幼儿园通向社会的渠道，使幼教事业在社会各方面力量的关心、支持、参与下，得到健康发展。幼儿园同时也要很好地发挥为社会服务的作用，主动参加或积极承担地区或社区内一定的社会工作，如环卫、绿化、门前三包，向社会宣传幼儿教育意义和科学育儿知识，实现双向服务。

三、幼儿园家长工作管理和指导

1. 加强家长工作的计划性

幼儿园应充分重视家长工作，要注意提高全体保教人员及全园职工对做好家长工作重要意义的认识，牢记幼儿园的双重任务，增强服务意识。要加强家长工作的计划性。园长要把家长工作列入议事日程，在每学期园务计划中全面考虑安排，并要求园和班级保教计划包括家长工作的内容，从而把家长工作置于与保教工作同等重要位置。要针对家长工作普遍薄弱的实际情况，制定改进工作的计划。当前迫切需要引导保教人员，在提高认识处理好与家长相互关系的同时，提高有关家教知识的专业素养。家长工作一定要避免形式主义，要注意不断提高家长工作的效果和水平。

2. 注重制度建设

要使家长工作顺利开展并取得成效，必须将家长工作制度化，即以条文的形式，将工作要求固定下来，使之纳入科学规范的管理轨道。制度中要明确规定各项家长工作的内容、目的和要求，要明确有关负责人及完成工作的时间期限。

家长工作制度包括：全园家长会和分班家长会制度、家长开放日制度、日常性家园联系制度、家访制度，以及家长委员会的职责与制度等。对制度的执行要有统一布置和检查，并注意总结评比，通过制度的执行，实现对家长工作予以有效控制和管理。例如，有幼儿园要求班组保教人员与幼儿家长联系的范围比率为每月不低于50%，并作为一条工作标准，与效益和报酬挂起钩来。

3. 做好班级家长指导工作

（1）指导班级家长工作。家长工作是班级保教工作的一个重要组成部分。大量的最直接的工作是班级保教人员进行的。班级家长工作更具针对性，更能发挥实效。因此园长应特别注重对班级教师的指导，引导他们认识这项工作的意义，明确内容，有计划地开展家长工作，要求和督促他们认真执行家长工作的制度，注意措施到位，加强与家长的沟通，密切联系，及时对家长的意见要求做出反应。要帮助和指导教师，结合不同家长的特点，从实际出发，采取适宜的方式，做好家长工作。要有针对性地对家庭教育给予具体指导，并取得家长对班级工作的积极配合参与。园长要注意随时了解家长工作的情况，帮助解决矛盾问题。

（2）征求意见，协调关系，改善服务。园长要亲自做一些家长工作。如，平时可利用早晚接送幼儿时间与家长接触，沟通信息；定期或不定期地召开小型家长座谈会，个别约见家长；组织和开展家长委员会的工作等，指导家庭教育并征求意见，密切幼儿园与家长之间及家长相互之间的联系和协调关系，有针对性地解决一些问题，不断改善服务质量。通过有效地开展家长工作，促进幼儿园教育和管理工作。

四、幼儿园家长工作的形式

在教育幼儿的过程中，经常采用的家长工作形式多种多样，包括：早晚沟通、家长会、家访、家长园地、家长半日活动开放、家长约谈、家园联系手册、家长助教、亲子活动、家长委员会、家长沙龙、家园网络互动交流平台等。在众多可选择的家长工作方式中，该如何进行选择呢？选择不同的方式又会有怎样不同的效果？下面介绍每项家长工作的内容及其运用方式。

1. 早晚沟通

早晚沟通是教师利用家长每天接送孩子之时与家长进行的简短谈话，是教师使用频率最高、也是效果即时显现的一种家长工作方式。早晚沟通主要有两种形式，一是教师根据平时的观察，针对幼儿某方面的现状与家长进行有计划、有准备的沟通；二是家长根据自己的需要主动与教师进行的沟通。

2. 家长会

家长会是幼儿园经常采用的一种家长工作方式，它是围绕着一个主题内容展开的讲座、交流和讨论，将现阶段幼儿发展中的问题或家长在现阶段育儿方面的困惑，以案例的形式进行多维的分析，共同分析原因，寻找适宜的对策。

3. 家访

家访是教师对幼儿进行上门访问，让教师与家长进行面对面的沟通。它在家园工作中具有不可替代的作用。家访主要有两种情况：一是对新入园的幼儿进行家访，这是幼儿小班入园前的一项常态工作，每个幼儿园都会坚持这样做。二是根据幼儿在园发生的某些特殊的问题进行个别家访。如：幼儿发生意外事故；幼儿最近的情绪变化很大；幼儿长期缺勤时，都可以进行个别家访。

4. 家长园地

家长园地是幼儿园与家庭联系的纽带，是向家长宣传幼儿园的教育理念和育儿经验，让家长了解班级的教育活动。它的主要内容有：班级教育教学计划、保育保健知识、家长须知、家长留言等。教师还可根据幼儿的年龄特点设计一些家园互动的内容，比如在小班的家长园地，教师可以设计"明星宝宝"栏目，让家长了解幼儿在园表现情况，让幼儿学习同伴的进步。

5. 家长半日活动开放

半日活动开放是将家长请到幼儿园，走进班级，向家长展现幼儿在园生活、学习、游戏的状态。半日活动开放是幼儿园家长工作的一种重要形式之一，也是向家长全面、直观展示幼儿在园发展情况的一面镜子。半日活动开放活动可根据班级、幼儿园的情况每月一次、学期末一次、节假日一次，主要内容涉及运动会、新年联欢、六一联欢、教育活动观摩等。此外，还有的幼儿园根据当前的社会焦点、热点问题整体设计大型开放活动，如迎世博亲子绘画活动、为汶川地震受灾儿童募捐的义卖活动、环保 DIY 亲子制作活动等。

6. 家长约谈

家长约谈是家长与教师围绕幼儿教育中共同关注的问题有目的、有计划展开的对话与沟通。通常为家长与教师之间一对一的交流，约谈的发起方可能是教师，目的为了解决孩子某个发展阶段中表现出来的突出问题；也可能是来自家长，单独预约时间与教师交流，以便对孩子在园情况有全面深入的了解。

7. 家园联系手册

家园联系手册是教师与家长围绕孩子的发展与教育进行的书面联系与交流的载体，也是实现家园联系的一种非常简便而有效的形式。联系册的主要内容是：了解幼儿在家、在园的一些表现；教师针对个别问题提出的解决策略。教师在书写家园联系手册时要注意：语言叙述要适宜，言辞要委婉易于家长接受。

8. 家长助教

家长助教就是幼儿园根据具体的教育内容和家长的职业特点、个人爱好等，把家长作为特邀的人员参与到教育活动之中，家长直接作为活动的组织者、重要信息和能力的提供者和展示者。不同文化背景、职业背景的家长群体，能够成为幼儿园丰富的教育资源。家长助教可以让家长根据自己的特点、专长，自愿报名，走进幼儿园和教师一起组织教育活动，为孩子的成长提供帮助。

9. 亲子活动

亲子活动是由幼儿园或教师组织，家长、幼儿自愿参加的，有目的、有计划的共同出游活动。它是家园共育的另一种形式，对于孩子有着不可忽视的教育意义。亲子活动是根据季节、孩子们感兴趣的问题而提供的一个共同探索、互动的平台。通过活动让幼儿长成，增强亲子之间的融洽关系，增进家园合作。

10. 家长委员会

家长委员会是家长自荐或班级推荐产生的，主要协助幼儿园的工作组织，支持和监督幼儿园做好各方面的工作，是幼儿园与家长沟通的桥梁。家委会代表要更多针对班级的工作，交流家长们的需求和想法，提出合理化的建议。

11. 家长沙龙

家长沙龙是通过互动交流，使家长转变教育观念，获得有效的育儿方法。沙龙的形式可以由教师或家长发起，同时可以邀请专家、有先进教育理念的家长针对某一主题进行经验的交流与分享。

12. 家园网络互动交流平台

在信息化发展迅猛的今天，幼儿园为家长提供了便捷、实用的网络信息交流平台，主要内容包括建立幼儿园网站、班级博客、QQ群、短信互动平台、微信群等，以便家长们能随时了解幼儿在园的情况，与教师进行互动沟通。这种形象直观的沟通形式深受广大家长的好评。比如小班新生入园后，教师上传大量幼儿在园活动的照片来消除家长的担心；中、大班教师上传主题活动的照片让家长了解班级的近期教育活动内容等。

丰富多彩的家长工作形式需要教师活学活用。教师需要不断累积家长工作的经验，以便让更多的家长支持幼儿园的各项工作，达到家园共育的目的。

第三节 幼儿园家长工作建议与案例

一、幼儿园家长工作建议

家长，对于幼儿园来说是一个特殊而且庞大的群体。虽然幼儿园是面向幼儿，以幼儿为主题的教育单位，但是在教育幼儿的过程中如果少了家园共育这一步，工作就很难开展。一个孩子最少有两个家长，有的甚至加上祖父母等非直系亲属，家长资源是丰富的。如果善于利用家长资源，那么，不但幼儿的家园共育工作会做得很出色，而且也可以帮助来解决很多棘手的问题。如何做好幼儿园家长工作，建议从以下几个方面入手。

1. 用真诚去感动家长。

想和家长联络感情，首先就应该用自己的真诚去感动家长。这样既可以让家长觉得老师亲切、好交往，还可以让家长放心地把孩子交给你，在以后的交流中也愿意主动告诉你一些孩子在家的表现。早晨当家长迎着阳光站在教室门口时，看见笑容可掬的老师们，听到老师与孩子亲切的问候，也许家长的好心情从此就开始了。他们会觉得孩子在幼儿园就像在家一样，他们放心。下午，当工作了一天的家长来接孩子时，老师微笑对他说："您的孩子真棒，今天学会了自己吃饭。"也许他的劳累立刻减轻了。当家长有事耽误了接孩子时，面对心急如焚、满脸歉意的家长，老师依旧微笑着说："没关系的，您别急。"幼儿在幼儿园难免会发生碰、摔、撞，无论怎样，事情是大是小，只要是幼儿受伤的，幼儿园都应该向家长如实的交代事情

第七章 幼儿园家长工作管理

的经过，不得隐瞒。也许只是一件很容易很简单的事，可将小事化无，若隐瞒，将会使事情变得更加棘手。

2. 肯定孩子的优点，赏识每一个孩子，使家长获得心理的愉悦。

这种肯定幼儿优点的交流，能使家长保持一种轻松、自信、愉快的心情去面对，并主动向老师说孩子在家的表现。这样促进了老师与家长之间的感情，家长会喜欢、主动和老师交流，有利于做好家长工作。每一位家长，都希望自己的孩子是优秀的，希望得到别人的肯定与赞美，并从中获得愉快的心理体验。哪怕老师一句轻轻的赞美，家长都会感到无比高兴，比自己得到大奖还要兴奋。

3. 家长分类管理。

对不同的家长采用不同的表达方式。家长的群体中有不同年龄层次的，不同知识层次的，不同性格层次的。老师应分类管理，见到不同的家长讲不同的话，遇到不同的情况不同对待。对于年轻的家长老师要积极鼓励他们，对于年岁已高的爷爷奶奶，老师要视他们为自己的长辈，见到他们叫一声爷爷您好、奶奶您早，这些都能让家长感到温暖开心，这样在以后的沟通中就容易了。很多家长都非常尊重老师，体谅老师的工作，但有些家长会提出很无理的要求和做出不理智的事情，这时老师要冷静地处理问题，面对情绪激动的家长，首先要稳住家长的情绪，问清楚事情的缘由和来龙去脉。

4. 老师应树立正确的家园沟通观念和方法。

首先，要坦然面对、正视不足，要经常观察、学习，同样的一件事情，别的老师是怎样处理的，怎样有目的、有针对性地选择沟通的时机、地点、方式和内容。通过学习，吸取别人的优点，正视自己的不足，不断进取。其次，要学会找到优势，抓住关键。家长最大的愿望就是希望自己的孩子得到教师的喜爱和关注。因此，要让家长感受到你对孩子的悉心关注和真诚的关爱，就会喜欢你信任你。孩子往往喜欢年轻漂亮的老师，喜欢亲切的老师，喜欢对她关心和关注的老师。只要孩子接受了你，回家对家长说我喜欢这位老师，家长也会喜欢你。对人热情亲切，建立良好的人际关系，和每一位家长做朋友，这些可以让家长感到你的热心，那么以后沟通起来就容易了。再次，要学会在日常的生活中，积累储备情感。关注每个孩子日常生活中的小事和身体、心理的变化，经常向家长报告，使家长感受到你对孩子的关照。关注家长日常情绪的反应，勤询问，使家长感受到教师的热情，成为朋友。重视家长平时交代的小事，并努力完成，这样在以后幼儿园需要家长参与的时候，家长也会积极的配合。最后，在遇到矛盾时，借力化解。清晰冲突发生的缘由，自己要去梳理和核实。将事情的来龙去脉弄清楚，为下面解决问题节省时间。反思自己的过失，要清晰认识到自己的问题，思考在这件事中，自己在什么地方做得不妥当，是自己的那句话、那个动作、那件事让家长感到不满。要及时将事件告知同班组的老师,和同伴老师进行商讨,征询正确的解决方法。善于利用一切可以利用的资源来解决矛盾。没有一种方法是适合所有人的,要根据每个家长的有特点,寻找有针对性的资源。

总之,家长与教师是共同教育幼儿的合作伙伴,因此教师与家长要形成良好的沟通关系,教师对待家长要平等、耐心、真诚,使家长对教师产生信任感,从而形成融洽的、美好的教育氛围,更好地进行幼儿园的家长工作。

二、家长工作案例

无论你是一名青年教师,还是一名成熟教师,也许令你烦恼的不是如何组织好幼儿的一日生活,不是教科研中的种种困惑,更不是个别幼儿的教育问题,而是幼儿家长。面对文化程度不同、教育思想不同、生长环境不同的各类家长,扎实的专业知识和丰富的教育经验,会让你在面对种种难题时,总会迎刃而解。

1. 面对隔代家长

在幼儿园家长接送的时段里,在幼儿园召开的家长会、家长学校的活动中,时常会看到老年的爷爷(外公)、奶奶(外婆)来幼儿园。年轻父母由于忙于工作和生活的压力,养育孩子的重任就落到了年迈的老人身上。目前祖辈养育孩子、或和祖辈共养育的孩子家庭已占相当比例。隔代教育作为客观存在的一种家庭教育的方式,对孩子的发展有着极大的影响。

老师,你就给孩子一朵红花吧!

今天放学前时间还早,我突发想象,带领孩子们玩了一个组词的游戏。"小朋友们,你们喜欢草地吗?"孩子们齐声回答:"喜欢。""那你们谁可以用一个词语来形容草地呢?"话音刚落,很多小朋友都举手了。"绿绿的草地""尖尖的草地""软软的草地"……孩子们都争先恐后地说着,只见小葱头也不抬地在那儿与同伴讲着悄悄话。我走到他跟前说:"小葱,你也来说说看。""我、我……还没有想好。"他吞吞吐吐地说着。今天的活动中,我将红花发给了积极回答问题的几个小朋友,没有发给小葱。放学后,奶奶来接小葱,小葱在门口怎么也不肯离开。奶奶把我叫了出去，说："老师，我们家小葱今天怎么没有红花呀？"我把小葱今天的表现告诉了奶奶，奶奶看了看不依不饶的小葱，说了一句："老师，我们以后不会这样了，您今天就给我们一朵红花吧！"

分析评价

中国有句俗话叫"隔代亲"。这句话是有一定的道理的。已经步入晚年的老人将自己全部的爱都给了自己的儿女。如今，儿女已经长大，他们又将这份爱转移到了孙辈身上。许多老人为人父母时，因为条件、环境差，而自认为亏欠儿女，就想在孙辈身上进行补偿，因此，更加疼爱有加。有些老人对"幼儿园""幼儿园教师"的理解还停留在过去的时代，认为就是看管、照顾幼儿的地方，哄孩子玩就行了。

作为教育者，我们首先要充分地理解老人疼爱孩子的心情，不要动不动就说老人溺爱孩子。教师不应该强求老人像年轻父母一样支持配合你的工作，而要酌情而定。在言语上把握言行分寸，要通过自身良好的形象、为人处世的周到、周全，以及专业水平使老人逐渐改变对"幼儿教师"的看法，赢得老人的尊敬、信任和支持。也可以浅显地告诉老人们一些教育原则和教育方法，对孩子要有要求，原则上的事情不能迁就，培养孩子辨别是非对错的能力。

2. 面对总是生病的孩子的家长

理想的教育是家庭教育与幼儿园教育形成合力，共同促进幼儿的发展。但由于家长的新兴意识对教育提出的新要求、教师的新教育理念与家长的旧评价观念存在矛盾、教师权威的逐步消解等诸多原因，家长与教师双方在学生的教育问题上有时会发生冲突。正确地认识家长与教师间的冲突，对双方良好关系的建立、对学生的健康成长具有重要的意义。妥善解决家长与教师间的冲突问题，双方就应采取积极面对、不回避的态度以及加深理解、相互尊重，同时幼儿园还应为家长和教师搭建有效合作、沟通的桥梁。

案例导入

一来幼儿园就生病

班上的小朋友虫虫体质很差，经常咳嗽，家长为了防止他生病，总是穿得比其他孩子要多。早晨来园时，听到虫虫有点儿咳嗽，教师对虫虫爸爸说："孩子是不是不舒服呀？"家长马上说："在家休息两天都没事，昨天上了一天幼儿，晚上回家就咳嗽了，不知道怎么回事，一上幼儿园就病了"……

分析评价

幼儿生病有很多种原因，如：季节变化、自身体质差、照顾不周等。入园后，孩子生病了，家长们往往都会将责任推给幼儿园，认为是老师照顾不好造成的。作为一位妈妈，很能理解家长们的心情，孩子生病了，既花钱又花时间，还要请假照顾孩子，偶尔让家长发泄一下情绪是可以的。

教师要学会引导家长，特别是保育方法不得当的家长，引导家长适当地添衣或减衣服，有针对性地丰富家长健康及保育常识。对于体弱的幼儿，要和家长单独地进行沟通，了解家长的需求，在日常生活中，给予更多地关注与照顾，将幼儿饮水量、进餐情况、穿衣、午睡等及时与家长交流，让家长感受到教师对孩子的关爱。

3. 面对高学历的家长

随着我国高等教育和研究生教育的发展与普及，越来越多的人成为知识分子。在高学历家长中，由于其本身的知识背景和社会背景不同，对社会的理解和对孩子的期望不同，使一部分家长对幼儿教育存在两种比较极端的看法。

一类家长对孩子抱有过高的期望值，相信"教育要从0岁开始"，因此，他们不注重培养幼儿参与激烈的社会竞争的综合能力，往往只注重子女的智力开发和孩子的学业成绩。为了不让孩子输在起跑线上，他们对幼儿教师的要求就是多教几首歌、多算算术题、多认识几个字，甚至有的家长在孩子还只是中班的情况下，就要求教师为幼儿升小学进行知识储备，却忽视了对孩子性格、气质、兴趣、意志力等非智力因素的培养。

还有一类家长，虽然也对幼儿怀有很高的期望，但他们信奉的是自然教育思想，主张幼儿教育要尽量减少束缚。他们虽不要求幼儿识字、算术，但也会忽略幼儿良好的行为习惯、意志力等非智力因素的培养，反映在对幼儿园教育的要求上，就是"让孩子撒开来玩"，只注意到给幼儿游戏的自由，却忽略了对孩子应有的规范与社会规则意识的培养。

第七章 幼儿园家长工作管理

让孩子自由发展

涵涵是班上的自由分子，在进行集体活动时，他总是喜欢插嘴，心情好就说说，心情不好一声也不吭；在进行区域活动的时候，他总是频繁地更换区域，对哪个区域只是看一会儿，玩一会儿，不能深入地进行活动；在进行户外活动时，他总是远离同伴，自由地四处散玩。针对这一情况，老师就孩子的规则意识不强与家长进行了沟通。结果，他的妈妈却认为："我看过许多的幼儿教育书籍，现在是提倡幼儿自由、自主成长，不能约束太多，不然孩子太大众化了，失去了自己的个性！"

在当今的家庭中，有很多高学历的家长都具相当高的教育素质，在教育孩子方面有自己的想法。她们注重孩子的成长，主动地学习科学的育儿理念。虽然工作繁忙，但将幼儿的教育放在第一位，会抽空大量地学习一些育儿知识。她们认为，孩子应该身心自由、健康地发展，成人应该提供宽松、自主的环境，约束不要太多。

作为教师，尽管在教育幼儿方面比家长经验丰富，但在其他方面还需要不断地学习，通过广泛地学习来提高个人修养和素质。对于家长的建议不管是否可取，都应给予肯定；对于不合理的建议，要向家长解释清楚原因。定期举办"家长会""家长沙龙"活动，为家长提供可以讨论的话题，激发家长参与的热情，为家长创造更多交流的机会。尽管有些高学历的家长掌握了一些教育方法，但没有接受过系统的培训，处理事情难免有些主观、片面。经验丰富的教师可以通过自己的学习所得对家长进行引领，也可以邀请专家对家长进行专业的引领。

知识链接

"家长助教"心得

昨天我非常有幸参加了中四班的"家长助教"活动，感受很深刻。对于同行的我，平时从事更多的是课堂教学，有关幼儿的课间组织教学，游戏教学还是了解的比较少。由于工作原因，平时的家长开放日没有机会参加，所以这是一次近距离感受幼儿园生活的好机会。

到了幼儿园，我看到小朋友见到我非常开心，尤其是我的儿子，高兴中带着自豪。小朋友们都窃窃私语，这是谁的妈妈呢？问我有没有带小贴贴，都特别的可爱。

上课开始了，对于我这位新老师，小朋友们表现出更多的是兴奋。由于昨天是感恩节，我就准备了一个与之相关的小故事《纸船和风筝》，开始我以绘画和图片的形式导入，激发孩子们的学习兴趣。接着让孩子们把自己当做故事中的主人公小熊和小松鼠，让孩子们感觉故事就发生在自己身上。在讲故事的过程中，我将故事全部动态化，吸引孩子们的眼球。通过这个小故事告诉小朋友们：在生活中，我们也许也会遇到像小熊和小松鼠这样的事情，好朋友之间难免会发生争吵，一定要勇于承认自己的错误，珍惜友谊。然后让小朋友们用一首很有节奏感的律动《幸福拍手歌》来表达自己心中的喜悦。最后教小家伙们折了纸船，原本打算折好送给最好的朋友，但是由于时间关系和孩子们的动手能力参差不齐，最后一步没有顺利完成。我希望爸爸妈妈们以后多教教孩子做手工，培养他们的动手能力。

在这节课中，我发现班大多数孩子会听、会想、会互动。我讲的这个故事原本是二年级语文课本上的一个故事，我原以为他们不容易消化，却发现他们的理解能力其实一点不差，很多知识不需要特别细致的展开就能吸收，让我对这些四五岁的孩子们刮目相看。其实我们每个孩子都很棒，我们家长一定要细细观察，发现孩子的优点。

通过这次活动，我对幼儿园老师们的工作难度有了更深的认识。老师和孩子们度过的每一天就像是在打仗，不是杯子找不到了，就是椅子找不到了，拉链开了，鞋带开了等你意想不到的事情。在家里很多双眼睛盯着一个孩子都常常会有纰漏，幼儿园里就几个老师盯着几十个孩子，不仅要照顾孩子吃喝拉撒睡，更重要的是关注他们的安全。既要让孩子有个健康的体魄，还要让孩子有健全的人格，对老师们的耐心真是巨大的考验。感触最深的无疑是老师们的亲和力，这种亲和力源自于各位老师心中对孩子深深的爱，那种像对待自己孩子一样的、永远有耐心的爱！

我相信，只要在家长和幼儿园老师的共同努力下，我们的孩子都会越来越棒，让我们一起加油吧！祝愿可爱的孩子们：茁壮成长、健康快乐！

涵的妈妈

4. 面对家长间的矛盾

现在的孩子多以独生子女居多，与同伴之间的相处还处于萌芽期，容易与同伴之间引起矛盾。现在的家长虽然学历高，较以前的家长通情达理一些，但是，见不得自己的孩子在幼儿园受半点委屈。因此，面对孩子之间的矛盾，也有不少家长认为自己的孩子是最听话的，不可能先动手去打别人，而且100%相信自己孩子说的话。

案例导入

为什么总是针对我的孩子

智文小朋友在班上是个比较调皮的孩子，与同伴交往时总喜动手打人，好几次都将同伴抓伤了。有一天，他在与同伴玩耍时，将一个小女孩的手抓破了。晚上，那个小女孩的家长将照片发到群里了，引起了家长们的反感；第二天，智文的脸不知道被谁抓红了，他的妈妈也将照片发到了群里，结果没有家长响应，他妈妈非常生气，说了句："为什么总是针对我的孩子呢？"

分析评价

尽管当今的家长在文化水平上有了很大的提升，但是，当面对自己的独生子女时，不希望他们受到一丁点儿的委屈和伤害，即使自己孩子是冲突的起因。家长们不太了解幼儿时期的交往特点，他们往往会用自己认为对的方式与同伴交往，今天吵、明天打，后天依然做回好朋友。争吵、打闹是他们与同伴交往所迈出的第一步。家长们只是站在自己的立场上分析问题，判断问题时完全站在自己的角度上，这样家长之间的矛盾就产生了。

教师处理家长之间的矛盾时，主要是找准自己的角色定位。不能将自己当成"法官""裁判"，否则会雪上加霜。首先要谢谢家长的信任，将事情告诉老师，待了解事情经过之后再沟通。教师要引导家长走出以自我为中心思维的模式，尝试站在对方的角度思考和处理问题，引导家长为孩子树立榜样，组织一些亲子活动，增进家长之间的沟通，消除误会。

如何处理好与家长之间的矛盾

一天上午,幼儿园的小朋友们吃完糕点正在洗餐盘和杯子。一位家长怒气冲冲地跑到餐室,大声嚷道:"我的孩子究竟怎么不听话?究竟哪里不干净?你们老师这样说她!"他这一嚷嚷,把孩子们吓坏了,有的甚至跑回教室躲起来。我听到以后,连忙召集孩子们洗完杯子回到教室坐好,我根本来不及询问他究竟出了什么事,我必须先安顿好孩子。这下可惹火了该家长,他认为我没有把他放在眼里,没有理会他,破口就骂:"你们老师很了不起吗?什么态度?理都不理我?我把孩子交到你们幼儿园,你们就该负责!"我完全不能相信这是一个父亲、一个男人的举动。我把孩子们安顿好以后,心平气和地问他:"你是谁?究竟发生什么事了?你在幼儿园大吵大闹,你这样做会吓着孩子们的。"他仍然怒气冲冲地说:"我是小欣的爸爸。你们老师不是说我的孩子脏,不讲卫生吗?不是都不喜欢她吗?"我很惊讶,眼前的这位家长竟然是小欣的爸爸。可近一年来我不曾看到他来接送过孩子?我也很迷惑,什么时候老师说过这样的话,谁说我不喜欢这个可爱的女孩?听了他的话,虽然有些生气,但我还是耐心地询问:"平时不是她奶奶来接送的吗?今天你怎么有时间?"他接着说:"前几天小欣奶奶来接她,你们老师对她奶奶说给孩子穿干净点,洗干净脸。害得她奶奶回家和她妈大吵一架,说她妈妈没有把孩子管好,没弄干净,说孩子脏,没有人和她玩,没有人喜欢她。"我一听,知道是怎么回事了。前几天小欣奶奶来接她,我是对她说:"小欣是个乖女孩,这么可爱的女孩子穿漂亮点,干净点才会有人喜欢,她妈妈平时是不是不喜欢给孩子买新衣服呀,我看她老是穿颜色不怎么鲜艳的衣服,给孩子买些漂亮的衣服,她会很高兴的。"现在想起来,或许是我表达不够清楚,让老人家误会了,我只是想让这个可爱的小女孩更讨人喜欢,我没有其他的意思。我诚恳地给小欣的爸爸道歉,并把事情的来龙去脉讲给他听,在听完我的解释之后,他的情绪平静了。我继续向他说明,让每个孩子注意个人卫生是我们老师每天的职责和工作。小欣的爸爸听了我的话反而不好意思地对我说:"对不起,老师!我没有弄清楚就跑来大吵大闹,是我的不对!我误会了你!"我也诚恳地对他说:"我的工作也有做得不好的地方,话没有说清楚,害得小欣奶奶误会了,以后我一定注意。以后你也常来接送孩子,多了解孩子的情况,让我们共同把孩子培养好。"小欣的爸爸听了高兴地点点头。从那以后,小欣的妈妈给她买好多漂亮的新衣服,把她打扮得更可爱,更讨人喜欢了。

这个案例涉及幼儿园老师和家长之间的矛盾，涉及老师和家长工作的开展。案例中，在事情发生后，家长正在气头上，我心平气和地向家长了解情况，和他解释，极力安抚家长的情绪。这一点我认为是做得很恰当的，避免了许多不愉快的冲突发生。就自己工作上的疏忽主动向家长道歉，缓解家长的怒气，在对待家长方面处理得很好。通过此案例的分析，我发现幼儿园之所以会出现这样的情况，是因为存在一些问题：家长工作做得不够，与家长之间缺乏沟通。教师应汲取经验教训，及时、有效地处理好与家长之间的矛盾。

5. 面对不配合的家长

案例导入

牛牛在班上生活自理能力比较弱，什么事情都等着老师来帮他完成，这跟家里的包办代替有关，我们也找家长沟通过，但是家长认为孩子还小，能够帮忙就帮忙。上中班以来，老师也一直在锻炼他，让他养成自己的事情自己做的习惯，慢慢地孩子在意识上有所转变，知道要自己动手完成，而不是依赖老师与同伴。今天早上，牛牛很早就来幼儿园了，他往鞋柜上一坐，正准备自己换鞋，只见他妈妈立刻蹲了下来，迅速地帮孩子换好鞋子。我见了，连忙走过去说："牛牛妈妈，现在牛牛能自己穿鞋了，而且穿得又快又好。"妈妈听了笑着说："那牛牛下次再自己穿吧……"

分析评价

在工作中会遇到类似不配合的家长，有的是因为教育理念的不同（如：心疼孩子，认为孩子太小，不该自己做那么多的事情）；有的是因为工作太忙或个性太马虎，将老师交代的事情忘记了（如：活动中需要配合带的物品总是忘记带）；还有的是因为教育能力有限（如：活动中要求孩子与家长共同参与的亲子作品，有的是家长一个人完成，有的则是让孩子自己乱做，毫无家长的指导痕迹）。

对于教育理念有分歧的家长，教师应该学会多与家长沟通，通过事实、比较等方法，让家长明白教育观念的重要性，让家长能够在实践中肯定教师的思想。当然，要想改变家长的教育理念，并不是一次活动或一次沟通就能够解决的，需要教师的坚持。对于工作太忙或个性太马虎的家长，教师应该经常给家长提个醒儿（将接、送幼儿的时间以发短信的方式），让家长感受到老师的用心，并逐渐帮助家长养成良好的习惯。对于能力有限的家长，请家长在配合工作时要因人而异。在布置任务时，教师要学会挖掘家长的优势，这样既不会让家长产生心理负担，还能事半功倍，调动家长的积极性。

怎样培养孩子的自理能力

（1）增强幼儿的生活自理意识。

家长无条件的包办代替，使幼儿形成一种错误认识：自己不愿意干的事情，父母会帮着干。教师的责任就是要通过各种活动形式，让幼儿知道自己已经长大了，要不怕苦，不怕累，要自己的事情自己做。首先，对幼儿进行正面教育，增强幼儿的生活自理意识。如通过"我是乖宝宝""我长大了"等活动，利用提问、讨论、行为练习等形式，让幼儿意识到自己有能力干好一些事情，为自己会做力所能及的事情感到高兴。再如在语言活动（诗歌、故事、看图讲述等）中，帮助幼儿充分理解作品内涵，通过作品中角色的行为，使幼儿受到感染、教育。其次，通过分辨不同行为（能自理的与不能自理的），巩固幼儿的生活自理意识。

（2）教给幼儿生活自理的技巧。

要让幼儿做到生活自理，必须让其明确生活自理的方法。首先，根据幼儿的年龄特点，可以把一些生活自理技巧编成儿歌、歌曲以及设计成饶有趣味的情节等，让幼儿在游戏、娱乐中学习本领。再者，由于幼儿之间存在个体差异，因此，对于不同能力的幼儿来说，要求就有所区别。就以较高水平来要求自理能力较强的幼儿；对于自理能力较差的幼儿，就相对降低要求的标准，不可强求，更不可鄙视，必须因材施教。最后，让幼儿获得成功的愉快感，推动提高幼儿生活自理的动力。当幼儿取得点滴进步时，要对他们说："你真棒""你真能干"……使幼儿对自己的能力充满信心，激励幼儿自觉地掌握自理能力；但当幼儿限于自身能力，无法达到预期目标时，也要耐心细致地引导，还要以鼓励性语言（如"你行的""我相信你会干好的"等）继续鼓励，必要时还需协助幼儿成功，以免挫伤幼儿积极进取的精神。

（3）巩固幼儿和生活自理行为。

技能的形成是一个反复的过程，还要注意以后的巩固练习。教师要经常督促、检查、提醒幼儿，使幼儿良好的习惯得到不断地强化，逐步形成自觉的行为。在日常生活中训练幼儿的自理能力。例如让幼儿小便、洗手、喝水等各个方面，都尽量让幼儿自己动手来提高这方面的能力；幼儿小便后提不上裤子，老师就教他用两手向上提前边和后边，使其能渐渐地掌握这一技巧；还有洗手的正确方法，如何洗，怎样打香皂……在幼儿一日生活中很好地锻炼每一名幼儿，同时在早操、午睡、户外活动等方面都要尽量锻炼幼儿的自立能力。

6. 面对出现问题的孩子的家长

案例导入

特别好动的小宇

小宇小朋友在班级中特别好动，总是在教室里跑来跑去。集体活动时，小朋友们都在操作，他一会儿站着，一会儿蹲着，一会儿跷着椅子玩耍。他小动作特别多，做什么事情都很难坚持，容易兴奋，嘴巴里不停地发出奇怪的声音。自上中班以来，他不坐椅子的现象好像有些严重了，为了孩子的身心健康发展，老师通过与家长交流一些事例与孩子的实际表现，让家长也认识到孩子的行为，并愿意配合到医院进行咨询。

分析评价

教师与问题儿童的家长进行沟通时，往往会感到一家的压力。对于那种不易接受孩子有某些方面问题的家长，即使教师知道孩子的问题，有时也往往选择了沉默。有些家长比较中立，能够正确地看待孩子的问题；还有些家长文化程度不高，相信教师给予的较专业化的意见，能够接受，并愿意通过专业机构纠正孩子的不良行为。与家长沟通前，一定要做到：

（1）对幼儿进行充分的观察，客观、真实地评价幼儿。多用事实、事件说话，让家长准确了解孩子在园的信息，令家长信服。

（2）单独沟通。对于这种问题儿童，不要当着别的家长面来评价，保留私密性，尊重幼儿、家长。

（3）循序渐进地沟通。交流时要先肯定幼儿的优点，再说说幼儿在园的一些趣事，最后反馈幼儿在园的一些现象。不要让家长感觉到教师这次沟通是冲着孩子的错误或者问题来的。

（4）和家长共同分析问题。反馈问题时，教师要避免对孩子进行主观性的评价。先向家长描述观察到的有代表性的事例，再和家长一同分析问题的性质、原因，避免家长对教师产生误会。

（5）提出可行性的建议。针对幼儿的问题，教师要先查阅资料，收集更多更适当的解决方法，给予家长合理化的建议。

本章小结

本章阐述了幼儿园家长工作目标，对幼儿园家长工作要求进行了系统介绍，提出了家长工作的意义、任务、形式和管理指导方法和建议，采用案例的方式，呈现了不同类型家长工作面临的问题和处理策略。学好本章知识技能对教师有效开展家长工作和参与幼儿园家长工作管理不无裨益。

本章思考题

1. 论述幼儿园家长工作目标。
2. 幼儿园家长工作有哪些要求？
3. 未来幼儿教师如何开展家长工作？
4. 幼儿园家长工作中可能面对的最大困难是什么？如何应对？
5. 撰写家长工作案例和小结。

推荐阅读

1. 何桂香. 幼儿园家长工作指导［M］. 北京：北京师范大学出版社，2012.

幼儿教师每天的工作是琐碎而又绝不重复的，和孩子家长的交流每天都有许许多多新的话题，出现的问题与解决的良方也不是一成不变的。该书无疑会教给您很多面对各种家园共育问题的好办法，但是使用这些方法的前提是您能站在家长的角度来思考问题，真正用一颗诚挚的爱心与家长沟通——这也正是本书的精髓之处，需要每一个幼儿教师去用心感悟和体会。

2. 邓惠明. 幼儿园家长工作指导［M］. 上海：复旦大学出版社，2013.

该书论述了幼儿园家长工作的内容与原则、家长工作的活动方式、家长资源分析及其利用，以及实施家长教育（亲子教育）的具体策略。从理论上对幼儿园如何开展家长工作做了系统的梳理,并对幼儿园家长工作实践中的一些具体问题提出讨论和指导性意见,旨在丰富学前教育专业的教师教育课程内容,同时为幼儿教师的职后教育提供补充内容,希望能有助于提高幼儿园和教师的家长工作意识和能力,使幼儿园家长工作顺利有效地开展。

3. 晏红. 幼儿教师与家长沟通之道 [M]. 北京:中国轻工业出版社,2014.

如何与家长沟通是幼儿教师最感棘手的问题之一,他们急需技巧的指导。如何与不同年龄、不同文化层次的家长沟通?如何与不同性格、不同从业背景的家长沟通?与不同年级的幼儿家长沟通有哪些技巧?当家长存在不同的教养误区时,该如何应对?除了家长会,还有哪些有效的家园沟通方式呢?凡此种种,是幼儿教师做家长工作时经常面对的问题。该书作者根据家长工作的基本规律,结合现实生活中的真实情况,回答了上述问题,阐述了幼儿教师与家长沟通的智慧与技巧,期待对幼儿教师的家园共育工作有切实的帮助与启发。

本章参考文献

邓惠明. 幼儿园家长工作指导 [M]. 上海:复旦大学出版社,2013.
何桂香. 幼儿园家长工作指导 [M]. 北京:北京师范大学出版社,2012.
晏红. 幼儿教师与家长沟通之道 [M]. 北京:中国轻工业出版社,2014.

第八章　幼儿园与社区教育工作范例

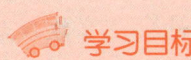 学习目标

1. 本章导读：本章论述了幼儿园服务社区教育的作用和意义，分析了幼儿园服务社区教育应具备的条件和对策，采用系列案例说明了幼儿园与社区教育的互动的内容和过程以及效果，还提供了社区家长学校的范例。通过本章学习，未来的幼儿教师要熟悉幼儿园服务社区教育的作用，熟悉幼儿园与社区教育的互动的要求和方式，掌握幼儿园服务社区教育的活动设计，了解社区家长学校的服务模式和工作内容。
2. 教学重难点：幼儿园与社区教育互动方式及活动设计。
3. 教学课时：教学6课时，实习2课时。

社区教育作为一种新的教育观和教育组织形式，在我国20世纪70年代末萌芽。长期以来，我国幼儿园存在重园内幼儿教育、轻社区儿童家庭教育的现象。如何突破原有的办园理念和模式，充分发挥幼儿园在社区教育中的主导功能，探索适应新时期的社区早期教育，幼儿园面临着新挑战。

第一节　幼儿园服务社区教育

一、社区教育对于幼儿发展的作用

当前，社区教育在世界范围内已成为教育事业发展的一大潮流。1996年《幼儿园工作规程》是我国幼教法规第一次使用"社区"这一概念。2001年颁布的《幼儿园指导纲要试行》和2003年国务院办公厅转发教育部等部门的《关于幼儿教育改革与发展的指导意见》，这两份文件表明要以社区为依托发展幼儿教育。社区教育的主要目的在于提高社区成员的整体素质和生活质量，从而促进社区建设的进

一步发展；社区学前教育是社区教育的一个重要组成部分，是社区教育系统的基础工程。学前儿童是社区人口的组成部分，其教育是社区建设的一项重要内容。社区学前教育是社区为0~6岁儿童或全体居民设置的教育设施和教育活动，是多层次、多内容、多种类的社会教育。它是以婴幼儿为对象，以家庭为基础，以社区为依托的区域性教育。

孩子脱离母体降临世间，首先进入到家庭，家庭是幼儿接触的第一个集体、第一所学校，家中的父母是幼儿的第一任教师。儿童的成长有赖于父母亲的抚养和教育，幼儿园教育、家庭教育和社区教育一起，共同担负着为我国社会主义建设事业培养接班人的任务。孩子从满月开始，就会被父母不同程度地带入社区活动，社区是孩子生活娱乐的场所，早期教育影响就从家庭和社区开始，在社区这个大学堂里，家庭与家庭之间，相互交流、相互学习、相互借鉴、相互帮助，他们之间产生一定的感情。在日常生活中父母的言传身教，耳濡目染，潜移默化地使幼儿从家长的言行举止中获得初步的生活经验、知识技能，形成初步的行为习惯。社区教育又是幼儿初步学习人际交往和社会性训练连续时间最长的一种教育形式，在社区中可以在语言发展、运动智能等方面的锻炼上得到充分的机会，特别是促进幼儿综合能力教育提高方面，社区起到重要的作用。总之，社区教育是幼儿接受教育的重要场所，它为后续完成幼儿园、学校的教育任务，为孩子的尽快成长创造条件。

二、幼儿园服务社区教育工作的意义

美国教育家杜威曾说过："生活即教育，学校即社会。"现在越来越完善的城市社区已作为一个个相对独立的"小社会"存在，其完备的设施、配套的服务给幼儿园提供了丰富的教育资源。而幼儿园作为专门的教育机构，拥有专职的教育工作者，懂得儿童身心发展的特点和规律，掌握科学的幼儿教育方法，既能完善幼儿园保教工作，又能带动整个社区的早期教育，发挥其服务职能。这种与社区的联系是双向的，不仅是从社区获取资源，还利用幼儿园的教育优势把科学教育观扩大开来，开辟社区宣传栏定期向社区成员宣传、展览、展示的文化社区环境，为社区文化的创设贡献自己的力量。幼儿园服务社区并丰富社区文化，最终对幼儿自身的发展起到积极作用。

教育儿童是一门科学，必须按照儿童身心发展的规律办事才能达到目的。在不同的成长背景下，每个社区家长和幼儿都有其自身特定的性格特点和偏好，这就决定了幼儿园在社区早教活动中不能一刀切，要根据他们不同的需要，力图通过多种渠道和多种方式为他们提供良好的早教服务，让家长在参与指导的活动过程中，不断提高自身素质和育儿水平，优化家庭教育环境，使家长与儿童共同成长。因此，要教育好儿童，父母必须首先接受教育，理想的、合格的父母才会造就出理想的、合格的儿童，从这个角度上来说，提高家长的素质尤为重要。幼儿园应积极构建与家庭、社区结合的教育模式，探索三者的有机联系和综合功能发挥的运作机制，形成社区教育的正向合力，强化幼儿园为社区服务的功能。

三、幼儿园服务社区教育应具备的条件

幼儿园作为社区的一部分，既依托于社区发展，同时也承担为所在社服务的功能。要发展幼儿教育，幼儿园须向社区全方位开放，增加与社区的联系，了解并满足社区多样化的需求，扩大社会服务功能。

1. 幼儿园硬件方面所应具备的条件

幼儿园的设施齐全，有活动的场地和器械材料。幼儿园能开辟出一个宣传的板块，正确传递一些"育儿的科学观"，如幼儿园的外围栏杆、幼儿园橱窗等，把它们布置起来，专门放置为社区居民宣传教育专题的各种内容，如优良的家庭教育经验介绍，推荐给家长看的教育子女的书籍，把当今幼儿教育的新动向、新思路传递给家长。布置的内容应当简单易懂，内容生动有趣，供家长阅读，而且要定期更换，建立完善的服务制度，岗位职责明确。

2. 幼儿园软件方面所应具备的条件

一所好的幼儿园可以成为社区精神文明的窗口，对社区的精神文明建设起到示范推动作用。园领导须具备开放的心态，加强园风建设，提高教师整体素质，树立服务意识，深入实际，服务社区教育的引领思想，发挥其文明辐射功能，为社区成员做出示范，对社区文明建设起到积极作用。有与之相匹配完善的服务制度和实施计划，园内还应具有大批有良好职业道德和资深幼教经验的师资队伍。

3. 社区方面的需求

社区居民中有一定数量的学前年龄段适龄儿童。家长渴求"育儿"方面的科学引导，开设专题讲座、开家长会、办家长学校、开设家教热线等。

4. 社区资源合理开发运用

幼儿园坐落在一定的社区之中，不同的幼儿园所处的社区、周边环境不可能完全相同。幼儿园要从实际出发，依靠社区，因地制宜地发掘社区有价值的人力资源和物资资源，发挥有利因素，促进幼儿社会性的发展。如消防队员向社区居民讲述常见火灾因素和各自应对措施；打破传统教学模式，为了丰富幼儿的日常生活经

验，带孩子到社区的超市观察货物的类别，每类货物大概有哪些物品，通过"5元钱购物"活动，初步感知货币买卖之间的关系，知道角色间合适的语言交流。

跳蚤市场

- 活动意图：

玩具是幼儿最喜欢的东西，在玩具分享中，有些幼儿因为看见别人的玩具好玩，而要父母购买，然而时间一长，就变成了孩子眼中的废品，这样慢慢会让幼儿养成浪费的行为。《幼儿园3~6岁幼儿发展指南》中指出，良好的社会性发展对幼儿身心健康和其他各方面的发展都具有重要影响。家庭、幼儿园和社区应共同努力，在良好的社会环境及文化的熏陶中让幼儿学会遵守规则，形成基本的认同感和归属感。幼儿的社会相处需要通过游戏和各种活动中积累有益的直接经验和感性认识。因此，为了让幼儿学会节约、理财，儿童跳蚤市场应运而生。它告诉幼儿怎样合理分配资源，学会交往，合理购买称心如意的物品，分享环保节能的低碳生活方式。通过"跳蚤市场"活动，倡导低碳生活，合理理财，节约资源，培养孩子们从身边的小事做起，不浪费物品，争做节约资源的好孩子，同时，与同伴交换物品，明确旧物循环利用，树立节约的意识。

- 活动目标：

    1. 明确旧物循环利用的好处，争做节约资源的好孩子。
    2. 体验活动乐趣，培养计算能力、社会交往能力，合理分配资源。
    3. 愿意将自己的旧物品与同伴分享、交换。

- 活动准备：

    幼儿准备：设计商品海报、促销语、各种物品（图书、玩具、小工艺品、书包等）。

    教师准备：音乐、邀请函、场地布置。

    参加对象：大班幼儿。

    活动地点：社区小广场。

- 活动过程：

    1. 4∶30 教师布置场地。
    2. 4∶50 全体幼儿与家长在指定区域集合，了解市场规则和互换要求。
    3. 5∶00 幼儿和家长到指定摊位，布置摊位。
    4. 5∶00~5∶50 进行互换活动。
    5. 6∶00 结束互换活动，清理现场卫生，家长和幼儿离开。

- 活动事项：
  1. 提前跟孩子和家长做好宣传工作，将家里旧玩具等整理出来。
  2. 提前要家长引导幼儿互换的方法。
  3. 准备垃圾袋与大块布。

分析评价

幼儿园将教育的方向打开，利用社会、社区的资源，让幼儿走出幼儿园，走向社会，丰富幼儿的各种经验，让其身心健康得到全面发展。这次的换购活动很成功，通过换购，孩子初步感受了市场经济氛围，在活动中了解资源的合理分配；活动中通过钱币的运用，学会理财和交换；在活动中设计商品海报和促销语，在换购中用语言交流，学会促销；通过这样的旧物利用形式，让孩子感受到节约资源的益处，培养了孩子的动手能力、社会交流能力、数学能力、创造能力，开始具有理财观念和勤俭节约的意识，在互换中学会互相分享，互相尊重，达到节约、理财、合理分配资源的目的。

（邬侠）

第二节 幼儿园与社区教育的互动

一、幼儿园与社区教育合作制度

随着社会经济的发展，充分开发和利用社区教育资源，建立新型的教育体系，成为当前幼儿园课程改革的热点。幼儿园与社区教育是一种互惠互利的双向服务关系，建立好园所与社区的关系，是幼儿园生存和发展的基本条件。

为积极争取街道、社区对幼儿园工作的关心、支持，对幼儿社会实践活动资源的提供，优化育人的环境，可以制定如下制度：

1. 由宣传科、教委、团委、妇联、社区学校、幼儿园及社区成员（村、居委会）、家长代表组成一支组织管理机构——家、园、社区协作委员会，以社区为平台、以服务为纽带、构建和谐社会，促进学前教育事业的蓬勃发展。同时制定相应的《家、园、社区协作委员会章程》，统一教育思想，确保活动的统筹，信息的流通，运行渠道通畅和经费的投入。聘请街道主任担任家、园、社区协作委员会名誉会长；街道、社区工作主要由园家委会会长和副会长负责联系。

2. 定期开会，也可根据工作需要召开临时会议，根据巡查督导的信息进行讨论，及时调整并给予答复。

3. 由家长代表、社区代表、幼儿园代表组成家教社，平时与街道、社区加强联系，及时沟通相关信息，改变原家长学校主要由教师、部分家长担任的局面，拓展家教社指导者的队伍，由教师指导家长扩大为家长与教师、家长与家长双向指导，使家长、教师的科学育儿能力起到互补作用。

4. 幼儿园聘请有关"课程实施与评价""幼儿保健""早教指导""教育法律"等方面的专家成立教育顾问团，定时向家庭、社区、幼儿园开展指导工作，为合作共同教育保驾护航。

5. 依托政府建立区域联动体系，整合村、居委会的资源，定期召开例会，结合社区文明创建重大活动，如：慈善义卖、中外家庭联谊会、爷爷奶奶金婚纪念等，共同商讨制定活动方案，确定具体分工。在联动的过程中，不断协调与增强共同合作的运行网络、机制、功能。

6. 每学期邀请社区各相关单位领导来园参加活动，共同商讨学期工作的安排，总结幼儿园发展，依托社区，面向社会，积极组织早教指导活动，形式多样。设立早教中心指导站，建立亲子互勉册、开展社区讲师团讲座、早教菜单式辅导免费活动，满足社区对婴幼儿早期教养的需求。

7. 幼儿园要安排好走进社区的老师，协助社区调查了解本社区内新出生和入园幼儿的情况，为幼儿入园提供保障。

8. 在幼儿园教育资源开放范围内，向社区幼儿、家长开放，具体开放项目、开放时间以及开放区域，视学校实际和社区需求，协商确定。

9. 合理利用社区教育资源，推进课程园本化进程。

10. 调动社区家长参与各项工作的客观评价，做好问卷调查工作，进一步提高合作教育的效果。

二、幼儿园与社区教育合作的内容

根据幼儿园工作特点，为社区服务的形式是灵活多样的。把服务职能定位在两大方面：第一，立足本职工作，抓细抓实保教工作、共育工作，促进园内幼儿全面和谐发展，赢得社区居民的信任和肯定；第二，深入社区内，把一部分由于各种原因无法入园的散居儿童纳入到有计划有组织的幼儿园教育教学中来，使散居儿童也能体会到幼儿园丰富多彩的生活。让更多儿童拥有受教育的机会，提高儿童的整体素质，将先进的教育理念渗透到每个家庭。按照这样的工作思路，合作的内容如下：

1. 了解社区教育的具体情况。幼儿园在日常的教育工作中应通过多种方式来了解社区对教育投入的具体表现，如孩子的健康状况、语言和智力发展的水平，生活习惯，兴趣爱好及其他行为表现，同时还要了解社区对孩子教育的态度和方法。这样才能要求社区配合幼儿园，共同教育孩子。

2. 宣传《指南》，介绍幼儿园的教育工作情况。向家长介绍幼儿园的教育目标、任务、内容和方法，让家长了解幼儿园对幼儿进行教育的情况，同时帮助家长了解科学育儿知识，从而共同一致的教育幼儿。

3. 及时发现和总结合作中的先进经验。幼儿园教师在了解社区教育中的经验后，应该及时总结推广；社区在教育中如遇到问题或困难，应协助解决，也可以介绍一些行之有效的教育方法。长期这样做可以使幼儿园和社区保持更密切合作的关系。

4. 听取意见并改进工作。幼儿园可以通过各种方式，及时主动地听取社区家长意见，争取家长帮助，以利幼儿园改进工作，从而更好地服务社区中的孩子。

三、幼儿园为社区服务的措施

幼儿园作为社会整体系统的一部分，既依靠于社会、社区的支持而发展，同时又承担着服务于社会，特别是为所在社区服务的职能。

1. 通过完成好双重任务为所在社区服务：幼儿园是保教幼儿的机构，通过优质高效地完成教育任务促进幼儿身心全面发展，为培养未来一代的建设者奠定良好基础，来为社会服务，为家长服务，为满足社区乃至社会需要服务。

2. 实现幼儿园教育资源的社区共享：幼儿园要充分利用本园的教育资源，实现资源共享，为社区居民与儿童提供更多的教育和服务。

3. 发挥社会宣传职责：幼儿园作为专门的学前教育机构，应担负起向所在社区及社区成员宣传党和国家的教育方针，给予正确的指导影响和传授科学育儿知识的任务。

4. 发挥社区精神文明阵地的积极影响作用：幼儿园提高人员素质和加强园风建设，树立良好的形象，发挥社区精神文明阵地的辐射影响作用。

四、幼儿园服务社区教育的方式

服务性活动是指幼儿园、社区以资源共享为目的，相互提供服务的活动，幼儿园为社区未入园儿童提供接受早期教育的机会，为社区家长构建交流学习和经验分享的操作平台，应从所处的社区环境出发，积极、主动地了解社会的需求，进行自我调整，在探索和尝试创造多种服务于社会的途径上打下了基础，还需要在实践中不断探索，总结经验，从而不断完善，与社会社区双向互动，双向服务，同步发展。

幼儿园服务社区教育的具体方式如下：

1. 专题讲座

《幼儿园工作规程》规定，幼儿园要"向家长宣传科学保育、教育幼儿的知识"，"指导家长正确了解幼儿园保育和教育的内容、方法。"幼儿园应在家长有了一定理论知识与实践经验的基础上，为了更加方便快捷、有效地促进家园联系，帮助家长全方位多角度地了解科学育儿信息。根据社区居民的层面不同和需求不同，可以进行小范围的"家庭教育讲座"，即家庭指导师根据居民的需要走进社区；还有大范围的"专题讲座"，即和社区联合组织开展活动。

专题讲座主要是从理论上对家长加以引导，为了不断提高家长科学育儿知识，每次活动前，印发宣传资料，请社区物业管理人员帮助散发到适龄幼儿的家中，或者分发调查问卷，了解统计周边社区居民当前的困惑所在，然后有目的有计划地进行有针对性的经验传授。内容的选择可以根据不同类型的家长情况举办各种形式的专题讲座和咨询活动，吸引了家长积极参与，如：针对爷爷奶奶，可以进行合理幼儿饮食搭配方面的讲座；针对父母，可以根据家长群的实际需要进行不同类型的讲座，如，刚怀孕的准妈妈们进行新生儿护理、母乳喂养方面的讲座；父亲角色重要性的讲座，告诉爸爸们如何发挥父亲的教育作用，怎样与孩子多接触，父亲要成为男孩的榜样，要多加表扬女孩等。

利用家长业余时间采取定期或不定期开设专题讲座，使讲座与家长教育子女中的实际问题紧密结合，收效更佳。它帮助家长树立了正确的儿童观、教育观，提高他们的科学育儿水平。

走进社区、服务社区

近140名散居社区的0~3岁婴幼儿家长及即将入园的新生家长聚集在幼儿园四楼大礼堂。参加了我园0~3岁婴幼儿教育研究小组举办的"走进社区、服务社区"特别活动。

活动主要分为五部分：首先是由我园保健医生，结合"手足口疫及甲型H1N1"这个非常时期该如何有效预防疾病的发生这一实际，向家长们详细介绍了有关常识。保健医生介绍的"洗净手、喝开水、吃熟食、多通风、晒衣被"15字方针受到了家长的好评，活动后有家长向我们反馈说道："这15字方针总结得真好，既受用又好记"；同时，针对新生幼儿家长保健医生还帮助家长们分析了如何以良好的心态看待幼儿入园身体不适的现象。家长们边听边认真做着笔记，会场学

第二节 幼儿园与社区教育的互动

习的氛围十分浓厚。接下来是由我园园长进行的有关"0~3岁婴幼儿家庭教育及新生幼儿入园前心理准备"的讲座。

著名的教育家叶圣陶曾说过:"什么是教育?简单一句话,就是养成良好习惯。"父母的职责是教育孩子,而教育孩子的关键是培养孩子的好习惯。家长应在幼儿入学前先去充分了解一下幼儿即将就读的幼儿园的环境、时间安排、活动状况及幼儿园、教师的要求,这样可以在家里先让幼儿尝试在生活习惯等方面向幼儿园的生活靠拢,使幼儿入园后尽快地适应。家庭是人生的第一所学校,这所学校没有挂牌,但人人都必须进;这所学校不发毕业证,但每个孩子是否合格,都必须由社会来检验,所以家长应在幼儿入园前把幼儿入学前的准备重视起来,做好准备工作。

1. 调整幼儿作息时间

调整幼儿的生物钟,逐渐使幼儿一日作息时间与幼儿园的作息时间相吻合。家长应详细地了解幼儿园的作息制度,比如:幼儿入园的时间、吃饭时间、午睡时间等,然后在入园前的两三个月中逐步把幼儿在家的作息习惯调整到与幼儿园的一致。

首先,幼儿早上起床的时间要考虑到穿衣、盥洗、吃早餐和路上所需的时间,保证大人上班、幼儿上学都不迟到。晚上入睡的时间则根据幼儿需要的睡眠量来定,要保证幼儿有充足的睡眠。

其次,幼儿园的作息制度中有午睡是为了保证幼儿有充足睡眠,利于幼儿健康成长。对于在家里没有午睡习惯的幼儿,最好在上幼儿园之前养成午睡习惯。家长也应给幼儿提供充分的午睡空间,如:给幼儿一个独立睡觉的房间,睡前保证让幼儿不要过度兴奋而不愿入眠,睡觉过程中给幼儿一个安静的睡眠空间并在一定的时间之后叫醒幼儿。

此外许多幼儿在家里睡觉时往往要抱着、拍着、哄着才能入睡,而在幼儿园老师不可能守在每个幼儿身边。有的幼儿入园后会不适应,一到午睡时间不愿意睡觉,或要求老师抱着睡等。因此,家长要鼓励幼儿独立入睡,不能因为幼儿一时的哭闹而心软,必要时可以强制幼儿独立睡觉。

2. 锻炼幼儿的生活自理能力

幼儿入园后将面对的是一个大集体,一些生活方面的事诸如吃饭、喝水、穿脱衣服鞋袜、上厕所等基本上要靠自己去完成。因此,入园前家长要培养幼儿最基本的生活自理能力。幼儿入园前要养成饭前便后洗手、饭后擦嘴、漱口、洗手等良好的卫生习惯。

首先,幼儿吃饭的时间要固定,而且要求幼儿一定要坐在餐桌旁吃饭。不能边玩边吃,吃饭的时候不能随意走动。家长也应做到不给幼儿喂饭,鼓励幼儿自己吃。家长多些耐心,可以让幼儿对自己产生信心。幼儿吃得好时要及时给予奖励或肯定，让幼儿在吃完后有一种成就感。在幼儿吃饭工具上应让幼儿使用打不破的碗、勺，给幼儿穿上易清洗的围兜，吃饭时不要在旁边逼着、催着幼儿吃，以免破坏幼儿尝试自己吃饭的热情和兴趣。此外，要让幼儿养成不挑食，不偏食的习惯。让幼儿尝试吃各种能吃的食物，以免造成营养不良等。

其次，教会幼儿认识自己的衣服，分清上下、前后、左右。幼儿到幼儿园穿的衣服和鞋一定要舒适、方便脱穿。如果穿脱过于繁琐，会给幼儿增加很多困难，另外幼儿还会因为穿得比别人慢而自尊心受挫。父母要有耐心，及时鼓励幼儿的点滴进步。可以通过比赛的方式，使穿脱衣服变成一种有趣的游戏。当然，每个幼儿都可能有自己穿脱衣服的方法，只要幼儿穿得快，穿得好，不必拘泥于一种穿脱模式。

最后，家长可以训练幼儿自己脱、提裤子。注意观察幼儿大便的规律，养成定时大便的习惯，并且要养成去厕所大小便的习惯，不随地大小便。适当时可采用游戏的方式，提高幼儿独立如厕的兴趣。

3. 社会交往及语言发展的准备

对即将入园的幼儿来说，其活动中心将从家庭转入集体，这也意味着幼儿从自我中心向群体中心转移。儿童语言发展又称语言获得，指的是儿童对母语的产生和理解能力的获得。入园后幼儿要和很多小朋友相处，他必须学会一些简单的人际交往。早期的交往经验对幼儿以后的成长发展很重要，所以要多鼓励幼儿与同伴交往，懂得谦让，遵守规则，学会分享。在幼儿园这个大家庭中，为了小朋友间的和睦相处、共同发展，有一些规则需要家庭成员共同遵守，而这些都需要借助语言来完成。因此，家长在日常生活中要言传身教，以身作则，帮助幼儿理解和运用一些简单的礼貌用语，如"你好""请""谢谢""再见"等，可以增进幼儿之间语言的沟通，促进人际交往。

4. 物品的准备

学习物品的准备包括让幼儿熟悉纸、铅笔、彩笔、本子、剪刀等学习用品，了解文具的用途。其次，生活物品的准备。幼儿进幼儿园父母会准备书包、杯子、小手帕等生活物品。值得注意的是，准备这些时都应让幼儿亲自参与，并尽量让他自己选择。因此，在准备前，父母先要对幼儿说明要买哪些物品和这些物品的用处，还可以带幼儿一起去购买。

5. 心理方面的准备

幼儿即将入园，任何焦虑不安、恐惧等不良因素都会使幼儿不愿意去幼儿园。要使幼儿顺利地适应幼儿园的生活，幼儿入园前的心理准备是首要的。

第一，消除幼儿恐惧感。根据弗洛伊德的早期经验理论得知成人的发展取决于他们早期经验，幼儿入园即是早期经验中的关键一点。从家庭到幼儿园，幼儿的不适应感普遍较强。心理偏离正轨会引起各种各样的情况，它们能影响身体功能的发挥，其中有些影响看起来是不相关的，现代医学已经彻底研究证实了心理失调能引起许多身体疾病，甚至某些似乎只与身体状态密切的缺陷，最终也是由心理问题引起的。因此，父母就应该在开学前给幼儿做些心理准备，多讲些幼儿园的趣事给幼儿听。比如，能认识新朋友，老师会教好多本领，还能参加非常有趣的活动等，目的是培养幼儿入园的愿望，同时，最好父母能够带幼儿先去参观参观，看看里面的设施、玩具、图书，再让幼儿认识认识将来的老师，消除幼儿对幼儿园的陌生感和恐惧感，增加幼儿的好奇心理。因为，好奇心是孩子探索世界的动力。

第二，提高适应能力。家长要意识到，幼儿从家庭走进幼儿园，是人生的一大转折，家长要做好充分的思想准备。在耐心地帮助幼儿消除恐惧感的同时，坚定地帮助幼儿战胜不适应。现今社会大多数家庭的幼儿都是独生子女，在家娇生惯养，很多人围绕着他一个人转，爱替幼儿做事，不管是否合理满足幼儿一切的要求，结果造成幼儿自理能力弱，过度以自我为中心。到幼儿园里两个老师带二十几个小朋友，幼儿得到的关注减少，这对刚入园的幼儿是个考验。在幼儿园里，幼儿既要学着自己照顾自己，又要学会和别人相处，每天有一定的活动安排，想玩的东西也不一定马上能拿到手，幼儿每天遇到的小挫折增多，自然变得不开心，性情也会因此而有所改变。理智清醒的父母是不会让孩子闲在一边，自己包揽一切的，他会让孩子做自己能做的事，让孩子自己动手。家长要不怕麻烦，为幼儿创造自己做事的机会，培养幼儿的生活自理能力。同时帮助幼儿走出自我中心，了解他人、了解与他人相处的规则，以减少幼儿今后的挫折感。

第三，家长要调整心态。父母对孩子的性格培育也好，气质完善也好，其目的都是为了孩子在长大成人的过程中能对学校生活和社会生活最大限度的适应。入园对幼儿来说，是心理、体能、智力发育的"攻坚战"，对家长来说，则是意志、情感和耐心上的严峻考验。有些幼儿初入学时会哭闹，家长应该平静理智地看待这个问题，调整自己的心态，把幼儿刚进入幼儿园的表现看成幼儿成长过程中的一步，要让他们自己去慢慢习惯和适应，不要因为一时的不舍而影响幼儿。家长要帮幼儿做好心理准备，让幼儿坚信上幼儿园是他的责任，调动他上幼儿园的积极性和主动性，增加其入园的兴趣。此外，家长要以正确的方式了解幼儿在幼儿园的情况，幼儿入园之初，家长想了解幼儿在园表现时，可以向老师提问，或查看幼儿园的家园联系簿，幼儿园也应该主动向家长说明幼儿的情况，但家长最好不要一见到幼儿便立刻问长问短。

（天津市健康幼儿园）

园长在讲座中介绍了"0~3岁婴幼儿家长教育"的现状，希望引起家长们对早

期教育的重视，转变家长观念，提高家长亲子教育技能，使家长们逐步树立正确、科学的育儿观并向家长们支招：针对不同的现状应该采取哪些有效的教育措施。园长将理论与实践相结合绘声绘色地讲解不停地引来台下家长们的共鸣，让新生家长们期待的"新生幼儿入园前准备工作"继续将讲座活动推向了高潮，此内容受到了家长们高度关注，活动后也有家长高兴地向我们说道："我孩子马上要上幼儿园了，今天参加完这个活动我回去都可以睡个安稳觉了"。然后我们针对参加活动家长以调研问卷的形式进行了"社区0～3岁婴幼儿家长的教育需求"调研活动。我们总共发放问卷140余份，回收问卷120余份，由此可见家长们乐意积极配合我们的调研工作。随后由园长、主任、教研组长、高级教师、保健医生等六人联合组成的咨询小组，向到会的140余名家长展开有关0～3岁婴幼儿教育咨询活动。在咨询活动中家长们踊跃提出了自己在育儿过程中遇到的疑惑，咨询小组成员们耐心、热情帮助家长们分析，并给出合理化建议。我们高兴地看到每一个咨询结束后的家长脸上都露出了满足的笑容。最后我园保健医生为当天到会的社区0～3岁幼儿及新生幼儿提供了免费体格检查。本次活动始终在欢快、愉悦的气氛中进行，受到了家长们的热烈欢迎和好评。

幼儿早期教育立足于社区、服务于社区，其发展也要依靠于社区。在推进社区早期教育建设中我们与社区捆绑式、互动式发展，逐步形成了以社区为依托，以幼儿园为中心，向家庭辐射的多样化启蒙教育和服务指导格局。相信我园通过开展此次"走进社区、服务社区"社区特别活动将使社区居民对早期教育有了初步的认识。明白了早期教育的重要性，同时解决了日常育儿生活中遇到的难题，从而形成了家庭、幼儿园、社区三位一体的教育格局，实现了资源整合、互促互进、和谐发展的社区早期教育模式。

幼小衔接主题讲座

亲爱的家长朋友：

　　大家好！今天，为了孩子我们相聚在一起，非常感谢大家能支持和理解幼儿园的工作，能在百忙之中抽空来参加本次活动。在此，我真诚地对大家说一声：谢谢！

　　在有效衔接关键的时刻，必须遵循儿童心理发展的规律和特点，培养和激发幼儿入学学习的愿望、兴趣和意志力，力求幼儿入学前心理准备的全面性。我们幼儿园在幼小衔接方面也制订了相应的计划，现向各位家长介绍一下。

　　一、幼儿园开展有效衔接的计划和安排。

1. 商讨有关幼小衔接的措施。
2. 开展幼儿发展评估工作。
3. 召开大班幼小衔接家长会。
4. 开展主题活动:"走进小学""我要毕业了"。提早了解小学生的生活、学习情况,感受小学的校园氛围。
5. 开展《再见了,幼儿园》毕业典礼活动。

二、有关幼小衔接的具体事项。

1. 家长如何帮助孩子过渡入学心理?
2. 培养孩子自我服务能力。
3. 小学与幼儿园的不同:一节课45分钟,课间活动10分钟。小学生要统筹安排好课间活动的内容,如:如厕、饮水、运动等。
4. 小学生书包里都装些什么?
5. 如何保护自己?

三、家长需准备哪些?

1. 如何帮助孩子养成学习习惯?
2. 规则意识要有要求。
3. 加强生活自理能力培养。
4. 加强阅读能力的培养。

结束语:通过幼儿园与家庭的共同努力,协助孩子们走上新的起点,做一个健康快乐的小学生。本次活动现场互动环节即将结束,希望家长朋友们能多提宝贵意见和建议。感谢大家参与本次活动!再见!

分析评价

"习惯养成性格,性格决定命运。"家长要学会发现和鼓励,要在生活中主动发现孩子的闪光点,鼓励和肯定孩子,将这种闪光点变成孩子的好习惯。在本次主题讲座上,提供给家长切实有效的信息,引导家长关注孩子教育本身,从而帮助孩子健康快乐地度过这个关键期。

2. 向社区开放

开放是指幼儿园对外开放,即提供场地,又提供设施,营造温馨、和谐、宽松的教育氛围。每个儿童都有受教育的权利,但有部分家长因各种原因没有能力或条件让儿童接受早期教育,这样幼儿园应向社区开放,为社区儿童提供一定的教育条件,使更多的儿童享受到教育。

开放的形式有：

（1）双休日为社区儿童提供游戏场所和玩具设施的开放，如大型综合玩具、玩沙池等，为满足幼儿和家长的需要，开放时间分固定和随机两种，即便于家长做好安排，又为孩子来园参加活动提供了时间上的保证。

（2）寒暑假组织儿童开展义务性的教育活动，主要有儿童自然体验活动，以儿童为核心的家庭教育支教活动。

（3）开放幼儿园网络平台等多种现代媒体资源，例如利用幼儿园网站开设"0~3岁婴幼儿早教"专栏，"0~3岁早教博客、微信群、QQ群等"建立家园网络沟通平台，形成便捷、迅速的沟通桥梁。

（4）开放图书馆，只要把借阅图书制度的设计与文献资源开发与利用的观念结合起来，与资源共享的时效性与信息价值结合起来，与资源与设备的占用成本及损耗结合起来，就能真正维护读者的利益，保护和激发社区居民更好地利用图书馆的积极性。

（5）活动开放日是家园沟通的方式之一，从时间上分为每日开放和定期开放两种，在入园前对幼儿园整体设施设备与师资力量等情况的参观了解，也可以在幼儿入园后的一日、半日或一个生活环节的参观，让家长通过观摩，直接具体地了解幼儿在集体中的各种行为表现，从而正确认识幼儿园教育，正确认识、评价自己孩子的能力、特长、兴趣等，对家园共育有了清楚的认识，提高科学育儿水平的方法。对于每次开放，都向家长作好介绍，让他们"知其然也知其所以然"，并知道在开放过程中如何观察幼儿。活动后广泛征求家长的意见和建议，采取"有则改之，无则加勉"的态度，避免形式主义的走过场，达到真正开放、共同提高的目的。

（6）幼儿园有时令性的节假日庆祝活动，如"六一"活动，可以邀请社区幼儿来参加或观看，与在园幼儿一起感受节日的快乐。

向社区开放的游戏设计

活动内容：一物多玩

材料提供：衣架和衣夹

玩法六种：

1. 夹子叠叠乐

目的：训练幼儿的手眼协调及相互间的合作

材料提供：衣夹若干

玩法：好像坊间有卖的叠叠乐，轮流将衣夹叠高，一人一次，直至"高楼"

建成。

建议：最好使用"A"字形的夹子，孩子的成功感会更大。

2. 衣架衣夹计算器

目的：手口一致的尝试点数

材料提供：衣夹 10 个（视孩子的能力准备数量）、1 个衣架

玩法：家长先把所有夹子夹在衣架上向左边靠拢，把它当成一个算盘，引导宝宝一个一个的向右挪动，尝试点数。

建议：开始时，不要用太多的夹子，因为一个衣架，空间有限，不能容纳太多，并按宝宝的能力，改变训练难度。

3. 夹子变形

目的：手指小肌肉力量的锻炼，激发幼儿的创造能力

材料提供：夹子若干

玩法：利用夹子，拼起来做出不同的图形，如：正方形，三角形等。

建议：可用夹子做不同的动物，训练宝宝的想象力，然后用它来说故事，宝宝会特别喜欢。

4. 钓衣架大赛

目的：肢体动作的协调及平衡

材料提供：衣架约 20 个

玩法：让衣架散落在地上的圈圈内，以不同方法"垂钓"，包括用绳子串起、用小棍子穿越，或用脚把它们勾起来，钓得愈多衣架，就是胜利者。

建议：衣架大小适合本年龄段的孩子

5. 摘星星

目的：训练幼儿的手眼协调，锻炼手指力量并尝试点数

道具：两种颜色的夹子共 10 个（视孩子的能力增加数量）

玩法：家长先把夹子夹在自己身穿的衣服上，然后宝宝把夹子一个一个地取下来，并尝试取一个点数一个。

建议：游戏过程中，可让宝宝数夹子有多少和按颜色分类等。

6. 衣夹平衡器

目的：手眼协调，平衡和耐性培养

材料提供：纸盘 1 个，衣夹约 20 个，纸杯 1 个

玩法：让纸杯承托纸碟，父母和宝宝轮流在纸碟边缘夹上衣夹，要保持纸碟的平衡，如果纸碟塌下来，就代表输了。

建议：游戏过程中，家长的平衡力一定胜过宝宝，可尝试让宝宝成为该游戏的胜利者。

分析评价

1. 游戏是儿童学习成长的重要工具，透过游戏，儿童能运用自己的感官（味觉、嗅觉、视觉、听觉及触觉）去认识周围事物、测试其他人的反应、发展及认识自己的能力。游戏活动，就是教育与指导孩子的最有效的方法。游戏能调动孩子的所有感官，使他能够全身心地投入其中，随着各种游戏的进行，孩子从感官到认知，从智能到体能，从语言表达到情感交流，都会得到极大的促进；从中可以逐步塑造孩子的性格与品德，意志与才能。

2. 孩子天性好玩，每个孩子都很自然地对游戏产生兴趣，方式层出不穷。游戏固然有助于身心发展，但若被视为学习的途径或赏罚的工具，便有违游戏的意义。游戏的原则：（1）游戏是愉快和乐趣的；（2）游戏贵于自发；（3）游戏是千变万化的；（4）游戏的目的就是游戏。

3. 玩具结构低，成本不高，但给孩子创造的空间却是很大的，玩法没有固定，给孩子一个发挥创造的天地。

幼儿园向社区开放的具体做法

1. 主动加强与社区内各居委会的沟通与联系，争取他们的合作与支持。

在向社区开放之初，幼儿园把欢迎小朋友的请帖发到居委会，请他们帮助发到适龄幼儿的家中。为了了解社区内幼儿的情况，幼儿园印制了"小区学前儿童情况调查表"，请居委会帮助下发。为使更多的幼儿参加到开放活动中来，幼儿园召开了居委会主任会议，请他们参观幼儿园的环境设施，使他们了解幼儿园向社区开放的目的与意义。有这些居委会主任做联系的桥梁，这项工作开展得很顺利。

2. 固定开放时间和值班教师。

为了满足社区幼儿和家长的需求，幼儿园每周六上午（9～11点）开放，并将时间固定下来，形成制度。这便于家长做好安排，也为孩子来园参加活动提供了时间上的保证。

每周末幼儿园组织开放活动的教师固定为三个年级的组长。这便于每周开放活动的衔接，保证了整个活动的连续性和系统性。同时，幼儿、家长渐渐与教师熟悉起来，便于双方建立联系，加强了解。

3. 开展多种形式的开放活动，不断丰富活动内容。

幼儿园在开放初期，主导思想是幼儿园教育资源共享，因此，仅为社区幼儿提供游戏场所和玩具。随着开放活动的深入开展，幼儿园不断丰富活动内容。如，开展一些音乐活动，教一些儿歌，放一些儿童故事片和艺术片。但是，这些活动随机性比较强，缺乏目的性和系统性。后来幼儿园将开放活动分为三部分，开始部分为自由活动，中间部分为有计划、有组织的活动，最后部分还是孩子的自由活动。幼儿园注意考虑3岁前和3岁以上幼儿的年龄特点，分别制定了0~2岁、2~4岁、4~6岁幼儿的社区活动计划，每月发给家长，使家长心中有数。

为了使散居儿童也能体验到幼儿园丰富多彩的生活，幼儿园开展的部分活动也向散居儿童开放，如幼儿运动会、节日演出等。此外，幼儿园每学期组织的家长知识讲座，也请社区的散居儿童家长来参加，帮助家长树立正确的儿童观、教育观，提高家长的科学育儿水平。

4. 合理、适当收取费用。

幼儿园向社区开放需要一定的经费。为了解决经费问题，幼儿园经上级主管部门批准，向每位来园活动的幼儿收费3元，家长们普遍能够接受。

（北京市西城区洁民幼儿园）

分析评价

随着幼教管理体制的不断完善，幼儿园由关门办园转为开门办园，特别需要增加与社区的联系，扩大社会服务功能。幼儿园向所在的社区开放，扩大服务的范围和功能，密切了与社区的关系，实现了资源共享，赢得了社会的认可。

1. 充分利用园内的各种教育资源，发挥了正规教育的主导作用。

正规幼儿园，管理规范，设施齐全，教师素质高，这些都是幼儿园的资源优势，幼儿园通过向社区开放，将这些资源优势充分利用了起来，发挥了其正规教育机构的主导作用。

2. 通过向社区开放，提高了社区幼儿的受教育率。

每一个儿童都有受教育的权利，但总有一部分家长由于各种各样的原因没有能力或没有条件教育儿童。为了提高幼儿的整体素质，为了使更多的幼儿有受教育的机会，必须利用社区资源来对他们进行教育，而幼儿园是最好的社区教育资源。

通过向社区开放，将社区内由于各种原因无法入托的散居儿童纳入到有计划、有组织的教育活动中来，使更多的幼儿享受到了幼儿园的教育，从而提高了社区幼儿的受教育率。

3. 通过向社区开放，幼儿园既宣传了自己，又赢得了良好的回报。

幼儿园向社区开放，提高了幼儿园的知名度，给幼儿园注入了生机和活力。最明显的表现就是生源增多。因为幼儿园向社区开放，广大家长和幼儿走进了幼儿园，了解了幼儿园。幼儿园通过为社区提供服务，得到了家长的信任以及孩子们的喜欢。而散居儿童中有相当一部分是年龄在 3 岁以下的儿童，当他们到了入托年龄时，家长愿意送孩子到自己了解和信任的幼儿园里去。同时，孩子在 3 岁以前就经常参加幼儿园的开放活动，到了入托年龄时，对幼儿园已不再陌生，这将大大缓解幼儿的入园焦虑问题。无论从哪个方面看，幼儿园向社区开放都有利于幼儿园的长远发展。

3. 亲子园（班）

教育性活动根据社区发展的需要和幼儿园办园发展的需要，有目的、有计划、有组织地开展一系列活动，在"英子妈妈工作室"亲子班活动中，招收 1.5~3 岁婴幼儿来园，开展了"亲亲宝贝"、"我有一双小小手"、"好玩的报纸"等主题活动，注重了活动形式的适宜性，活动内容的连续性和活动方法的互动性，收到了良好的教育效果。

音乐活动《猪笼草和小飞虫》

- 活动目标：
    1. 自愿、快乐地参与活动。
    2. 感受音乐的节奏，并用多种形式来表现声音的长短。
    3. 音乐素养的提升。
- 活动准备：
    教具：音乐碟片"猪笼草和小飞虫"
    学具：（1）废旧报纸分两篓装；（2）塑料篓一个
- 活动过程：
    1. 感受音乐并谈感受
    2. 自由探索报纸的各种玩法。
    3. 和报纸做游戏。(家长和孩子一起玩游戏)
    （1）徒手拍报纸　把报纸铺在腿上，双手压住音乐节奏拍报纸
    （2）抖报纸　双手捏住报纸的长边，压住音乐节奏抖报纸
    4. 玩"碰球"的游戏
    把撒落在地上的报纸屑都拾起来，和手上的报纸一起捏成一个报纸球，在旋律部分压着音乐节奏跑，听到长音时就把球碰在一起，音停球就收回，依次进行。
    5. 到户外探索"报纸球"的玩法。

 **分析评价**

亲子活动非常受幼儿及家长的青睐，每月至少一次的亲子活动，将社区散居儿童请进幼儿园，与园里的小朋友共同学习、游戏，共享园内的基础设施；我们在每月的月初向社区散发亲子活动计划表，使家长对活动内容、形式、作用等有所了解，以便根据自己的需要有选择地参加。活动注意考虑幼儿的年龄特点，分别制订了不同年龄段儿童的活动计划。活动形式多样，满足不同需要的幼儿及家长。亲子活动为社区的幼儿提供了一个适宜的游戏环境，营造了一个可以与同龄孩子一起自由玩耍的社会交往环境，为社区的家长提供了密切亲子关系的机会，丰富了家长引导幼儿的方法和经验，从而指导家长搞好幼儿的早期教育，促进社区散居儿童健康成长。

随着社会的发展进步，经济的发展，婴幼儿教育越来越引起人们的重要，而亲子园作为这个时期的教育方式，它的作用是巨大的：它生动、活泼、有效、实用的教育方式促进了婴幼儿的全面发展，目前社会上任何其他教育形式都还无法取代，这是幼儿园教育的延伸，是家庭教育的补充。亲子园的教育科学、合理，开办亲子园活动，最大限度地开发了孩子的大脑潜能，调动婴幼儿感知觉，通过视、听、嗅、触等感受，引导婴幼儿进行动作练习，让孩子和家长视听、朗读、亲子共读，发展了他们的感受力、接受能力、认知能力，促进了孩子身心健康，全面和谐地发展。

4. 家长沙龙

参与性活动是指家长被视为幼儿园教育和教学过程中有效积极的社会教育资源加以利用，使家长逐渐成为教育教学过程中的积极贡献者，在一定范围内参加幼儿园的教育过程和活动，把家庭教育的理念和具体做法，从幼儿园推及家庭和社区。

家长沙龙其特点为主持人定期举行、自愿组合、自由谈论及各抒己见的小群体。沙龙活动的意义是帮助父母更全面了解孩子发展，使父母关注孩子成长的影响，学习解决幼儿教育问题的方法，增强亲子感情的交流。

 **家长沙龙**

饭桌上的本领

现如今，80 后、90 后妈妈成为了社区里新时代妈妈的标志。年轻妈妈对于低年龄段幼儿的教养方式有着自己的困惑和想法。结合困惑的问题，如何更好地在社区帮助家长给出指导性建议，老师们环境布局为"圆桌式"的活动场景，在小班年龄段以"饭桌上的本领"为家长沙龙主题。

针对3~6岁幼儿吃饭的话题展开讨论，家长们先自我介绍，说出自己孩子在吃饭方面的问题、困惑和表现情况。结合实际情况，如：咀嚼能力弱、不爱吃绿叶菜等。教师从生理、心理和习惯三方面进行分析，找寻问题所在，通过集体的智慧，总结出解决问题的方法，沙龙活动充满着温馨、宽松、互助式的座谈交流氛围。

分析评价

家长沙龙的互动模式一般有两种。一种是以幼儿园为交流平台的互动模式，即幼儿园为有交流需要的家长提供交流的时间、地点、场所。另一种是幼儿园外的家长沙龙。在教子有方的家长讲了自己的教育观念、教育方法和教育行为之后，有些家长仍然觉得意犹未尽，想亲自体验一下高质量的亲子互动和优质的教育行为，对此可以鼓励家长自发组织民间家长沙龙。

教师在一场沙龙活动中，要学会发现问题，预设确定的主题。其中，问题是开展家长沙龙的起点。家长沙龙主题的确定具有典型性和共性问题，是大多数家长或幼儿的问题，还需要考虑到不同阶段家长问题的层次性及需要解决主题的特殊性，这样才能激发大多数家长参与到家长沙龙活动中。

家长在沙龙活动中，参与对话的沟通很关键。因此，前期可创设温馨轻松的环境，减少彼此对话的紧张感，增强信任感。通过平等的对话，双方对所关注的问题有一个动态的评价，帮助幼儿给予切实的指导和帮助，真正解决家长和幼儿的当下之急。

如何设计一个完整的家长沙龙活动？

1. 指导思想

以家长沙龙为契机，结合本学期幼儿园家教指导工作，向家长宣传幼儿园的办学理念，与家长达成统一的教育理念，建立幼儿园、家庭联动的伙伴合作关系，为以后的教育教学工作营造良好的家校合作氛围。

介绍幼儿在园活动动态，让家长直观、真切地了解孩子在园的表现，增强家长参与教育的意识和责任感，共同探讨有效的教育措施，促进家长参与幼儿园教育教学的积极性和主动型，为今后工作更顺利的开展打下基础。

2. 活动目标

（1）介绍本学期工作重点、幼儿园的办学理念、幼儿园开展的活动、幼儿的发展现状以及需要家长配合和注意事项等，加深家长对幼儿园的了解，促进幼儿园和家庭之间的密切合作，形成教育合力，最终达到共育幼儿。

(2) 通过家教沙龙活动，探讨教育中的热点话题，在互动交流、讨论中相互学习先进家教经验，了解科学育儿方法，提高家长的教育能力。

3. 活动时间

××年×月×日，××：××时，场地××。

4. 参加人员

各班教师、幼儿家长

5. 活动准备

(1) 各班根据班级实际情况，展示班级特色，在××时间内，设计好家长沙龙活动方案，并交给××审核。

(2) 通知家长活动时间、地点，便于家长安排好他们的工作和家庭生活。

(3) 家长沙龙之前布置好场地。

(4) 教师准备好话题方案稿，挖掘幼儿闪光点，展示内容详细、客观、公正。

(5) 开展家教热点问题探讨，通过互动交流讨论，解决家长的疑问和困惑，加强家庭教育能力。

(6) 针对班级活动、主题活动的开展，开展有效话题的沙龙谈话。

家长沙龙，作为一种新型的家长会模式，它符合现代人闲暇的生活要求和心理要求，也更能发挥家长的作用，家长们在沙龙这种无拘无束的形式中更能迸发思维的火花，诠释自由创造的精神。家长也更能在沙龙活动中了解到正确的教育经验，反思自己的教育行为，对幼儿有针对性地教育，为幼儿创造平等、民主、和谐、宽松的教育环境，形成幼儿良好的心理素质。

亲子阅读

亲子阅读有利于激发幼儿阅读兴趣，增进亲子互动情感。如何设计一个关于阅读沙龙活动方案？

一、活动目的

为激发幼儿阅读兴趣，分享亲自阅读的快乐，交流幼儿阅读指导经验，增强亲自阅读对幼儿成长意义的认识，提高家长阅读指导的能力。

二、参加人员

幼儿家长、班级教师

三、活动形式

沙龙活动

四、活动内容

1. 每个参与的家长选择一个感兴趣的专题进行现场交流。
2. 确定几个专题。如：
(1) 亲子阅读对幼儿成长的重要性。
(2) 如何让孩子"悦"读？
(3) 家长如何指导孩子阅读？
(4) 怎样让孩子阅读内容不"偏激"？
(5) 幼儿阅读的指导步骤有哪些？
(6) 如何看待阅读中家长的角色定位？
(7) 幼儿读物的选择？
3. 阅读分享

倡导家长撰写亲子阅读的经验或体会，相关文章通过各班资源共享、交流。

分析评价

幼儿期是幼儿语言发展的关键期，而早期阅读是幼儿语言发展的关键期的有效刺激物，它可以通过图文并茂的视觉材料，给幼儿以积极的刺激，从而加快大脑的发育和成熟，促进幼儿智力的发展。

孩子对世界充满了好奇，他们似乎有千万个"为什么"。在亲子共读的活动中，孩子往往会提出许多的问题，这是非常重要的交流机会，大人可不要忽视。与孩子共读的目的就是要分享，分享快乐，也分享困惑。请家长积极参与沙龙活动，将自己的新的经验分享、共勉。

5. 参与社区活动

组织教师、幼儿积极参加社区的一些公益活动，如："消暑纳凉晚会""我为爷爷奶奶唱首歌""妈妈团"等。搞好幼儿园在社区环境地段的卫生，积极参加社区的植树绿化，带领幼儿一起参与"我给小花小树浇浇水"，提着塑料袋清理绿化带里的垃圾等；在认真执行交通安全守则、维护社会社区治安上也让幼儿一起去体验"我是五好小公民""红绿灯"等。

参与社区活动要注意以下几点：

1. 挖掘社区资源，参与社区活动。

社区活动是指在社区内为幼儿设置的各种教育活动，具有地域性和灵活性，可以因地制宜，使幼儿获得更丰富的社会经验，促进其全面发展。如：孩子们发现社区环境遭到破坏，自发地为制止环境破坏集思广益，通过设计社区环保标志、收集环境污染所带来诸多危害的图片进行宣传、在每周升旗仪式上"国旗下讲话"用讲述环保小卫士宣言等形式来呼吁大家共同爱护身边的环境，让社区永远整洁、美丽。现在许多环境优美的社区，配有"蛋糕房"，不仅环境整洁、雅致、硬软件配套齐全，而且提供孩子可以自主在作坊里 DIY 制作蛋糕的条件，还有专门的技师来讲解制作蛋糕的材料和方法，孩子们在边学边制作的过程当中，体会到动手的乐趣，习得知识，获得了认识社会，体验生活的机会，增加了社会经验。

2. 参与社区活动的差异性和层次性。

首先，参与社区活动要注意幼儿的年龄特点，小班幼儿可参与社会性交往的活动，让孩子在社区相互交流，以及与社区居民进行适当的交往。中大班孩子的社会情感有了进一步的发展，出现了道德感等高级情感，外部表情以及各种交往和情绪情感表达日趋社会化，根据这种情况，可以组织孩子"走进超市"等一系列的适宜社区活动，逐步培养孩子的同情心、是非观等。

其次，还要注意参与社区活动的层次性，先从幼儿熟悉的社会场所开始，参与一些贴近孩子生活的社区活动，如：超市、户部巷、新华书店等，再参与幼儿不经常涉足的社会场所，如：消防队、小学、汽车厂等。幼儿通过接触生动、多样的社会现实，开阔眼界，积累一些社会知识经验。

3. 社区活动与幼儿园教育的有机结合。

能否开展有效的社区活动，社区环境不是主要的，关键是教师能否敏锐地抓住问题，发现有教育价值的契机并加以有效地利用，对于参与社区活动，不能抱有组织一次活动完成任务了事的态度，而应当认识到这是对幼儿园教育有着重大意义的活动，在时间和空间上都具有延展，可以贯穿于整个幼儿园教育。

幼儿园大班下学期，孩子们都能逐渐从生理和心理上感受到，自己即将成为一名光荣的小学生了，为了让孩子体验小学生的生活，首先与小学的校长取得联系，有计划、有组织地带领毕业班的孩子参观社区的小学，孩子们在参观学习的过程中，能自主地发现幼儿园与小学诸多不同之处：如如厕的环境不同、课时的安排不同、每节课的上课时间不同、班级硬件结构不同等，与小学的哥哥姐姐互动交流、玩耍，这样的活动不仅让孩子们了解到小学生的生活学习情况，还从思想上做好了入小学的思想准备。

如今，幼儿教育正向多元化、开放化发展，应当多渠道地开辟教育途径，全方位探索教育方法，把社区教育有机地与幼儿园教育融合。

参观蛋糕 DIY 作坊

为了提高幼儿的社会实践能力，充分的利用社区周围的社会资源，丰富孩子们的社会经验，我园分批分次地组织孩子参与社区里"蛋糕DIY作坊"的活动。大、中、小各年龄段参与的侧重点不尽相同。

小班：参观蛋糕DIY作坊（DIY是"Do It Yourself"的英文缩写，意思是"自己动手做"）

小班孩子们看到琳琅满目的糕点，特别的兴奋、好奇，不断地与同伴间相互交流，时不时讲述自己的发现，"我吃过什么样的糕点？""我喜欢哪个糕点"等，在老师的引领下，孩子们知道：（1）不能随便品尝和拿走商品，需要到收银台付款才能拿走商品；（2）大胆与人交流，正确运用礼貌用语"阿姨你好""谢谢阿姨""阿姨再见"等；（3）透过玻璃观看作坊内工作人员制作蛋糕的过程，让孩子们初步体会到，食物的来之不易，感受了工作人员的辛苦。

这次参观蛋糕坊活动，让孩子们感受到身边作坊带给我们生活的便利，同时也增强了孩子们相互间的社会交往能力，玩中获得了知识，也体验到了乐趣。

中班：了解糕点的类别和制作过程

孩子们在热情的导购员和教师的带领下，有序地参观了蛋糕房，细心地观察了各种糕点的特点，发现它们之间的异同点，他们相互交流，发现商品的分类摆放、区域的划分；身临其境地走进工作间，认识制作糕点的工具名称，并观看工作人员使用各工具制作糕点的全过程。孩子们走进这个社会大课堂，通过看看、听听、说说，开阔了视野，增长了见识，取得了良好的教育效果。

大班：统计、自主制作、现场买卖

孩子分别带上自己事前的计划表，分头自主地参观蛋糕房，并及时统计记录糕点的种类和数量；认识制作糕点工具的名称和功能，并现场在工作人员的引导下，自己制作"小杯蛋糕"，还品尝自己的劳动成果，进一步感受劳动带来的乐趣，归还工具到正确的位置；最后进行"货币买卖"，每个人文明挑选购买一件商品，有序排队结账，文明与收银员交流，初步学会正确付款和找零，并拿好小票，孩子们感受到了独自购物的乐趣，积累了生活经验。

分析评价

通过参与社区活动的开展，提高了家长、幼儿的素质，促进了整个社区精神文明建设。与此同时，幼儿园通过服务社区，也给自己注入了活力。最明显的表现就是幼儿园与家庭、社区互动友好，有利地促进了幼儿的发展。在教育越来越强调生态化的今天，幼儿园服务社区是一种必然的趋势，这还需我们不懈努力，深入探讨。带领孩子走进社区，走进生活，引导幼儿观察和发现一些社会现象，身体力行的参与一些社区活动，共同来爱护我们的家园和社区。

亲子运动会

消防亲子运动会

充分挖掘社区周围的社会资源,丰富孩子们的社会经验,我园大、中、小班幼儿分批分次,家长和孩子一起身临其境地来到消防总队,和消防员叔叔们一起参加亲子活动。大、中、小班由于年龄段不同,动作发展的程度不同,所以参与的侧重点不尽相同。

活动时间:园部与消防总队沟通确定时间

活动地点:消防队的操场

一、活动目标:

1. 培养幼儿对体育活动的喜爱,让幼儿体验亲子活动的快乐。
2. 进一步巩固幼儿跑、滚、钻等技能,提高动作协调性。
3. 通过游戏了解相关的消防知识,掌握基本的逃生技能。

二、活动准备:

(一)知识经验准备:遇到火灾怎么办?

(二)物资准备:

1. 与消防队的细节沟通到位
2. 亲子运动会通知发到家长人手一份
3. 游戏器械具体准备

三、活动项目

游戏	游戏目标	准备器械	活动方法	备注
观看消防演习	了解一定消防知识	与班级人数相同的板凳	安排家长在指定地方坐好,老师带领幼儿在两分钟内跑到操场后,和自己的家人一起观看表演	
伤员救援队	增强协调能力,练习抬、跑等动作	各班担架一个,大布娃娃一个	一位家长和孩子各站两端,抬有娃娃的担架,与对面的家庭迎面接力	
会移动的灭火器		4个盆子;3个大号呼啦圈;6个板凳绑好	家长和孩子同端一盆水穿过障碍物快速走过S形的板凳到对面的家长面前,将幼儿盆中的水倒入对面家长的盆中,依次迎面接力	

续表

游戏	游戏目标	准备器械	活动方法	备注
与浓烟抗衡	知道火灾时的自救方式，并快速地完成动作	薄被一床，水标示贴在大盆子里，6个板凳摆成一条置于跑道中间	将被子快速放于盆中"打湿"，大人撑起，盖在孩子和自己的头顶，快速跨过（呼啦圈）与对面的家庭接力	
滚火自救	练习翻滚	小红旗150个；大垫子10个	一位家长和孩子相拥，侧滚过大垫子后身上的彩旗扯下，跑向对面的家庭，进行迎面接力	
新操《快乐每一天》	敢于向家长展示自己，能跟随老师示范跳操		最后一个活动结束后，老师分别组织好所带队伍，将孩子和家长分成两路纵队，班级老师站在队伍前带操	

（武汉经济技术开发区育才实验幼儿园）

分析评价

　　这是一次幼儿园、家庭、社区联合举行的消防主题运动会。消防大队的消防员叔叔给我们的家长和小朋友们带来了一次直观的消防演练，受到了小朋友和家长的热烈欢迎。

　　在老师的带领下，小朋友们口捂毛巾、弯腰离开了火警现场，来到了大操场与爸爸妈妈们会合。消防员叔叔们为大家演示了扑火与救人的过程，并向大家介绍了主要的消防用具，随后大家一起观看了趣味运动会。青春靓丽的老师们带来的《舞动中国》舞蹈赢得了大家的喝彩；接着，由家长和小朋友们分组进行伤员救援、滚火自救、与浓烟抗衡、会移动的灭火器的游戏，家长的笑容让我们感动，孩子的笑声让我们欣慰；最后一个环节，小朋友们向家长展示了新操《快乐的一天开始了》和《世界真美好》，他们活泼可爱的样子真是惹人爱。

　　运动会后，一个爸爸坦言："孩子的安全问题特别让我们家长操心，安全问题确实随时都需要注意。关注细节、掌握方法，是我参加这次运动会的感悟，非常感谢幼儿园举办这样的运动会。"确实，安全问题需要我们大家共同努力。安全无小事，你我都关注，才能为我们的孩子提供最基本的生存保障。

此次运动会开得非常有意义，主题鲜明，提高了师生的消防意识和逃生技能，对家长宣传了消防知识，增强了家园辐射周边社区的作用，真正把消防安全工作落到实处，达到预期目的。

活动的组织方面：

1. 因为班上有新老师，一次活动的开展对她来说是一次非常好的锻炼机会，于是我在活动开展前和班员进行了一次实地演习活动，告诉她每个活动项目的器械准备以及器械的摆放。

2. 有针对性地组织班务会，从入场式的准备到活动中需注意的地方以及最后的收场，我们都非常充分地进行了谈论，并进行了分工，做了具体的安排。

3. 活动完后好的地方：A. 孩子的服装是统一的，活动前考虑到了并通知下去了。B. 队列整齐；因为有训练。C. 口号是孩子们编出来的："大一大一，所向无敌；大一大一，永远第一。"完全的尊重幼儿。D. 在操节比赛中，老师分工到位，一个带操、一个拍照、一个生活护理。E. 器械准备齐全。特别是拉拉队组织得好。F. 场地划分仔细，劳逸结合。G. 项目间的衔接紧凑，活动前有人员安排，并通知到个人。H. 活动后器械及时还原到取的地方，场地上的垃圾捡干净了才离开。

此次活动开展初见成效：

在运动会开完后的几天，班上黄怡乐的妈妈打电话给我说："非常谢谢你们老师对孩子的教育引导，昨天我们全家晚上出去吃完饭回家的路上，我们大人都没注意到，但乐乐透过车窗看到路边一幢楼房的第六层有火灾，于是乐乐马上跟我们大人讲了，我们再一看的确有烟在慢慢往外冒，我们马上打119，才使那家的险情降到最低点。"

听到家长自豪的口吻，我觉得作为一名幼儿教师的责任多么重大，孩子的能力真的是不可低估的。

6. 家长学校

开展和谐校园创建，是建构和谐社会的重要内容和坚实基础，是坚持用科学发展观统领教育改革发展，办好人民满意教育的必然要求。幼儿园作为社会的一个组成部分，身处于社会大系统中，因此，和谐校园不但表现为幼儿园内部组织结构及各要素之间的和谐，也要充分体现幼儿园与社区、家庭之间融合互动，和谐共建。

幼儿园教育与社区、家庭的融合互动是具有重要的现实意义，融为一体的关系，突出了"以幼儿发展为本"的教育理念，充分利用社区与家庭的丰富教育资源，即环境资源与人力资源，重组幼儿园的教育资源，丰富教育的策略，以形成幼儿园、社区与教育共同促进幼儿健康成长与全面发展的合力。同时，又要积极地构建幼儿园对社区参与的机制，主动参与社区文明创建活动，创造性地为社区各项事业服务，为家长服务，即在服务中求生存，在贡献中求支持。

家长参与

我家周围的环境

以特有的自然环境为素材，开展主题活动，充分利用社区资源，把生动而丰富的社会环境作为实施主题活动的场所，让教育回归真实的生活，让幼儿回归自然的环境。

在《我家周围的环境》主题活动中，家长带领幼儿到社区中感知环境的美，使幼儿萌生出热爱社区进而爱护社区的情感。在活动中，幼儿自己先是观察小区环境设施有哪些标志？这些标志有什么作用？设置在哪里比较合适？等等。幼儿与家长商讨后，幼儿自己设计小区环境设施示意图、小区周围的公共场所。同时，制作环保标语和环保宣传单，幼儿在社区里边走边喊："爱护环境，人人有责。"

在活动中，增强了幼儿对社区周围环境、设施的认识，萌发了初步的环保意识，同时家长参与对幼儿园的开放式教育活动中，完善家园共育融合互动，让家长学校发挥更大的作用，最终达到全民素质普遍提高的目的。

分析评价

社区中蕴涵的教育资源是十分丰富宝贵的，它为幼儿园开展主题活动提供了广阔的平台。挖掘社区中的自然环境、人文环境、物质环境等教育资源和教育价值，展开主题活动，可以为幼儿开创活动的新舞台。

幼儿的身心发展特点决定了教育的内容应是以幼儿生活为基础的幼儿身边的人和事。我国著名教育家陶行知就提出了"生活即教育"观念，提倡教育以生活为中心，从生活中来，从生活中展开，以儿童的生活开展儿童的教育。新教育资源观应跨越幼儿园围墙，为幼儿创设更开放的学习空间，让幼儿在自主、开放的氛围中，构建健全的人格，促进全面发展。社区资源隐含着既贴近于幼儿生活实际，又符合幼儿现实需要的课程内容。重视社区幼儿教育资源的开发和利用，是幼儿教育回归儿童生活的必然和首选途径。

家长参与

家长老师进课题

我们每学期都会开展"家长老师进课题"活动，邀请不同专业领域和不同工作性质的家长，如：医生、警察、消防员等来园一起组织教学活动，充实幼儿园的活动内容，丰富幼儿的活动形式。

在《认识标志》的主题活动中，活动前期邀请家长和孩子一起查看、阅读有关交通法规、交通标志等交通规则方面的资料，并请家长们利用节假日时间带孩子参观并讨论：交通标志有哪些？不同的交通标志的作用是什么？看见交通标志如何做？等等。并且，班级中有一位家长从事交警工作，正好利用家长这一特殊职业的有利资源，请交警家长来园给幼儿讲解各种交通标志的相关知识以及如何遵守交通法规等知识。当幼儿看见身穿制服的交警叔叔，感受在真实的环境中，不仅认识了常见的交通标志，理解了各种标志的内在含义，还从小树立了遵守交通规章的信念，初步培养了自我保护的意识。

活动中充分利用家长有效资源，整合家长及社会智慧，提高家长参与活动的积极性，共同促进家长学校的发展。

分析评价

陶行知先生认为："整个的社会是生活的场所，亦即教育之场所。"也可以说："社会即教育。"只有学校、家庭、社会互相结合，形成教育社会一体化，才能使三方面教育优势互补。幼儿园主题活动的开展也特别注重对家长这一重要资源的利用。不同的职业、不同文化背景的家长拥有丰富的教育资源，与教师资源形成互补，这些资源的利用给主题活动的开展注入了勃勃生机，开阔了幼儿的视野，丰富了幼儿的社会经验。

家长的宝贵资源，极大地扩展了现有的主题教育内容，也为幼儿提供了亲身体验、了解社会的充实条件，为幼儿今后的生活、生存和发展打下了基础。开发利用家长教育资源，依据构建的目标、内容，不断生成主题内容，极大地丰富了主题活动内容。当然，家长教育资源是可以为开展主题活动服务的，只有在幼儿主题活动的基本内容与家长教育资源相对应的基础上，才能更好地促进主题活动的开展。

现场指导式亲子教育

亲子教育活动形式有很多,其中现场指导式的亲子教育活动是一种以家庭为核心,幼儿园与家庭互相观摩、幼儿园教师直接指导的活动方式。这种教育活动通常有幼儿园按照幼儿发展的规律,根据家长的需要和特点,根据幼儿出现的问题进行专门的教育活动设计。其主要作用是使家长通过现场观摩,现场参与,现场游戏等学习幼儿教育的理念、形式和方法等。

每年9月的新生入园前后幼儿的心理焦虑期,对于孩子和家长来说都是一个槛,孩子没有离开过父母,依赖性很强,要单独面对陌生的环境、陌生的人,而家长也会时刻担心,担忧孩子的生活环境,想迫切了解幼儿园,了解孩子进入幼儿园后的生活和学习是怎样的。于是,从家长的心理需要出发,为他们设计了两次活动,并邀请新生幼儿和家长一起参加。

第一次,《参观幼儿园》。这次活动是新生开学前的全园开放性活动,家长参观幼儿园的整体园貌,宝宝和爸爸妈妈一起玩滑滑梯,与即将生活的环境接触;通过观摩在园的大、中、小班教学活动,与哥哥姐姐一起游戏,让新入园的幼儿体验与人交往,体验与同伴游戏的乐趣,使孩子向往上幼儿园,愿意上幼儿园,也使家长对幼儿园的生活有了大致的了解。

第二次,《和爸爸妈妈一起上幼儿园》。这次活动是新生开学后,各班教师根据幼儿在日常生活、常规工作中出现的相对集中的问题。通过设计有针对性的教育活动、游戏活动、生活活动,让家长与教师一起组织幼儿游戏、吃饭、午睡,让家长体验幼儿在幼儿园一日生活的乐趣,让家长能放心。教师也借此机会让家长观摩、参与,与个别家长沟通、交流,对孩子的家长进行教育,对如何培养幼儿的生活能力、自理能力提出意见和建议,引导家长在家庭中多给孩子锻炼的机会,让每一位家长都认识到身边处处有教育的契机,同时针对特殊的孩子,幼儿园教师又让家长知道在家庭中要不断鼓励、赏识,发现他的优点,给孩子提供获得成功和自信的机会。

 分析评价

家庭是孩子形成基本价值观的重要场所,父母是孩子义不容辞的导师和榜样,随着新世纪终身教育理念的提出,要求家长树立现代教育思想,保证幼儿身心健康,保证其整体的、全面的、长远的可持续发展。作为幼儿园对更新家长的幼儿教育理念，提高家长家庭教育技能有着不可推卸的指导责任。幼儿园通过"现场指导式"亲职活动的开展，以不同形式为家长提供丰富的教育环境与和谐的心理环境以及家长经验交流的机会，用新的理念让价值成为孩子学习的伙伴。

家庭是社会的细胞，家庭教育是基础教育，它对一个人的启蒙、成长、成才有着不可估量的作用。一个人的思想、品德、行为习惯、意志性格的形成都离不开家庭。家长的素质直接影响到孩子，家长的人生观、日常道德规范、待人处事都会对孩子成长起着潜移默化的作用。社区家长学校，提高了全体家长科学教子的自觉性和积极性，传播了科学育儿的理念和方法。

在家长学校，从全方位、多角度进行组织落实、宣传动员、开展活动等，帮助家长树立正确的家教观，提高家长对家庭教育知识的掌握程度；加强家庭与社区的联系；普及家庭教育的科学知识，介绍不同年龄幼儿生理、心理发展特点及其相应的教育方法，指导家长为幼儿创造一个学习型、宽松、和谐的家庭环境，以利于幼儿身心全面发展。

在众多家长学校培训班中，"家政人员早期教育培训班"不可忽视。当前许多家庭由于父母工作忙，祖辈年龄大或不在身边，带孩子往往是请来的家政人员或保姆，家政人员、保姆的文化层次不高，对儿童成长阶段的特点了解不够，基本上不懂如何对幼儿进行必要的早期教育，她们更多的是担任看护者的角色，关注孩子的健康发育。他们整天和孩子在一起，倘若不能科学养育孩子，对孩子来说，是很大的损失。所以提高家政人员或保姆早期教育水平是必不可少的，这也是提高社区居民早教水平的一条途径。让职业中心教师对家政人员或保姆进行个人素质提高的培训等，开展层次不同、内容不同、丰富多彩的培训活动。为了不断提高家长科学育儿知识，幼儿园可以根据不同类型的家长情况，举办各种形式的家长学校。

建立以社区为基础，以幼儿园为中心，开展灵活多样的社区早教服务活动，是开展社区早教工作的大胆尝试。

第三节　家长学校的工作范例

办家长学校是幼儿园与社区教育工作互动的重要内容。幼儿教师了解家长学校的办学目标和工作内容，有助于教师职业发展和工作效能的提高。

一、办好家长学校，促进幼儿健康发展

幼儿的发展是幼儿园与社区教育互动的近期目标，其远期目标，是帮助幼儿适应生活学习环境，顺利进入小学中学，健康持续地发展，家长学校的工作对象常常

从幼儿延续到小学和中学。下面以好欣家长学校的工作范例来介绍。

武汉好欣家长学校是湖北地区第一所经行政主管部门申请审批的、独立的、专业的家长学校，是从事家庭教育培训、辅导、咨询等相关活动的专业机构。2010年湖北省妇联"湖北省家庭教育大讲堂"在武汉好欣培训学校挂牌，好欣培训学校成为"社区德育理论与实践研究"实验学校（基地）。好欣培训学校被湖北省妇联、教育厅、省文明办联合表彰为"湖北省示范家长学校"，省未成年人心理健康辅导站，同时是中国教育学会"全国家庭教育实验研究基地"（图1和图2）。全国妇联、省妇联、省教育厅、省文明办的领导多次亲临学校检查和指导家庭教育工作并予以高度评价。几年来，好欣培训学校的专家在各地市农村、社区、学校、机关开展家庭教育公益讲座数百场，受益人群数十万人次，所开展的"因材施教的教养模式""美德在我家活动""家长研习会"等特色项目深受学校师生、家长的好评。

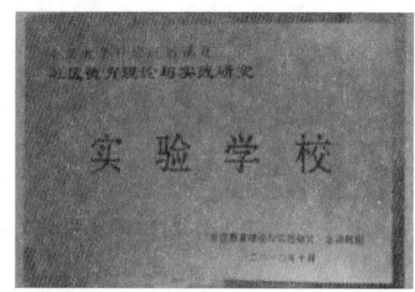

图1　武汉好欣家长学校获得的荣誉和课题项目

踊跃报名	专注学习	认真听讲
积极讨论	学员发言	心得分享
细心记录	小组交流	幸福诵读

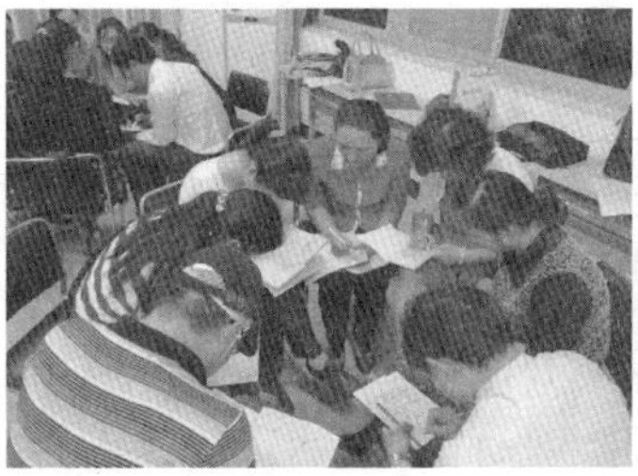

图 2　武汉好欣家长学校家长活动一览

二、因材施教的教养模式

好欣家长学校针对孩子的身心发展不同情况，开展了因材施教的教养模式，其主要内容选择介绍如下：

1. 针对凡事需要讲道理的孩子

凡事诉之以理。家长与孩子互动时，务必"诉之以理"，多沟通、讲道理，凡事说清楚、讲明白，以训练孩子寻找"为什么？"的能力。沟通时，态度要理性温和，有意识地激发孩子的荣誉感。在与孩子互动时，家长的教养理念尽量保持一致。建议家长随时传授孩子"有容乃大、纳百川方能成大海"的道理，培养孩子耐心倾听他人的态度与包容不同观点的胸怀。父母在孩子成长过程中，注重培养孩子的领导能力。

2. 对于凡事受环境影响的孩子

建立家规、常规检查表。建议教养者定制各项家规以建立良好习惯，家长身教重于言教，多用心在孩子与同伴、同学间的互动。了解他的交友情况，减少孩子与损友的往来，增加孩子与益友的往来，让孩子多接触一些正能量的同伴。谨记孟母三迁的启示，慎选环境。家长须有耐心。

3. 对于好动的孩子

面对精力过剩的孩子，教养者不要用"调皮、捣蛋"之类的评语，给孩子贴上许多负面的标签，应该要理解他，帮助他并引导他把充沛的精力以健康的方式得到排遣。孩子从事静态活动时，不要设定太长时间，把持久的标准放低，以免孩子无法持续，徒增孩子的挫折，引导孩子一点点循序渐进地增加较长的静态活动时间。精力旺盛的孩子，建议在做静态活动前，先让他适度的运动发泄过剩的精力。当孩子按捺不住了，可用不同的事物吸引孩子，转换孩子的心情，消耗孩子精力。安排孩子做重复的事，消耗孩子体力，也可养成孩子喜欢"复习"的好习惯。鼓励精力旺盛的孩子，参加各种体能活动，扩大孩子视野，经常带孩子去博物馆、图书馆、植物园等地方，让孩子过剩的精力有足够的管道发泄，又可培养他健康的爱好，使得他的心灵有广阔的发展空间，而不是任由其被过剩的精力支配，而导致性格粗鲁、内心粗糙。培养孩子进行"分段式"学习的习惯。

4. 对于学习潜能兴趣广泛的孩子

平衡时间与效率。孩子对什么都充满着学习的高度欲望，然而人的时间与精力都有限，教养者应适度引导孩子学习，平衡时间与效率，避免产生"样样通、样样松"的情形。应兼顾孩子学习的深度与广度。建议教养者不要先入为主限制孩子学习，教养者应关注主流社会发展趋势，规划孩子学习的项目。善于激发孩子的学习潜能，扩充孩子的学习视野，提升孩子的未来竞争力。建议让孩子多听、多看、多阅读、多操作，培养全面发展的能力。

5. 对于学习速度快、手指灵巧度高的孩子

要求孩子学习时作必要的练习。加强对"精准"的要求及训练，训练孩子的耐心。教养者要放手给孩子自己动作操作的机会，提高孩子动手操作的水平及难度。教导孩子养成倾听他人的好习惯，让孩子多看各种领域的文章或影片，并要求看完后说出摘要，包括人、事、物、时间、地点、心得等，强化表达能力。

6. 对于语言功能、想象力丰富的孩子

提供孩子多听、多看、多说的机会。教养者可以在日常生活中，让孩子多接触

立体空间的玩具，让孩子多接触可以激发想象力的学习领域，如脑筋急转弯书籍等。让孩子尽情地想象，鼓励孩子将想象的事说出来，用文字写出来，成为生活中的习惯，引导孩子多多阅读，充实写作数据库。

7. 对于视觉辨识能力强的孩子

孩子天生视觉辨识能力强，可多接触好玩的拼图、迷宫、七巧板等游戏，借由玩中学的体验、感觉、发展，能提升孩子的视觉敏感度。建立孩子阅读的习惯，进而训练孩子快速阅读的能力，并为养成孩子自学能力奠定基础。扩大孩子多彩多姿的生活，提供孩子视觉不断接受刺激的机会，活化孩子的观察力，提高视觉敏感度。

8. 对于语言功能弱、想象力弱的孩子

多给孩子提供说话及表达想法的机会，如看图说故事、文字接龙及阅读都是增加辞藻及词汇的好方法。多写日记、讨论读书心得，为作文能力铺路。多训练孩子说话的语言组织能力。多玩积木、乐高等组合玩具，可以加强立体与平面互相转换的能力。教导他们正确使用空间及方向，如前后、左右、上下或东南西北，都能帮助他们建构三度空间的清楚概念，累积过去的经验，培养孩子的想象力。

好欣家长学校针对不同情况的孩子提供了多种身心测量和鉴别服务以及家庭教育的系列建议，除了以上罗列的8类孩子外，共有34种家教建议和针对幼儿进入小学以后阶段不同年龄儿童的课程培训方案（表1）以满足不同孩子的家庭教育需求，包括：音感、乐感、节奏感强的孩子；主观意识弱、决断力、创造力弱的孩子；对声音感受弱的孩子；辨识能力弱的孩子；规律性差的孩子；适应性差的孩子；敏感的孩子；坚持度低的孩子；反应强度高的孩子；胆小、趋向于逃避的孩子；注意力较分散的孩子；情绪不稳的孩子；追根究底的孩子；怕麻烦的孩子；需要教需要陪伴的孩子；挑人挑食挑环境的孩子；极度挑剔的孩子；有完美主义倾向的孩子；好静的孩子；过敏的孩子等。

表1 好欣家长学校部分课程表

小　学　版	
课　　题	时　　间
①优秀孩子需要智慧父母	
②如何适应小学生活	
③视知觉能力训练	
④听知觉能力训练	

续表

| 小 学 版 ||
课 题	时 间
⑤运动协调能力训练	
⑥知觉转换能力训练	
⑦数学准备能力训练	
⑧语言沟通能力训练	
⑨社会适应能力训练	
⑩学习品质训练	
⑪如何培养高情商的孩子	
⑫好习惯成就好人生	
初 中 版	
课 题	时 间
①初中读什么？——在初中阶段尽取所需	
②夫妻关系与家庭教育——和谐婚姻塑造阳光子女	
③家校和谐沟通，孩子轻松学习	
④培养善学、乐学的好孩子	
⑤全面激发孩子的学习动能	
⑥表扬孩子技巧多	
⑦父母言传身教，孩子耳濡目染	
⑧孩子有天赋，学习有方法	
⑨运筹帷幄，赏罚并用有良方	
⑩"校园人际"折射社会交往能力（1）	
⑪"校园人际"折射社会交往能力（2）	
⑫智商、情商并肩行，学习生活样样行	

三、美德在我家活动

"美德在我家"活动是好欣家长学校根据妇联的工作要求，组织实施的一项家庭道德建设实践活动。活动的宗旨是为深入贯彻党的十八大、十八届三中全会和习近平总书记系列重要讲话精神，更好地发挥家庭在传承文明、弘扬美德、引领风尚、促进社会和谐稳定中的基础作用，把践行社会主义核心价值观的基本要求寓于家庭道德建设工作之中，以"美德在我家"活动为统领，立足社区，突出家庭主体，从节俭养德、亲情育德、公益传德、书香润德、睦邻尚德五个方面开展家庭美德养成实践。该活动贯彻全国妇联《关于在家庭文明建设工作中充分发挥妇联组织作用的意见》，大力弘扬符合传统美德、体现时代精神的"夫妻和睦、尊老爱幼、科学教子、勤俭节约、邻里互助"的 20 字家庭道德规范，明确了家庭道德建设的基本内容。该活动对优化幼儿生活的家庭道德环境，提升家庭生活美德与质量意义重大。

"美德在我家"活动时间为期一年。活动流程包括：1000 个美德家庭的征集与招募；美德家庭共同签订"我爱我家"承诺书；发布家庭美德评分表，建立美德家庭交流平台；每周一反馈，每月一总评，建立家庭美德践行反馈机制；结果评估，效果验收。

凡参与"美德在我家"实践活动的家庭，实现每周践行反馈，每月评选月度百佳"美德之星"家庭，每季评选季度百佳"美德之星"家庭，每年评选年度百佳"美德之星"家庭。家长学校深度采集"美德之星"家庭的美德故事，结集成册，让家庭美德故事走进千家万户。

通过为期一年的实践活动，让每一位家庭成员深切地感受到家庭道德建设对家庭氛围、家庭关系的深刻影响。促使每个人做到无条件尊重和接纳家庭中的每一位成员，以一颗平和而宽容的心应对家庭中发生的每一件事。时时刻刻怀着一颗感恩之心，尽全力用爱与耐心化解一切家庭纷争、指责埋怨、过失罪责。

致美德家庭的一封信

尊敬的美德家庭成员：

您好！家庭教育是一件大事。我们相信，没有人会否认这一点。

在这个世界上，最复杂又最重要的事情莫过于为人父母了。尽管父母很少甚至根本没有在教育孩子方面得到专门训练，父母仍然是孩子的第一个也是最重要的老师。为人父母要做的事情包罗万象，要照顾孩子的身体和情感，要鼓励要欣赏，要纠正要保护。就像孩子的身体需要食物、空气、阳光和温暖，他们的精神需要磨砺、指引和鼓励。

与孩子们一起生活的每一天都有许多引导他们的好机会，这就是那些转瞬即逝不复重来的"教育时机"。而美德就像一条银色的纽带，贯穿人类所有严肃文学以及地域传统之中。全家成员共同维护和践行家庭美德，是一件对现代家庭意义非凡的事情。

为更好地发挥家庭在传承文明、弘扬美德、引领风尚、促进社会和谐稳定中的基础作用，以"美德在我家"活动为统领，立足社区，突出家庭主体，从节俭养德、亲情育德、公益传德、书香润德、睦邻尚德五个方面开展家庭美德养成实践。

特此，我们邀请1000个美德家庭，在今后的日子里，让我们一起把最简单的精神和品格培养融入整个家庭和孩子们的生活！这个世界需要那些承担个体责任的人，那么让我们就从现在开始吧！

武汉好欣家长学校

（如果您和您的家庭成员愿意加入我们，请您联系我们：935008578@qq.com）

家庭合约

"我爱我家" 承诺书

因为我深爱我的家，深爱每一位家庭成员，所以，我承诺：

1. 无条件尊重和接纳家庭中的每一位成员，以一颗平和而宽容的心应对家庭中发生的每一件事。

2. 无论工作多忙、生活多累，我都会抽出空闲，怀着最美好、最幸福的心态陪伴他们。

3. 与伴侣相亲相爱、相扶到老，对父母尽善尽孝、无怨无悔，对孩子仁慈包容、尽心尽责。

4. 主动承担家庭中力所能及的家务劳动，共同创建环境怡人的家庭氛围。

5. 热爱学习，按时按量完成各项学业任务。

6. 尽全力用爱与耐心化解一切的家庭纷争、指责埋怨、过失罪责。

7. 时时刻刻怀着一颗感恩之心，善待在我生命之中与我有缘的每一个人，感谢他们的存在，让我们的生活更加温馨、更加和谐。

8. 从我做起，让家庭的每一位成员都带着满满的正能量去感染我们身边的每一个家庭，让爱的力量无限传播。

承诺人：

爷爷	奶奶	外公	外婆	爸爸	妈妈	孩子

年　月　日

孩子的家务清单（举例）

孩子不论年龄大小，都是重要的家庭成员，所以告诉孩子他们在家庭中应该负起的责任是很重要的，而承担家务则是最好的方式。不同年龄的孩子可以做哪些家务劳动？

9~24 个月：

可以给孩子一些简单易行的指示，比如让宝宝自己把脏的尿布扔到垃圾箱里。

2~3 岁：

（1）帮助铺床；

（2）把玩具和儿童读物从地上捡起来；

（3）饭前把纸餐巾放到桌上；

（4）把袜子套在手上掸灰尘；

（5）帮妈妈拿扫帚；

（6）帮家长把衣服挂上衣架、浇花；

（7）可以在家长的指示下把垃圾扔进垃圾箱，或当家长请求帮助时帮忙拿取东西；

（8）使用马桶、刷牙；

（9）晚上睡前整理自己的玩具。

3~4 岁：

（1）擦灰尘；

（2）帮助家长把从超市买回来的菜拎进家；

（3）到信箱里取信；

（4）更好地使用马桶；

（5）洗手；

（6）更仔细地刷牙；

（7）认真地浇花；

（8）收拾自己的玩具；

（9）到大门口取回地上的信件、报纸；

（10）睡前帮妈妈铺床，如拿枕头、被子等；

（11）饭后自己把盘碗放到厨房水池里；

（12）帮助妈妈把叠好的干净衣服放回衣柜；

（13）把自己的脏衣服放到装脏衣服的篮子里。

4~5 岁：

（1）独立到信箱取回信件；

（2）自己铺床；

(3) 准备餐桌（从帮家长拿筷子开始，慢慢让孩子帮忙摆盘子）；
(4) 饭后把脏的餐具放回厨房；
(5) 把洗好烘干的衣服叠好放回衣柜（教给孩子如何正确叠不同的衣服）；
(6) 自己准备第二天要穿的衣服；
(7) 擦桌子椅子、擦灰尘；
(8) 妈妈做饭时在旁边帮忙。

5~6 岁：
(1) 帮忙擦桌子；
(2) 铺床/换床单（从帮妈妈把脏床单拿走，并拿来干净的床单开始）；
(3) 自己准备第二天去幼儿园要用的书包和要穿的鞋（以及各种第二天上学用的东西）；
(4) 收拾房间（会把乱放的东西捡起来并放回原处）；
(5) 拖地板或者用吸尘器吸地毯；
(6) 倒垃圾；
(7) 叠衣服并把衣服放进衣柜。

6~7 岁：
(1) 熟练掌握前几个阶段要求的家务；
(2) 在父母的帮助下洗碗盘，能独立打扫自己的房间。

7~12 岁：
(1) 熟练掌握前几个阶段要求的家务；
(2) 能做简单的饭；
(3) 帮忙洗车；
(4) 吸地擦地；
(5) 清理洗手间、厕所；
(6) 扫树叶，扫雪；
(7) 会用洗衣机和烘干机；
(8) 把垃圾箱搬到门口街上（有垃圾车来收）。

13 岁以上：
(1) 要熟练掌握前几个阶段要求的家务；
(2) 擦玻璃（里外两面）；
(3) 清理冰箱；
(4) 清理灶台和烤箱；
(5) 做饭；
(6) 列出要买的东西的清单；
(7) 洗衣服（全过程，包括洗衣、烘干衣物、叠衣以及放回衣柜）。

本章小结

本章论述了幼儿园服务社区教育的实践意义和教育作用，分析了幼儿园服务社区教育的途径和对策，提供系列案例展示了幼儿园与社区教育互动的形式和效果，简要介绍了幼儿园服务社区教育的方式，包括专题讲座、向社区开放、亲子园、家长沙龙、参与社区活动、家长学校等，还提供了幼儿园与社区教育互动，以及家长学校工作的范例，以便学习者借鉴，学好本章知识技能，对未来幼儿教师的工作拓展和绩效提升具有重要意义。

本章思考题

1. 幼儿园为什么要服务社区教育工作？
2. 幼儿园服务社区教育如何创造有利条件？
3. 幼儿园可以通过哪些方式服务社区教育工作？
4. 设计服务社区教育的专题讲座大纲和家长学校培训教案。
5. 设计一次家—园—社区互动亲子活动方案。

推荐阅读

1. 李生兰. 幼儿园与家庭、社区合作共育的研究（修订版）[M]. 上海：华东师范大学出版社，2013.

该书展示了作者在较长时间内开展的对幼儿园与家庭、社区合作共育的各类研究（包括调查研究、实证研究、实践研究、专题研究等），提供了众多有价值的幼儿园与家庭、社区合作共育的活动和案例，也阐述了作者对幼儿园与家庭、社区合作共育的国际视野和理性思考，不仅具有理论创新价值而且还具有实践指导意义。

2. 刘金花. 儿童发展心理学（修订版）[M]. 上海：华东师范大学出版社，2006.

该书全面、系统地描述了儿童心理发展的一般性模式；揭示了儿童心理发展的原因和机制；解释和测量了儿童个体的心理差异；探索了不同环境对儿童心理发展所产生的影响；提出了帮助和指导儿童心理发展的具体方法。

3. 张丹海，汪明骏. 我国社区教育研究 [M]. 北京：中国质检出版社（原中国计量出版社），2010.

第八章 幼儿园与社区教育工作范例

> 该书概述了社区与社区教育的概念及内涵，描述了我国社区教育的发展概况；探讨了社区教育与终身学习、学习型社会、大众化教育、和谐社会之间的关系；介绍并评价了我国社区教育的管理与研究状况；介绍了一些国家社区教育的发展情况。

本章参考文献

李生兰. 幼儿园与家庭、社区合作共育的研究［M］. 上海：华东师范大学出版社，2013.

李天燕. 家庭教育学［M］. 上海：复旦大学出版社，2011.

刘金花. 儿童发展心理学［M］. 上海：华东师范大学出版社，2006.

卢乐山，等. 中国学前教育百科全书（教育理论卷）［M］. 沈阳：沈阳出版社，1995.

人民教育出版社幼儿教育室编. 幼儿教育学［M］. 北京：人民教育出版社，1987.

王红芳，金锦秀，袁芒. 学前教育研究［M］. 2005.

叶忠海，朱涛. 社区教育学［M］. 北京：高等教育出版社，2009.

张丹海，汪明骏. 我国社区教育研究［M］. 北京：中国质检出版社，2010.

邹敏. 我国城市社区学前教育面临的挑战与对策［J］. 学前教育研究，2005：7-8.

后 记

很荣幸接受了郑晓边教授的推荐,在吴云洲园长支持下,组织幼儿园老师们参编了这本由夏征校长主编的《家庭与社区教育》教材,能为未来的幼教工作者们尽一点绵薄之力,是一件很光荣的任务。欣喜之中又夹杂着担忧,我和老师们是工作在一线的管理者和老师,虽有长期教育经验,但这次编写的是教材,有些力不从心。该书主审熟悉基层幼儿园工作的郑教授打消了我们的顾虑,认为我们参编,有老师在实操中的感悟与反思,这样编出的教材学生才有兴趣学,才能使未来教师真正了解当今家庭教育与社区教育现状和发展趋向,从而做好职业生涯准备。我终于明白了,我们要编写一本真实、生动、接地气的教科书!

谈到家庭教育这个话题,不得不说它是完整教育不可缺少的部分。我们每个人都是在原生家庭的文化和价值观滋养下成长起来的个体,父母同样如此,所以我们每个人都是在父母的影响下逐步建构自我形象的个体。原生家庭父母对孩子无条件的接纳,会帮助孩子建构良好的自我,父母在学习接纳孩子之后,内心也会同时变得更强大,所以,良好的家庭教育是父母与孩子共同滋养的过程。父母从孩子身上可以看见自己内心深处的恐惧、焦虑和匮乏之处,也能从孩子身上看见自己的坚强、执着、积极乐观。好父母不需要纠正孩子怎样,实际上只需要改变自己就行了。

用心理学的理论去解释家庭教育还不普及。父母如果不学习,不觉知,包括幼儿教育工作者不自知,家庭教育如何发挥力量将会是纸上谈兵。我是一位8岁男孩的母亲,已体会到做父母的不易,同时我也是在一线成长起来的园长,每天都会接触到一些家长,了解到家长的心事。俗话说,自知者明,家长这个职业还没有"岗前培训",如何让家长先"明",作为职业人,我和姐妹们内心蠢蠢欲动,感觉用教师的专业智慧去引领家庭教育的责任重大。

在十几年的家长工作中,我们发现教师与家长双方都有积极合作的愿望,但常常由于观念不同、彼此缺乏了解、不能相互体谅、不成熟的沟通技巧等原因无法形成良好的合作关系。在反思讨论学习后,我们一致认为:作为专业的教育者,教师掌握着主动权,更有责任成为家园合作联动关系的创造者,要以同理心去理解家长的行为,理解家长的多重角色和功能,有义务改善自身态度和沟通技巧,使自己成

后 记

为合作关系中的领导者,才能引导家长参与教育过程,形成教育合力,让家园之间的合作关系上升为联动关系。

改变家长的学习方式,让家长主动参与教育过程,是教师们面临的主要任务。过去家长参与幼儿园的活动多数是被动的、配合的、听命行事的,导致家长们不能以平等自然的状态参与教育过程,无法真正关心幼儿园的运作,游离在教育过程之外。所以我们还要积极尝试、务实、体验、思考,真正调动家长的参与性,帮助家长重新认识家长工作的价值。

社会的多元、幼儿个体的差异、家长构成的多样性与复杂性,也给一线的幼儿教师带来了全新的挑战。所以,根据不同家庭和不同幼儿的实际状况,分层指导,分类提高,采取因人施教,因势利导的方式沟通,也是提高家园工作实效性的重要因素,不可忽视。

所以,我和姐妹们奋笔疾书,挑灯夜战,迫不及待地把看到的问题和分析解决问题的案例奉献给大家。书目的组稿和编写过程无处不渗透着大家的心血:郑晓边教授策划了书目大纲,亲自参与撰写前言和部分章节,提供许多宝贵的研究成果资料;夏征校长主编、统稿全书;我和吴云洲园长组织了教师写作团队:傅晶艳、刘秦、潘妮、张学英、陈雯、邬侠、何平等参与了编写工作;该书的部分案例来自开发区育才实验幼儿园一些无名英雄,热情的师生和家长做出了不少贡献,对大家的付出表示敬意!

孩子的成长不仅注入了教师的智慧,更倾注着父母的心血和社会的支持。优化的家庭教育和社会教育才能与幼儿园、学校教育形成合力,都是国民教育的重要组成部分,是培养人才不可缺少的环节。

我喜欢这样一句话:"一个合格的教师,就是一盏灯,他的光不一定耀眼,但一定能长久地照耀着人一生的道路。"我和作者团队的老师们愿努力成为这样的教师。

赵雁

写于育才实验幼儿园

2015 年 6 月

图书在版编目(CIP)数据

家庭与社区教育/夏征主编.—武汉:武汉大学出版社,2015.7(2021.1重印)
应用型学前教育专业系列教材/蔡迎旗主编
ISBN 978-7-307-16250-1

Ⅰ.家… Ⅱ.夏… Ⅲ.①家庭教育—高等职业教育—教材 ②社区—社会教育—高等职业教育—教材 Ⅳ.①G78 ②G775

中国版本图书馆 CIP 数据核字(2015)第 148114 号

责任编辑:郭 倩 荣 虹　　责任校对:汪欣怡　　版式设计:韩闻锦

出版发行:**武汉大学出版社**　(430072　武昌　珞珈山)
　　　　　(电子邮箱:cbs22@whu.edu.cn 网址:www.wdp.com.cn)
印刷:湖北金海印务有限公司
开本:787×1092　1/16　印张:16　字数:318 千字　插页:1
版次:2015 年 7 月第 1 版　　2021 年 1 月第 3 次印刷
ISBN 978-7-307-16250-1　　定价:32.00 元

版权所有,不得翻印;凡购买我社的图书,如有质量问题,请与当地图书销售部门联系调换。